Amerikanische Revolution und
niederländische Finanzanleihen 1776–1782

Waxmann Verlag GmbH
Steinfurter Straße 555, 48159 Münster
info@waxmann.com

Niederlande-Studien

herausgegeben von
Lut Missinne, Friso Wielenga,
Markus Wilp und Lisa Terfrüchte

Band 57

Roland Richter

Amerikanische Revolution und niederländische Finanzanleihen 1776–1782

Die Rolle John Adams' und
der Amsterdamer Finanzhäuser bei
der diplomatischen Anerkennung der USA

Waxmann 2016
Münster • New York

Bibliografische Informationen der Deutschen Nationalbibliothek
Die Deutsche Nationalbibliothek verzeichnet diese Publikation in
der Deutschen Nationalbibliografie; detaillierte bibliografische
Daten sind im Internet über http://dnb.d-nb.de abrufbar.

ISSN 1436-3836
Print-ISBN 978-3-8309-3425-7
E-Book-ISBN 978-3-8309-8425-2

©Waxmann Verlag GmbH, Münster 2016
Waxmann Publishing Co.
P.O. Box 1318, New York, NY 10028, USA
www.waxmann.com
order@waxmann.com

Umschlaggestaltung: Pleßmann Design, Ascheberg
Umschlagbild: John Adams by Gilbert Stuart, National Gallery of Art.
Umschlagbild Hintergrund: Siegel der Generalstaaten der Niederlande
aus dem Jahre 1578. Es zeigt einen gekrönten Löwen mit Schwert
und Pfeilbündel, das die 17 Provinzen der Niederlande, vereint
nach der Pazifikation von Gent (1576), symbolisiert.
Aus: Zannekin-nieuwsbrief 1/89, S. 5

Satz: Sven Solterbeck, Münster
Gedruckt auf alterungsbeständigem Papier,
säurefrei gemäß ISO 9706
Printed in Germany

Alle Rechte vorbehalten. Nachdruck, auch auszugsweise, verboten.
Kein Teil dieses Werkes darf ohne schriftliche Genehmigung des Verlages
in irgendeiner Form reproduziert oder unter Verwendung
elektronischer Systeme verarbeitet, vervielfältigt oder verbreitet werden.

*Meinen Kolleginnen und Kollegen
am Zentrum für Niederlande-Studien
Westfälische Wilhelms-Universität Münster*

Inhalt

1 Einleitung 9

2 Europapolitik der dreizehn im Kontinentalen Kongress
versammelten amerikanischen Staaten nach 1776 22
2.1 Amerikanische außen- und wirtschaftspolitische Initiativen 22
2.2 Erste geheime Kontakte der Amsterdamer Kaufleute
mit amerikanischen Diplomaten 42
2.3 Amerikanische Diplomaten auf dem europäischen Finanzmarkt 55

3 Die amerikanischen Staaten knüpfen Kontakte in die Niederlande 62
3.1 Amerika „provoziert" den 4. Englisch-Niederländischen Krieg 62
3.2 John Adams wird Vertreter des amerikanischen
Kongresses in den Niederlanden............................... 86

4 John Adams' Ringen um die staatliche Anerkennung der USA 92
4.1 John Adams irritiert die europäische Diplomatie 92
4.2 Der Sieg von Yorktown und die Erfolge Adams' in der
europäischen Diplomatie 107
4.3 Adams' Durchbruch zur staatlichen Anerkennung der USA 116

5 Die Niederlande intensivieren die Handelsbeziehungen
zu den USA 127
5.1 John Adams' Ringen um holländische Finanzanleihen.............. 127
5.2 Der niederländisch-amerikanische Freundschafts- und
Handelsvertrag 141

6 Schlussbetrachtung: Adams, die holländischen Finanzanleihen
und die Gefahr der amerikanischen Zahlungsunfähigkeit 152

7 Verzeichnisse... 165
7.1 Archivalien: Nationalarchiv Den Haag.......................... 165
7.2 Briefsammlungen, Korrespondenzen, Parlamentsberichte 166
7.3 Literatur... 170
7.4 Abbildungen 182

Danksagung 186

1 Einleitung

„Hollands Handelskapital ist so groß, daß es gleichsam immer überfließt, einmal in die öffentlichen Wertpapiere anderer Länder und ein andermal in Kredite an private Händler und Unternehmer fremder Länder, einmal in den umwegigsten Einfuhrhandel und wieder ein andermal in den Transithandel. Da alle nahe liegenden Verwendungen vollständig ausgenützt sind, weil alles Kapital, das mit auch nur leidlichem Gewinn dort angelegt werden kann, dort bereits angelegt ist, fließt das Kapital von Holland notwendigerweise in die entferntesten Verwendungen."[1] Mit diesen Worten charakterisierte Adam Smith 1776 in seinem grundlegenden Werk *Wealth of Nations* zutreffend die in der zweiten Hälfte des 18. Jahrhunderts in Europa herausragenden Entwicklungsmöglichkeiten für das private holländische Finanzkapital. Der politischen und wirtschaftlichen Entwicklung des holländischen Gemeinwesens kam das allerdings nicht nur nicht zugute, es leistete vielmehr – wie Wielenga näher ausführt – der permanenten hohen Staatsverschuldung und Reformunfähigkeit und somit dem realwirtschaftlichen Niedergang in der Republik der Vereinigten Niederlande auch noch Vorschub: „Viele reiche Bürger investierten ihr Geld hauptsächlich in Staatsanleihen und lebten von den Zinsen. Das bedeutete, dass das verfügbare Kapital zu einem großen Teil unproduktiv investiert wurde und sich die Finanzelite vorrangig mit der Verwaltung der öffentlichen Schulden beschäftigte und kaum einen Beitrag zu einer Wirtschaftsreform leistete."[2]

Unter dem heutigen Eindruck weltweiter ökonomischer Verflechtung und globaler Finanz- und Wirtschaftskrisen lassen sowohl Smith' geradezu aktuell erscheinende allgemeine Analyse der sich im späten 18. Jahrhundert immer mehr zu einer Finanzelite verwandelnden holländischen Kaufmannschaft sowie auch Wielengas Einordnung ihrer problematischen volkswirtschaftlichen Wirkung aufhorchen. Sie sind ein guter Ausgangspunkt, diese geschichtlichen Entwicklungen erneut zu befragen und die diplomatischen und finanzwirtschaftlichen Ereignisse und Abläufe um das Jahr 1780 in Europa und insbesondere zwischen der Republik der Niederlande und der jungen nordamerikanischen Republik in einer neu akzentuierten Untersuchung noch einmal unter Hinzuziehung bisher unzureichend genutzter Quellen genauer zu betrachten.

---

1 SMITH, A., *Untersuchung über Wesen und Ursachen des Reichtums der Völker* (2 Bde.), hrsg. und eingeleitet von E.W. Streissler, Düsseldorf 1999, 2. Bd. S. 620f.
2 WIELENGA, F., *Geschichte der Niederlande*, Stuttgart 2012, S. 220. Vgl. SMITH, Reichtum der Völker, Bd. 2, S. 465: „Jeder einzelne ist ständig bemüht, die vorteilhafteste Beschäftigung für das ihm verfügbare Kapital zu finden. Dabei hat er freilich seinen eigenen Vorteil und nicht den der Gesellschaft im Auge." S. auch CARLOS, A.M./ NEAL, L., *Amsterdam and London as financial centers in the eighteenth century*, in: *Financial History Review* 18/1 (2011), S. 21–46, hier S. 39f.

Wie jüngst Wielenga so bestätigten zuvor, mit je etwas anderer Schwerpunktsetzung, auch die Historiker Kossmann, Schama, Lademacher und Israel[3] ganz im Sinne von Adam Smith, dass sich seit Anfang des 18. Jahrhunderts die holländische Kaufmannschaft tendenziell aus dem globalen Handel zurückzog. Das hier reichlich verdiente Geld wurde nicht mehr in die eigene Wirtschaft reinvestiert, sondern lieber durch Geldgeschäfte,[4] insbesondere durch Investitionen in ausländische Staatsanleihen oder mit Grundstücksspekulationen im Ausland vermehrt. Das hatte wiederum die Folge, dass sich die zunehmenden realwirtschaftlichen Wettbewerbsdefizite in den Niederlanden verstärkten.[5] Nur selten werden in diesem Zusammenhang in den allgemeinen nationalstaatlich orientierten Geschichtsbeschreibungen die besondere Bedeutung der finanzkapitalistischen Aktivitäten der Amsterdamer Geldhäuser im Rahmen des Unabhängigkeitskampfes der 13 sich vereinigenden amerikanischen Kolonien und schließlich der Gründung der Vereinigten Staaten von Amerika thematisiert. Deutlich stärker fokussiert die niederländische Forschung im Allgemeinen auf den niederländischen Handel mit Indien und Ostasien sowie der Karibik.[6]

---

3   Vgl. KOSSMANN, E.H., *De Lage Landen 1780/1980. Twee Eeuwen Nederland en België*, Deel I, 1780–1914, Amsterdam 1986, S. 39ff. SCHAMA, S. *Patriotten en bevrijders. Revolutie in de Noordelijke Nederlanden 1780–1813*, Amsterdam 1986, S. 89ff. LADEMACHER, H., *Geschiedenis van Nederland*, Utrecht 1993, S. 225f. ISRAEL, J., *The Dutch Republic*, Oxford 1995, S. 1090ff.
4   Vgl. SOMBART, W., *Der moderne Kapitalismus*, 2. Bd., 2. Halbband, München 1969, S. 983 ff., Sombart unterscheidet hier für Holland im 18. Jahrhundert zwischen Geldgeschäften als Wechselkommission, Wechseldiskont, Seeversicherung, Hypothek, Kaptitalbeteiligung und Staatskrediten.
5   Kossmann gibt an, dass um 1780 ungefähr 1,5 Mrd. Gulden in fremden Währungen investiert waren, vgl. KOSSMANN, *De Lage Landen*, S. 43. Vgl. Wilsons ausführliche Beschreibung der Umstrukturierung des europäischen und transatlantischen Handels in der zweiten Hälfte des 18. Jahrhunderts zulasten Hollands, in: WILSON, C.H., *The economic Decline of the Netherlands*, in: *The Economic History Review* 2 (1939), S. 111–127. SPUFFORD, P., *Toegang tot krediet en kapitaal in de commerciële centra van Europa*, in: DAVIDS, K./LUCASSEN, J. (red.), *Een wonder weerspiegeld. De Nederlandse Republiek in Europees perspectief*, Amsterdam 2005, S. 281–312. S. auch LUZAC, E., *Hollands Rijkdom*, Deerde Deel, Leyden 1782, S. 394.
6   Vgl. OOSTINDIE, G./ROITMAN, J.V., *Repositioning the Dutch in the Atlantic, 1680–1800*, in: *Itinerario*, 36 (2012), S. 129–160. OOSTINDIE, G., *'British capital, industry and Perseverance' versus Dutch 'Old School'? The Dutch Atlantic and the Takeover of Berbice, Demerara and Essequibo, 1750–1815*, in: BMGM–*Low Countries Historical Review* 4 (2012), S. 28–55. OOSTINDIE, G., *Die Niederlande und ihr koloniales Erbe: eine unvollendete Geschichte*, in: WIELENGA, F./WILP, M. (Hrsg.), *Die Niederlande. Ein Länderbericht*, Bonn 2015, S. 75–112. POSTMA, J./ENTHOVEN, V., (Eds.), *Riches from Atlantic Commerce: Dutch Transatlantic Trade and Shipping, 1585–1817*, Leiden 2003.

Immerhin ist es Hutson und Congleton[7] zu verdanken, ausdrücklich darauf hingewiesen zu haben, dass in Bezug auf die Vorgänge um die amerikanische Unabhängigkeit heute sowohl in den Vereinigten Staaten als auch in den Niederlanden i.d.R. zwar an das Konflikt- und Beziehungsdreieck USA–Frankreich–England gedacht wird, jedoch leider viel zu wenig an das andere ebenfalls bedeutsame Beziehungsdreieck USA–Frankreich–Niederlande. Folgt man beiden Autoren, so wurden auch schon von den Zeitgenossen gewisse formale Parallelen im Befreiungskampf der Niederländer und Amerikaner gegen Spanien bzw. England gesehen. In diesem Sinne haben auch die amerikanischen *Founding Fathers* in der Begründung der Unabhängigkeitserklärung gegenüber Großbritannien ganz explizit auf die zweihundert Jahre zuvor in den Niederlanden erstmals in der *Union von Utrecht* (1579) und danach im *Plakaat van Verlatinge* (1581) u.a. von Wilhelm von Oranien vorgetragenen staatsrechtlichen Konzeptionen zurückgegriffen. Der Erfolg des amerikanischen Unabhängigkeitskrieges und die Gründung der Vereinigten Staaten von Amerika sind letztlich gar nicht zutreffend vorstellbar, ohne zugleich die massive, freilich nicht altruistisch gemeinte finanzielle Unterstützung der niederländischen Geldhäuser mit in Betracht zu ziehen.

Was die amerikanisch-niederländischen Wirtschaftsbeziehungen angeht, so kann seit der zweiten Hälfte des 19. Jahrhunderts auf einige amerikanische wirtschaftshistorische Monographien wie z.B. von Bayley, Edler, Dewey, Wilson, Riley, Wilkins und Seavoy Bezug genommen werden.[8] Für die niederländische Forschung ist auf van Wijk und van Winter[9] zu verweisen, die bereits in den 1920er Jahren umfangreichere Monographien zur Bedeutung des niederländi-

---

7 Vgl. HUTSON, J.H., *John Adams and the Birth of Dutch-American Friendship, 1780–82*, in: SCHULTE NORDHOLT, J.W./SWIERENGA, R.P., *A Bilateral Bicentennial. A History of Dutch-American Relations, 1782–1982*, Amsterdam 1982, S. 409–422. Ähnlich auch CONGLETON, R.D., *America's Neglected Debt to the Dutch. An Institutional Perspective*, in: *Constitutional Political Economy* 19/1 (2008), S. 35–59. KUNZE, R.-U., *Niederländer in Nordamerika seit 1609: Ein Aufriss*, in: *Jahrbuch* 21 (2010), hrsg. v. Zentrum für Niederlande-Studien, Münster 2011, S. 87–99, leider geht Kunze nicht auf die finanzwirtschaftlichen Verbindungen ein.

8 Vgl. BAYLEY, R.A., *The National Loans of the United States from July 4, 1776, to June 30, 1880*, Washington 1888. EDLER, F., *The Dutch Republic and the American Revolution*, Baltimore 1911. DEWEY, D.R., *Financial History of the United States*, New York 1903. WILSON, *Economic Decline*. RILEY, J.C., *International Government Finance and the Amsterdam Capital Market 1740–1815*, Cambridge 1980. WILKINS, M., *The History of Foreign Investment in the United States to 1914*, Cambridge (MA), London 1989. SEAVOY, R.E., *An Economic History of the United States. From 1607 to the Present*, New York 2006.

9 Vgl. WIJK, F.W. VAN, *De Republiek en Amerika, 1776–1782*, Leiden 1921. WINTER, P.J. VAN, *Het aandeel van den Amsterdamschen handel aan den opbouw van het Amerikaanse Gemeenebest*, Eerste Deel, 's-Gravenhage 1927.

schen Außenhandels mit Nordamerika vorgelegt hatten. Gerade in den letzten dreißig Jahren haben sich unter Bezug insbesondere auf die Arbeiten von James Riley vermehrt niederländische Autoren wie z. B. de Vries und van der Woude, van Zanden und van Riel sowie Veenendaal[10] aus wirtschaftsgeschichtlicher Perspektive mit den Niederlanden und ihrem amerikanischen Engagement beschäftigt.

Besondere Bedeutung haben hier schließlich die Arbeiten von Jan Willem Schulte Nordholt, die nicht nur das niederländische bzw. holländische Verhältnis während der amerikanischen Revolution, sondern insbesondere auch die Rolle des erfolgreichen Bostoner Rechtsanwaltes und Kongressabgeordneten John Adams, später zweiter Präsident der Vereinigten Staaten von Amerika, in den Mittelpunkt rücken. Adams hatte sich als erster von den im Kongress versammelten 13 nordamerikanischen Staaten berufener amerikanischer Botschafter in Den Haag große Verdienste erworben.[11]

Diese Untersuchung bringt die beiden komplexen Vorgänge, nämlich die staatliche Anerkennung der jungen Republik in Europa und die anleihenbasierte Staatsfinanzierung durch Europa in ihrer vielfältigen Verwobenheit zur Sprache. Sie setzt die allgemeine historische und wirtschaftshistorische Literatur und die dort präsentierten Erkenntnisse mit den z. B. als Korrespondenzen und Parlamentsprotokollen vorliegenden Primärquellen in eine direkte Beziehung. Dadurch sollen die Akteure mit ihren Äußerungen und Stellungnahmen zum aktuellen Zeitgeschehen vor allem zwischen 1778 und 1782 ins Zentrum der Analyse gestellt werden, um die Prozesshaftigkeit des politischen Handelns und der multifaktoriell bedingten Problemlösungsstrategien erkennbar und verstehbar zu machen. Es geht also im Wesentlichen um den Mikrokosmos des Geschehens.

---

10 Vgl. ZANDEN, J.L. VAN, *The rise and decline of Holland's economy. Merchant capitalism and the Labour market*, Manchester 1993. VRIES, J. DE/WOUDE, A. VAN DER, *Nederland 1500–1815. De eerste ronde van moderne economische groei*, Amsterdam ²1995. ZANDEN, J.L. VAN/RIEL, A. VAN, *Nederland 1780–1914. Staat, Instituties en economische Ontwikkeling*, Amsterdam 2000. VRIES, J. DE, *The Dutch Atlantic Economies*, in: COCLANIS, P.A. (Ed.), *The Alantic Economy during the Seventeenth and Eighteenth Centuries. Organization, Operation, Practice, and Personnel*, Columbia (SC) 2005, S. 1–29. VEENENDAAL, A.J., *Dutch Investments in the United States*, in: KRABBENDAM, H./MINNEN, C.A. VAN/SCOTT-SMITH, G. (Eds.), *Four centuries of Dutch-American relations 1609–2009*, Amsterdam 2009, S. 283–294.

11 Vgl. SCHULTE NORDHOLT, J.W., *Voorbeeld in de verte. De invloed van de Amerikaanse revolutie in Nederland*, Baarn 1979. SCHULTE NORDHOLT, J.W., *The Dutch Republic and American Independence*, Chapel Hill (NC), London 1982. SCHULTE NORDHOLT, J.W., *John Adams is still with us*, in: *The New England Quarterly* 2 (1993), S. 269–274. SCHULTE NORDHOLT, J.W., *Tot ik John Adams leerde kennen*, in: SCHULTE NORDHOLT, J.W./HAASSE, H./NIEUWENHUIS, W., *John Adams in Holland 1780–2005*, Amsterdam 2005, S. 11–82.

Die Primärquellen liegen auch im Internet in Form der gut dokumentierten Schriftenreihen und Korrespondenzen der verschiedenen amerikanischen Politiker und Diplomaten vor. Hier sind besonders die auf Beschluss des amerikanischen Kongresses veröffentlichten Publikationsreihen unter dem Titel *Papers of Benjamin Franklin, John Adams* oder *Silas Deane*, den *Journals of Congress* oder der siebenbändigen *Diplomatic Correspondance of the American Revolution* von 1830/1857 von Jard Sparks und anderen wie der von Francis Wharton herausgegebenen sechsbändigen *Revolutionary Diplomatic Correspondence of the United States* von 1889 zu nennen. Diese Schriftwechsel enthalten auch relevante Briefe der jeweiligen in- und ausländischen politischen Partner, wie z. B. diejenigen der Amsterdamer Kaufleute van Staphorst oder Willink. Auf niederländischer Seite fehlen leider derartige umfängliche Editionsbemühungen. Dennoch gibt es auch hier z. B. die publizierte Korrespondenz des Hauses Oranien-Nassau und die *Resolutien van de Heeren Staaten van Holland en Westvriesland* sowie die vielen im Nationalarchiv in Den Haag und im Amsterdamer Stadtarchiv gesammelten Archivalien und Korrespondenzkonvolute der damals Beteiligten, auf die für diese Untersuchung vielfältig zurückgegriffen wird.[12] Die Berichterstattung in den gut zugänglichen niederländischen Zeitungen tut ein Übriges, um die Nachrichten aus erster Hand in den Zeithorizont einordnen zu können.[13]

Wenn nun auf dieser Basis erneut die diplomatischen und finanzpolitischen Bemühungen der ersten amerikanischen Unterhändler in Europa thematisiert werden, deren Ziel es war, nach der Unabhängigkeitserklärung die staatliche Anerkennung und die dringend benötigte finanzielle Unterstützung in Europa zu erwirken, so wird deutlich werden, dass sich die Umsetzung des doppelten Kongressauftrags für die amerikanischen Diplomaten angesichts der komplizierten Konkurrenz- und Bündnisstrukturen zwischen den europäischen Staaten schnell als wahre Herkulesaufgabe herausstellte. Beides musste aus einer politisch ziemlich ungünstigen Situation heraus in einer diplomatisch unübersichtlichen Gemengelage vorangetrieben werden.

Die politische Lage in Europa und seinen Kolonien um 1780 kann mindestens durch drei sich auf verschiedenen Ebenen abspielenden und wechselseitig beeinflussenden Entwicklungen gekennzeichnet werden:

---

12 Vgl. u. a. KRÄMER, F.J.L. (Ed.), *Archives ou Correspondance inédite de la Maison D'Orange-Nassau, recueil publié avec autorisation de S.M. Le Roi*, Serie 5, Tome II 1779–1782, Leyde 1913. KRÄMER, F.J.L. (Ed.), *Archives ou Correspondance inédite de la Maison D'Orange-Nassau, recueil publié avec autorisation de S.M. Le Roi*, Serie 5, Tome III 1782–1789, Leyde 1915. WOELDEBRINK, B., *Inventaris van de archieven van de stadhouder Willem V 1745–1805*, Hilversum 2005.

13 Vgl. z. B. GAZETTE DE LEYDE, Nouvelles Extraordinaires de divers endroits. GAZETTE DE FRANCE, HAARLEMSE COURANT. HOLLANDSCHE HISTORISCHE COURANT. OPRECHTE HAARLEMSE COURANT. DE POST VAN DEN NEDER-RHIJN. LE POLITIQUE HOLLANDAIS.

1. Die 13 nordamerikanischen Kolonien hatten sich als eigenständige Staaten im Jahr 1776 für unabhängig vom britischen Mutterland erklärt und die kolonialen Beziehungen in Frage gestellt. Damit war jedoch für die internationale Handlungsfähigkeit mit den anderen europäischen Mächten auf dem europäischen Parkett noch nicht viel gewonnen. Denn diese Abspaltung, für die im kollektiven europäischen Gedächtnis – wie bereits erwähnt – allenfalls der Abfall der Niederlande von Spanien 200 Jahre zuvor herangezogen werden konnte, wurde von den europäischen Monarchien und der Republik der Vereinigten Niederlande aus den verschiedensten Gründen zunächst mit Zurückhaltung beobachtet. Überdies betrachteten viele europäische Wissenschaftler die Neue Welt in ihren Werken meinungswirksam in vielerlei Hinsicht als inferior gegenüber Europa. Das führte dazu, dass die völkerrechtliche Anerkennung der neu gegründeten Staaten – einzeln oder als Staatenverbund – vorerst ausblieb und die Amerikaner in der Konsequenz die kriegerische Auseinandersetzung mit England mehr oder weniger ohne offizielle europäische Verbündete ausfechten mussten. Insofern hat der amerikanische Historiker Fish Recht, wenn er feststellt: „From the first moment that the Revolution took form the chancelleries of Europe watched with minute attention."[14]
2. Diese Entwicklungen in der neuen Welt trafen auf ein Europa, das sich nach dem Siebenjährigen Krieg (1756–1763) in einem tiefen Umbruch befand: das französische Zeitalter Ludwigs XIV. war definitiv vorbei. Der Siebenjährige Krieg hatte neben enormen Verwüstungen, dem sogenannten *Renversement des Alliances (Umkehrung der Allianzen)*, das die traditionellen österreichisch-französischen sowie preußisch-britischen Antagonismen beendete, und der weiteren Stärkung Preußens keine wesentlichen territorialen Veränderungen in Europa gebracht. Dafür waren diese – wie schon beim Spanischen Erbfolgekrieg (1701–1713) fünfzig Jahre zuvor – auf dem nordamerikanischen Kontinent umso größer: Hier hatte Frankreich große Territorien an Spanien (Louisiana) und England (große Teile Kanadas) verloren, wodurch letzteres seine Einflusssphäre über die 13 Kolonien hinaus stark ausdehnen konnte. Dadurch verschob sich das europäische Mächtegleichgewicht deutlicher zu Englands Gunsten, das in den folgenden Jahrzehnten mit seiner großen Flotte überdies den Welthandel, insbesondere den Handel nach Nordamerika kontrollieren konnte.[15] Das blieb nicht ohne Reaktion bei den Kontinentalmächten, sei es in der finanziellen und militärischen Unterstüt-

---

14 FISH, C.R., *American Diplomacy*, New York 1915, S. 24. Zur *American inferiority* vgl. REBOK, S., *Humboldt and Jefferson. A Transatlantic Friendship of the Enlightenment*, Charlottesville (VA), London 2014, S. 15 f.
15 Vgl. FÜSSEL, M., *Der Siebenjährige Krieg. Ein Weltkrieg im 18. Jahrhundert*. München 2010, S. 85 ff. MALETTKE, K., *Frankreich, Deutschland und Europa im 17. und 18. Jahrhundert. Beiträge zum Einfluß französischer politischer Theorie, Verfassung und Außenpolitik in der Frühen Neuzeit*, Marburg 1994, S. 29.

zung der aufständischen Amerikaner gegen England,[16] sei es in dem von der russischen Zarin Katharina II. initiierten Staatenbündnis *Bewaffnete Neutralität* zur Sicherung des Freihandels auf den Weltmeeren.
Die Niederlande standen am Rande sowohl der innereuropäischen als auch der transatlantischen kriegerischen Auseinandersetzungen. Der Friede von Utrecht 1713 markierte faktisch das Ende der Niederlande als Großmacht. Folgerichtig versuchten sie danach in den Außenbeziehungen eingedenk ihrer durch die vielen kriegerischen Auseinandersetzungen enorm angewachsenen Schulden und zugleich geschwächten Möglichkeiten – auch schon während des Siebenjährigen Krieges – neutral zu agieren. Nur so konnte die Republik in dem sich wandelnden Bündnisgeflecht zwischen den Großmächten konsequent gegen das Hegemoniestreben zunächst Frankreichs und dann Englands in Europa eine Politik zum Nutzen der Handelsinteressen der niederländischen Republik und der Ausweitung ihres Amerikageschäftes[17] betreiben und zugleich ein wichtiger Dreh- und Angelpunkt in den europäischen Außenbeziehungen bleiben.[18] Der Historiker Peter Wolfgang Klein spricht deshalb offen davon, dass „Dutch foreign policy was an undisguised assistance to trade".[19]
Auch diese reduzierte Rolle zu spielen, fiel den Niederlanden durch die Veränderungen seit Anfang des 18. Jahrhunderts und besonders an dessen Ende immer schwerer. Die Republik war zwar mit Surinam und Indonesien immer noch eine der großen Kolonialmächte, allerdings verlor sie mehr und mehr das Monopol z. B. auf den Handel mit exotischen Gewürzen und darüber hinaus an politischem Einfluss durch ihre strikte Neutralitätspolitik als Macht mit begrenzten Interessen („puissance à intérêts limités", F.P. Renaut). Insbesondere England, mit dem der Vertrag von 1674 den freien Handel für beide Länder vorsah und regelte, dass selbst in einem Konflikt beide Länder mit den Gegnern des anderen gleichermaßen Handel treiben durften, versuchte

---

16 Vgl. BRAKE, W. TE, *The Dutch republic and the Creation of the United States*, in: KRABBENDAM, H./MINNEN, C.A. VAN/SCOTT-SMITH, G. (Eds.), *Four centuries of Dutch-American relations 1609–2009*, Amsterdam, 2009, S. 204–215, hier S. 204 ff.

17 Vgl. TYNE, C.H. VAN, *Influences which Determined the French Government to Make the Treaty with America, 1778*, in: *The American Historical Review* 3 (1916), S. 528–541. HELLEMA, D., *Buitenlandse Politiek van Nederland. De Nederlandse rol in de Wereldpolitiek*, Utrecht ³2016, S. 28 ff.

18 Vgl. BAUMGART, W., *Der Ausbruch des Siebenjährigen Krieges: zum gegenwärtigen Forschungsstand*, in: *Militärgeschichtliche Mitteilungen* 11 (1972), S. 157–165, hier S. 164 f. DUCHHARDT, H., *Balance of Power und Pentarchie. Internationle Beziehungen 1700–1785*, Paderborn 1997, S. 179.

19 KLEIN, P.W., *Dutch capitalism and the European world-economy*, in: AYMARD, M., *Dutch capitalism and world capitalism. Capitalisme hollandaise et capitalisme mondial*, Paris 1982, S. 5–91, hier S. 87. CARTER, A.C., *Neutrality or Commitment: The Evolution of Dutch foreign Policy, 1667–1795*, London 1975, S. 115.

bereits seit der zweite Hälfte des 17. Jahrhunderts durch sein restriktives Seerecht, den Handel zu monopolisieren, indem bestimmte Güter aus den Kolonien nur nach England exportiert werden durften. Damit sollten nicht zuletzt die immer noch bestehenden großen niederländischen Transportkapazitäten getroffen werden.[20] Die konkurrierenden Länder entwickelten überdies ihre je eigene Wirtschaft mit gesetzlichen Vorteilsregelungen für bestimmte heimische Wirtschaftszweige (z. B. britische Schiffe mit britischen Segeln). Darüber hinaus machten sie mit höherwertigen Produkten wie z. b. schottischem und irischem Leinen oder Keramik der bedeutenden holländischen Tuch- und Keramikindustrie Konkurrenz. In manchen Bereichen wurden die Produktionsstätten wie z. b. Säge- und Ölmühlen ins kostengünstigere Ausland verlagert. Schließlich lief der Welthandel, der bisher vielfach über niederländische Häfen abgewickelt wurde, durch direkte Handelsbeziehungen zwischen den europäischen und nicht europäischen Handeltreibenden ab. London und Hamburg, aber auch Ostende, in den österreichischen Niederlanden, gewannen stetig an Bedeutung, so dass sich die Einnahmen aus den Stapelrechten in Amsterdam verminderten. Diese Entwicklungen konnten nur dadurch kompensiert werden, dass sich die Niederlande und insbesondere die Provinz Holland von einem Handels- zu dem europäischen Bank- und Finanzplatz verwandelten.[21]

Die Sorge um die Aufrechterhaltung dieser neuartigen finanzwirtschaftlichen Prosperität war auch einer der Gründe, weshalb die niederländischen Generalstaaten – im Gegensatz zum englandfreundlich gesinnten Statthalter Wilhelm V.[22] – auf die schon während des Siebenjährigen Krieges geäußerten und in den 1770er und 1780er Jahren wiederholt gestellten Forderungen der englischen Krone nach militärischer Unterstützung sehr zurückhaltend reagierten. Denn neben dem 1674 zwischen England und den Niederlanden geschlos-

---

20 Vgl. HATTENDORF, J.B., *„To Aid and Assist the Other"*. Anglo-Dutch Naval Cooperation in Coalition Warfare an Sea, 1689–1714, in: DERS., *Talking about Naval History. A Collection of Essays*, Newport (R.I.) 2010, S. 65–81. SEAVOY, Economic History, S. 57f., Seavoy spricht, S. 189 z. B. von 2075 niederländischen gegenüber 1651 englischen Schiffen, die in der Baltischen See operierten. S. auch RENAUT, F.P., *C.W.F. Dumas et les Provinces-Unies (1776–1780), La Politique de Propagande des Américains durant la Guerre d'Indépendance*, Paris 1925, S. 24.
21 Vgl. WILSON, *Economic Decline*, S. 115ff. ANDERSON, M.S., *Europe in the Eighteenth Century 1713–1783*, London 1976, S. 73.
22 Hierzu die Auseinandersetzung des Statthalters mit Joan Derk van der Capellen tot den Pol, der sich publizistisch nachhaltig und überaus wirksam dafür einsetzte, die Schottische Brigade nicht an der Seite der englischen Truppen gegen die Amerikaner in den Krieg zu schicken, vgl. SLOTHOUWER, F.G., *De erkenning van den Noord-Amerikaanschen staat door de Republiek der Vereenigde Nederlanden*, in: *Bijdragen voor vaderlandsche Geschiedenis en Oudheidkunde*, Derde reeks, Zevende deel, 's-Gravenhage 1893, S. 146–182, hier S. 160f.

senen Vertrag (s.o), sah derjenige von 1678 den gegenseitigen militärischen Beistand und im Bedarfsfalle die Bereitstellung von 6.000 Soldaten durch die Vereinigte Republik vor. Deshalb sollte die Republik nun für Englands Kampf gegen die spätestens seit 1776 abtrünnigen amerikanischen Kolonisten im Sinne des *casus foederis* (Beistandsfall) die seit den spanischen Erbfolgekriegen (1701–1713) in den Niederlanden beheimatete und in niederländischem Sold stehende sogenannte Schottische Brigade bereitstellen.[23] Die amerikafreundlichen Gegner einer niederländischen militärischen Beteiligung standen auf dem z. B. von den Staaten von Holland und West-Friesland am 4. Februar 1780 formulierten Standpunkt, dass diese Aufforderung nur bei einer zwischenstaatlichen Auseinandersetzung gerechtfertigt sei, nicht aber in einem innerstaatlichen Konflikt Englands mit seinen Kolonien.[24]

Aus eminent handelspolitischen Gründen waren die Niederlande überdies traditionell am freien Welthandel und einer freien Seefahrt interessiert. Schon Hugo de Groot hatte zu Beginn des 17. Jahrhunderts noch vor dem Höhepunkt des niederländischen Goldenen Zeitalters mit seinen wegweisenden Werken *De mare librum* (1609) und *De jure belli ac pacis* (1625) die völkerrechtlichen Grundlagen hierzu gelegt. Die Niederlande hatten demgemäß 1674 im Handelsvertrag mit England und 1678 im Frieden von Nimwegen durchgesetzt, dass sie als neutrales Land mit den jeweiligen Gegnern in einem Konflikt gleichermaßen Handel treiben durften.[25] Deshalb sahen sie nun – hundert Jahre später – die zunehmende Dominanz der englischen Flotte, die die Regelungen dieses Vertrages nach dem Siebenjährigen Krieg zunehmend in Frage

---

23 Die ursprünglich 6.000 Mann starke Schottische Brigade bestand zu diesem Zeitpunkt überwiegend aus Wallonen und Deserteuren aus verschiedenen Ländern, vgl. JOHNSON, W.F., *America's Foreign Relations*, New York 1921, Vol. I, S. 56 f. CARTER, *Neutrality or Commitment*, S. 3. THEEUWEN, P.J.H.M., *Pieter 't Hoen en De Post van den Neder-Rhijn (1781–1787). Een bijdrage tot kennis van de Nederlandse geschiedenis in het laatste kwart van de achttiende eeuw*, Hilversum 2002, S. 51 f. S. auch MAUVILLON, F.W. VON, *Auswahl niederländischer Gedichte*, Essen, Rotterdam 1839, S. 431, in seinem Kommentar zu einem Gedicht von Tellens *Lieven Heere van Zieriekzee* geht Mauvillon ausführlich auf die Institution der Schottischen Brigade ein. Die Niederlande stützten sich in militärischen Auseinandersetzungen immer auf eine Vielzahl von Söldnertruppen aus anderen europäischen Staaten. S. auch. KRAMER, D.R., *Das Söldnerwesen. Militärisches Unternehmertum in der Genese des internationalen Systems*, Wiesbaden 2010, S. 61.

24 Vgl. Protokolleintrag über die Sitzung der Staaten von Holland und Westvriesland zum 04.02.1780, in: *Resolutien van de Heeren Staaten van Holland en Westvriesland*, Vrydag den 4 February 1780, S. 89 f. S. auch WIJK, *Republiek en Amerika*, S. 21 ff. SCHULTE NORDHOLT, *Voorbeeld*, S. 37 ff. Vgl. auch MEIBOOM, W.E., *Nationaal Archief, Collectie Pieter van Bleiswijk, 1772–1787*, nummer toegang 3.01.25, Den Haag 1982, S. 9–21, hier S. 16. WILSCHUT, A., *Goejanverwellesluis. De strijd tussen patriotten en prinsgezinden, 1780–1787*, Hilversum 2000, S. 69.

25 Vgl. BEMIS, S.F., *A Diplomatic History of the United States*, New York 1965, S. 36 f.

stellte, mit Skepsis.[26] Die Strategie der englischen Krone war klar: „Britain therefore attempted to persuade the Dutch government to give up voluntarily these 'inconvientent privileges' and, when such efforts predictably failed, simply ignored the provisions of the 1674 treaty and imposed her own restrictive interpretation of neutral rights."[27] Da die Engländer den transatlantischen Handel in die neue Welt faktisch nach Belieben kontrollieren konnten, so dass der preußische Botschafter in Den Haag, Baron von Thulemeyer sogar von maritimer Willkürherrschaft („despotisme maritime") sprach,[28] standen die Holländer dem im Frühjahr 1780 von Katharina II. inspirierten Schutzbündnis der *Bewaffneten Neutralität* zurückhaltend positiv gegenüber, da es insbesondere die englische Hegemonie eindämmen und den freien Handel neutraler europäischer Staaten (mit Feindesgut) mit kriegführenden Ländern sichern wollte. Die Generalstaaten beschlossen schließlich im November 1780, diesem Bündnis beizutreten, worauf England im Dezember 1780 den 4. Englisch-Niederländischen Krieg begann.[29] Nach der von van der Oudermeulen, dem niederländischen Beauftragten für die Kolonien in London, 1782 erfolgten Analyse handelte es sich bei diesem Krieg ganz eindeutig um einen europäischen Wirtschaftskrieg, in dem jedes Land je nach Lage seine ökonomischen Interessen durchzusetzen suchte, weshalb dieser Krieg – seiner Meinung nach – auch anders als alle vorhergegangenen Kriege beendet werden müsse.[30] Innenpolitisch betrachtet fungierte dieser Krieg für die weitere Entwicklung der Republik nach Wielengas Analyse letzten Endes „eher als ein Katalysator denn als Ursache für den wirtschaftlichen Verfall".[31]

3. Schließlich auf der dritten, innerstaatlichen Ebene muss schließlich die staatsrechtliche Konstitution der Republik der Vereinigten Niederlande, das Macht- und Kompetenzgefüge zwischen Statthalter und Generalstaaten, zwischen General- und Provinzialstaaten und deren Verhältnis zu Gesellschaft und Realwirtschaft nicht nur als einmalig in Europa gesehen, sondern zumindest auch als kompliziert bewertet werden. Die niederländischen Provinzen hatten seit ihrer deklaratorischen Abspaltung von Spanien im Jahre 1581

---

26 Vgl. Anm. 5 zu C.W.F. Dumas to the Commissioners, 17.09.1778, A Translation, in: LINT, G.L. u. a. (Eds.), *Papers of John Adams*, Vol. 7, (September 1778–February 1779) Cambridge (MA), London 1989, S. 34.
27 SCOTT, H.M., *Sir Joseph Yorke. Dutch Politics and the Origins of the Fourth Anglo-Dutch War*, in: The Historical Journal 3 (1988), S. 571–589, hier S. 573.
28 P.S. à une lettre interceptée de M. Thulemeier à son cour, Le 10 juillet 1780, in: KRÄMER, *Archives*, Tome II, S. 220.
29 Vgl. BEMIS, *Diplomatic History*, S. 38 ff. FISH, *American Diplomacy*, S. 37. Dieser Beschluss wurde durch den niederländischen Botschafter in Petersburg im Februar 1781 paraphiert.
30 Vgl. M. J. van der Oudermeulen au conseiller-pensionnaire. Londen, den 18 Jan. 1782, in: KRÄMER, *Archives*, Tome III, S. 4 f.
31 WIELENGA, *Niederlande*, S. 227.

die föderale Struktur der Union beibehalten und verfolgten nicht die in den Nachbarländern verbreitete Zentralisierung der Entscheidungsbefugnisse zu absolutistischen Herrschaftssystemen. „Die Statthalter hatten", so der niederländische Historiker Maarten Prak, „eine – nur unzureichend definierte – politische Rolle und waren zugleich Oberbefehlshaber der Armee und der Flotte. Um die Verantwortlichkeiten adäquat auszuüben, waren sie jedoch von den Provinzen abhängig, und häufig von den Städten in diesen Provinzen".[32] In den sieben Provinzen und den Städten regierte eine Oligarchie von sogenannten Regenten, die in durch den Handel reich gewordenen Bürger- und Kaufmannsfamilien ihre Wurzeln hatten. Hier spielten auf der Ebene der Republik die Ratspensionäre der Provinz von Holland und West-Friesland, als Leiter auch der Generalstaaten eine einflussreiche Rolle. Dabei wurden sie von dem Griffier, dem Kanzeleileiter der Generalstaaten unterstützt. In den Provinzen übten die Pensionäre als Vertreter ihrer Städte leitende Funktionen aus. Diese aus dem Spätmittelalter überkommene und im 17. Jahrhundert sehr erfolgreiche Regierungsstruktur[33] erwies sich nach dem Ende des Goldenen Zeitalters und mit dem wirtschaftlichen Niedergang im 18. Jahrhundert durch ihre zunehmende Verkrustung als außerordentlich sperrig: dies nicht nur weil dadurch strukturell die Handlungs- und Entscheidungsabläufe erschwert wurden, sondern auch, weil die verschiedenen Organe und die sie repräsentierenden Personen z.T. aus politischen und/oder wirtschaftlichen Gründen gegenläufige Interessen verfolgten und es keine durchsetzungsstarke Institution gab, die im Falle von Differenzen Entscheidungen fällen konnte.

Insbesondere die außenpolitischen Entscheidungen mussten durch die Generalstaaten in Rücksprache mit den Provinzen und vor allen Dingen einstimmig beschlossen werden, was die Dinge nicht eben erleichterte. Denn hier wirkten sich die oft widerstreitenden Interessen und Motivationen der verschiedenen Akteure besonders problematisch aus. Innerhalb der Republik spielten einerseits die Provinz Holland und ihre reichen Kaufleute gegenüber den anderen Provinzen sozusagen als Nettozahler eine besondere Rolle und setzten diese oft durchaus auch zum Leidwesen und zum Verdruss der anderen um. Andererseits waren die Statthalter traditionell freundschaftlich

---

32 PRAK, M., *Die Niederlande als Beispiel für eine „moderne" Gesellschaft im Goldenen Zeitalter*, in: *Jahrbuch* 20 (2009), hrsg. v. Zentrum für Niederlande-Studien, Münster 2010, S. 129–145, hier S. 137. Vgl. auch NICOLAISEN, P., *John Adams, Thomas Jefferson, and the Dutch Patriots*, in: SADOSKY, L.S./NICOLAISEN, P./ONUF, P.S./O'SHAUGHNESSY, A.J. (Eds.), *Old World, new World. America and Europe in the Age of Jefferson*, Charlottesville (VA) 2010, S. 105–130, hier S. 110.
33 Vgl. PRAK, *Niederlande*, S. 129–145. LEGUTKE, D., *Diplomatie als soziale Institution: brandenburgische, sächsische und kaiserliche Gesandte in Den Haag, 1648–1720*, Münster 2010, S. 66 f.

mit dem englischen Königshause verbunden – nicht immer zur Freude der Generalstaaten und der Bürgerschaft. Die engen dynastischen Beziehungen zwischen beiden Häusern verhinderten jedoch nicht die spezifischen Spannungen bis hin zu Kriegen, was gerade – wie noch gezeigt werden wird – für die Beziehungen zu Nordamerika von eminenter Bedeutung war.[34]

Diese hier bisher nur skizzenhaft auf und zwischen den verschiedenen Ebenen angedeuteten Beziehungen und Abhängigkeiten musste eine eigenständige amerikanische Außen- und Wirtschaftspolitik bedenken, sollte sie nachhaltige Effekte für die Unabhängigkeit der nordamerikanischen Staaten und gegen die englischen Ansprüche bewirken.

***

In dieser Untersuchung stehen weder die innerniederländischen Gesellschaftsprozesse wie etwa die vorrevolutionäre Patriotenbewegung gegen den Statthalter Wilhelm V. noch die außenpolitische Koalitionsbildung im europäischen Staatengefüge im Allgemeinen im Mittelpunkt ausführlicherer Erörterungen. Dies gilt auch für die zunehmenden wirtschaftlichen Probleme der niederländischen Ostindien- bzw. Westindienkompanie oder den Kampf um das neutrale niederländische St. Eustatius als Umschlagplatz für die Güter zur Unterstützung der amerikanischen Revolution. Es geht – wie bereits erwähnt – wesentlich um zweierlei: einerseits das intensive diplomatische Werben um die völkerrechtliche Anerkennung der Vereinigten Staaten bei den europäischen Staaten und andererseits um die finanzielle Unterstützung des sich im Aufbau befindlichen amerikanischen Gemeinwesens, das seine faktische Unabhängigkeit erst noch in einem kostspieligen Krieg gegen die Kolonialmacht England erkämpfen musste.

Im folgenden Kapitel wird der Blick deshalb zunächst auf die allgemeinen amerikanisch-europäischen Beziehungen gerichtet, um dann im dritten Kapitel die direkten diplomatischen Kontakte zwischen den amerikanischen Kolonien und den Niederlanden zu analysieren. Dabei wird sowohl die „Ungeschicklichkeit" des ersten amerikanischen Vertreters für Den Haag, Henry Laurens, die u. a. zum 4. Englisch-Niederländischen Krieg führte, als auch die erfolgreiche Formulierung einer eigenständigen amerikanischen Holland-Strategie eine besondere Rolle spielen. Im vierten und fünften Kapitel wird es wesentlich um die Analyse der vielfältigen und schließlich von Erfolg gekrönten Bemühungen des

---

34 Vgl. SCHULTE NORDHOLT, J.W., *Le troisième terme de la comparaison: la Révolution néerlandaise entre l'américaine et la française*, in: Annales historiques de la Révolution française 277 (1989), S. 171–184. S. auch TAYLOR, P. J., *Dutch Hegemony and Contemporary Globalization*. Paper presented at PEWS Conference, Riverside, California, May 2002. DUCHHARDT, *Balance of Power*, S. 180 f. HELLEMA, *Buitenlandse Politiek*, S. 13 f.

zweiten amerikanischen diplomatischen Vertreters, John Adams, um die staatliche Anerkennung der Vereinigten Staaten von Amerika durch die Niederlande sowie um die finanzielle Unterstützung der jungen Republik durch die Initiierung und Zeichnung von Darlehen und Finanzanleihen durch das Amsterdamer Finanzkapital gehen. Insbesondere in diesen drei Kapiteln sollen die außenpolitischen Beziehungen zwischen den Niederlanden und den nordamerikanischen Staaten in den Jahren 1778 bis 1782 weniger aus der Vogelflug-, als vielmehr aus der tagespolitischen Perspektive der Akteure, als täglich deutlich werdendes Ringen in seiner Prozesshaftigkeit nachvollzogen und analysiert werden. Im sechsten Kapitel schließlich wird in einer Schlussbetrachtung herausgestellt, dass mit den von Adams 1782 auf dem diplomatischen Parkett in Den Haag wie bei den Finanzhäusern in Amsterdam erreichten Erfolgen die Geschichte keineswegs zum Stillstand kam, sondern sich vielmehr gerade in der finanziellen Unterstützung der USA immer neue Kreditbedarfe ergaben, die über den hier betrachteten Zeitraum hinaus die diplomatischen Beziehungen beeinflussten.

2 Europapolitik der dreizehn im Kontinentalen Kongress versammelten amerikanischen Staaten nach 1776

2.1 Amerikanische außen- und wirtschaftspolitische Initiativen

Wie bereits angedeutet, hatte der Siebenjährige Krieg (1756–1763) im Ergebnis auch weitreichende Auswirkungen auf den nordamerikanischen Kontinent. Einerseits wurden die kolonialen Einflusssphären unter den Kolonialmächten Spanien, Frankreich und England überwiegend zugunsten Englands neu festgelegt.[1] Andererseits erhöhte England den Druck auf seine nordamerikanischen Kolonien mit zunehmender Intensität, indem die englische Krone u.a. versuchte, die im Siebenjährigen Krieg und anderen Kriegen[2] aufgelaufene hohe Schuldenlast sowie die laufenden Kosten der territorialen Sicherung durch die Einführung immer neuer Steuern in den Kolonien zu tilgen (s. Gebühren auf Verwaltungsakte, *Stamp Act* 1765; Zölle auf britische Waren, *Townshend Act* 1767) oder durch niedrigere Steuern die inzwischen entstandene Konkurrenz der kleinen amerikanischen Händler auszuschalten wie im Falle des durch die East India Company eigentlich monopolisierten Teehandels (*Tea Act* 1773).[3]

Mit einer darüber hinaus sehr restriktiven Kolonialpolitik,[4] die wie Smith zurecht feststellte, im Gegensatz zu den Kolonien anderer absolutistisch regierter

---

1 Vgl. BAYLEY, *National Loans*, S. 5.
2 Vgl. ZANDEN/RIEL, *Nederland*, S. 104. S. auch BAASCH, E., *Holländische Wirtschaftsgeschichte*, Jena 1927, S. 196.
3 Vgl. BRAKE, *Dutch republic*, S. 204–215. Adams Smith vertrat 1776 im letzten Kapitel seines Werkes *Reichtum der Völker*, Bd. II, S. 894 über Staatsschulden – bezogen auf die Staatsschulden Englands und die Beteiligung der Kolonien – die Meinung: „Vom Standpunkt der Gerechtigkeit besehen, spräche nichts dagegen, sowohl Irland als auch Amerika zur Tilgung von Großbritanniens Staatsschuld heranzuziehen." Zumal viel davon auch für die Verteidigung Amerikas – als Teil Großbritanniens versteht sich – aufgenommen worden sei. S. auch HOWARD, D., *Die Grundlegung der amerikanischen Demokratie*, Frankfurt 2001, S. 73, nennt noch ein anderes Argument: „Da die Kolonien ihre neue Freiheit [nach dem Siebenjährigen Krieg 1763 – R.R.] dem englischen Sieg verdankten und da sie darüber hinaus immer noch englischen Schutz entlang der Westgrenze brauchten, entschied das englische Parlament, daß sie durch die Zahlung zusätzlicher Steuern etwas zur gemeinsamen Sache beitragen müßten." HARTMANN, TH., *What would Jefferson Do? A Return to Democracy*, New York 2004, S. 41 über die Konkurrenz im Teehandel.
4 Vgl. SMITH, *Reichtum der Völker*, Bd. II, S. 577 berichtete davon, dass England zwar die Roheisenerzeugung in den amerikanischen Kolonien förderte, jedoch die Errichtung von Hochöfen verbot. Ähnliches galt für Wollprodukte, die zwischen den amerikanischen Provinzen weder per Schiff noch über Land gehandelt werden durften, womit zwangsläufig die Produktion auf den häuslichen Bedarf beschränkt wurde.

Großmächte immerhin eher „stärker republikanisch"[5] organisiert war, erregte die Londoner Regierung dennoch immer mehr den Unmut der Amerikaner, der sich in der Bostoner Teaparty 1773 erstmals explosionsartig entlud und als Reaktion zu dem die Amerikaner in verschiedener Weise benachteiligenden bzw. bestrafenden *Coercive Acts* von 1774 führten. Den 13 Kolonien ging es in London insgesamt zunächst nur um die Durchsetzung besserer Entwicklungsmöglichkeiten für sich, die über reine Ausbeutung zum Nutzen Englands hinausgingen. Dabei lag das Hauptinteresse auf der Entwicklung der inneramerikanischen Wirtschaft sowie dem Ausbau ihrer Fähigkeiten, selbstständig mit anderen Ländern Handel zu treiben. Selbst der Schotte Adam Smith, der mit der englischen Kolonialpolitik nicht sehr hart ins Gericht ging und sie an anderer Stelle auch lobte, hielt sie in diesem Zusammenhang für kritikwürdig, wenn er schrieb: „Einem großen Volk zu verbieten, aus jedem Teil seines Ertrages alles zu machen, was es daraus machen kann, oder sein Vermögen und seinen Erwerbsfleiß in der Weise zu verwenden, die es selbst für die vorteilhafteste hält, ist eine offenkundige Verletzung der heiligsten Rechte der Menschheit."[6] Allerdings vertrat Smith am Ende seines Buches mit Blick auf Amerika und die sich während dessen Niederschrift bereits anbahnenden kriegerischen Auseinandersetzungen die These: „Wenn Provinzen des Britischen Reiches nicht bewogen werden können, zum Unterhalt des ganzen Reiches beizutragen, ist es wahrscheinlich an der Zeit, daß sich Großbritannien von den Kosten der Verteidigung dieser Provinzen in Kriegszeiten und der Finanzierung auch nur eines Teiles ihrer Zivilverwaltung und ihres Militärs in Friedenszeiten befreit und darangeht, seine Vorstellungen und Pläne in Zukunft der tatsächlichen Mittelmäßigkeit seiner Umstände anzupassen."[7] Von dieser durch ökonomische Klarsicht gekennzeichneten Analyse waren Regierung und Parlament in London noch ziemlich weit entfernt.

Die nordamerikanischen Kolonien mussten nach den ersten Protesten zunächst eine gemeinsame Position formulieren. Bereits im September 1774 kamen die führenden Köpfe des Landes auf dem 1. *Continental Congress* in Philadelphia zusammen, um das Verhältnis zu England zu besprechen – allerdings noch ohne eindeutiges Ergebnis. Spätestens mit den ersten Kampfhandlungen im April 1775 in Lexington/Concord (MA) gewannen auf dem seit Mai 1775 tagenden 2. *Continental Congress* die radikaleren Kräfte an Gewicht, so dass nach der Unabhängigkeitserklärung vom 4. Juli 1776 und nach einem über sieben Jahre erbittert geführten Krieg erst 1782 die endgültige Abspaltung von England vollzogen werden konnte. Der Historiker Hans-Ulrich Wehler bezeichnet

---

5 SMITH, *Reichtum der Völker*, Bd. II, S. 580.
6 SMITH, *Reichtum der Völker*, Bd. II, S. 577.
7 SMITH, *Reichtum der Völker*, Bd. II, S. 897.

diesen Unabhängigkeitskrieg als den „ersten erfolgreichen Emanzipationskrieg, den Kolonien der Neuzeit gegen die Metropole geführt haben".[8]

Die *United States in Congress assembled* stellten nach Auffassung des US-amerikanischen Historikers Varg zunächst nur „little more than a league of sovereign states"[9] dar. Immerhin bot der Kongress den 13 souveränen Staaten als Mitglieder eine erste breite Diskussionsplattform. Er war zugleich auch eine sie z. T. verbindende Struktur, die es ermöglichen sollte, in bestimmten Bereichen wie Kriegsführung, Außenpolitik und Wirtschaft für alle Staaten gemeinsame Lösungen zu finden. Eine verfassungsgleiche Grundlage schuf sich der Kongress erst nach heftigen Diskussionen über das Verhältnis von föderaler und einzelstaatlicher Gewalt in den Jahren 1776/77 mit den *Articles of Confederation and Perpetual Union between the States of New Hampshire, etc.*, die schließlich am 1. März 1781 ratifiziert wurden und bis zur Verabschiedung der einheitlichen Verfassung der Vereinigten Staaten von Amerika im Jahr 1788 in Kraft blieben.[10] Das hier zum Ausdruck kommende Staatsverständnis knüpfte durchaus an die Kolonialzeit an, in der die englische Zentralregierung zwar die allgemeinen politischen Grundsätze und Ziele festlegte, die administrative Umsetzung jedoch in die Hände der lokalen Autoritäten gelegt hatte.[11]

Der Kongress wurde von einem aus seiner Mitte für ein paar Monate oder seltener auch für ein Jahr gewählten Präsidenten geleitet und stellte das höchste Entscheidungsgremium dar, dem alle Vorgänge zur Diskussion und Abstimmung vorgelegt werden mussten. Zu seiner Unterstützung in den verschiedenen Bereichen setzte er verschiedene mit wenigen Mitgliedern berufene Komitees ein, die für das Plenum entsprechende Beschlussvorlagen erarbeiten sollten. Der Kongress und die Komitees waren von den einzelnen Staaten für einen zunächst unbestimmten Übergangszeitraum eingerichtet worden – allerdings mit einem ziemlich starken Misstrauen der Einzelstaaten, das aus der Kolonialzeit gegen die britischen Unterdrücker übernommen worden war. Nicht zuletzt deshalb war nach Auffassung der US-amerikanischen Politikwissenschaftler Mittal, Rakove und Weingast der „Congress itself [...] a badly undermanned institution. Its members typically served some months during a yearly term or two before insis-

---

8   WEHLER, H.-U., *Grundzüge der amerikanischen Außenpolitik, I., 1750–1900*, Frankfurt a. M. 1984, S. 36.
9   VARG, P.A., *Foreign Policies of the Founding Fathers*, Michigan 1963, S. 21.
10 Vgl. *The United States and the Articles of Confederation: Drifting toward Anarchy or Inching toward Commonwealth?* In: *The Yale Law Journal* 88/1 (1978), S. 142–166.
11 Vgl. MITTAL, S./RAKOVE, J.N./WEINGAST, B.R., *The Constitutional Choices of 1787 and Their Consequences*, in: IRWIN, D./SYLLA, R. (Ed.), *Founding Choices: American Economic Policy in the 1790s*, Cambridge (MA) 2010, S. 25–56, hier S. 30.

ting that others bear the burden of long absences from home and family. It made completely good sense to expect the states to do the real work [...]".[12]

Dieser strukturelle Bezug war im Bereich der Finanzierung der vom Kongress verantworteten und beschlossenen Aktivitäten und Verpflichtungen von Nachteil, denn er durfte keine eigenen Steuern erheben. Der Mangel, keine eigenen Rücklagen bilden zu können, schlug nicht nur negativ bei den Kreditverhandlungen der Kongressabgesandten in Europa zu Buche, sondern machte den Kongress auch extrem abhängig von den 13 Staaten.[13]

Er hatte im Übrigen mit den im Süden und im Norden höchst unterschiedlichen Wirtschafts- und Handelsinteressen zu tun. Was auch darin deutlich wurde, dass die Staaten jeweils selbst Steuern erheben und eigenes Geld drucken konnten. Die Währungen unterschieden sich im Süden und Norden und die Versuche mit der Ausgabe von Papiergeld und der Absicherung seines Wertes durch Edelmetalle waren am Anfang noch entsprechend risikobelastet. In Art. IX. der Konföderation wurde 1778 immerhin festgelegt, dass der Kongress hier eine regulierende Funktion haben sollte. Dies versuchten auch die ersten in den 1780er Jahren gegründeten Banken von Pennsylvania und Massachusetts sowie die 1782 geschaffene zentrale föderale Bank zu regeln.[14]

In diesem Rahmen entwickelten die 13 nordamerikanischen Kolonien aber auch seit den 1770er Jahren im Kampf gegen die englische Kolonialherrschaft zunehmendes außenpolitisches Selbstbewusstsein und suchten eigene Kontakte zu europäischen Staaten. Für die Außenpolitik war immerhin in Art. VI der *Articles* eindeutig geregelt, dass kein Staat ohne die Zustimmung der im Kongress vereinigten Staaten außenpolitische Maßnahmen jedweder Art ergreifen, sondern dies nur durch den Kongress geschehen dürfe. Dies galt auch für den Abschluss von Verträgen mit anderen Staaten etc. Mit dem US-amerikanischen

---

12 MITTAL, *Constitutional Choices*, S. 30. S. auch SHORT, L.M., *The Development of National Administrative Organization in the United States*, Balitmore (MD) 1923, S. 37f.
13 Vgl. IRWIN, D.A., *Revenue or Reciprocity? Founding Feuds over Early U.S. Trade Policy*, in: IRWIN, D./SYLLA, R. (Ed.), *Founding Choices: American Economic Policy in the 1790s*, Cambridge (MA) 2010, S. 89–120, hier S. 92. S. auch SEAVOY, *Economic History*, S. 75. CONGLETON, *Debt to the Dutch*, S. 54.
14 Vgl. ROUSSEAU, P.L., *Monitary Policy and the Dollar*, in: IRWIN, D./SYLLA, R. (Ed.), *Founding Choices: American Economic Policy in the 1790s*, Cambridge (MA) 2010, S. 121–149, hier S. 125. S. auch LOMAZOFF, E., *Symetry and Repetition. Patterns in the history of the Bank of the United States*, in: PARKER, R.E/WHAPLES, R., *Routledge Handbook of the Major Events in Economic History*, New York 2013, S. 3–14, hier S. 6. Vgl. auch HEPBURN, A.B., *A History of Currency in the United States*, New York 1915, S. 33f.

Historiker Klingberg lässt sich sagen „the American Revolution can be regarded, almost by definition, as the beginning of a phase of introversion".[15]

Dennoch, schon vor den *Articles* hatte der Kongress zu seiner Unterstützung im November 1775 ein *Committee of Secret Correspondence* eingerichtet, das 1777 in *Committee of Foreign Affairs* umbenannt wurde. Es bestand zunächst aus fünf Mitgliedern und hatte den Auftrag, mit allen Auslandsgeschäftsträgern, Gesandten und Botschaftern zu korrespondieren, dem Kongress zu berichten und dessen Instruktionen an die Geschäftsträger etc. weiterzuleiten. Diese erstatteten ihrerseits gewöhnlich direkt dem jeweiligen Kongresspräsidenten Bericht, welcher dem Kongress vorgelesen und dann ggf. mit Instruktionen an das Komitee zur Beantwortung überwiesen wurde. Da die Mitglieder des Komitees nicht immer alle und ständig zugegen waren, kam es oft zu Verzögerungen und aufgrund bisweilen divergierender Ansichten auch zu Missmanagement bei den Beratungen. Ein eigenes kontinentales Außenministerium konnte gegen die Fraktion derjenigen, die die einzelstaatliche Zuständigkeit auch für diesen Bereich aufrechterhalten wollten, erst 1781 geschaffen werden.[16] Von einer sogenannten *explizit extrovert phase* in der Außenpolitik will Klingberg erst mit der Inauguration von Thomas Jefferson zum Präsidenten der Vereinigten Staaten im Jahr 1801 sprechen.[17]

Immerhin hatte der Jurist John Adams als Abgeordneter für Massachusetts schon im März 1776 in einer Kongress-Debatte formuliert, worum es bei den Auslandskontakten z. B. mit Frankreich gehen und welche Maximen die amerikanische Außenpolitik verfolgen sollte:

„1st. No Political Connection. Submit to none of her Authority – receive no Governors, or officers from her.
2d. No military Connection. Receive no Troops from her.
3d. Only a Commercial Connection, i. e. make a Treaty, to receive her Ships into our Ports. Let her engage to receive our Ships into her Ports – furnish Us with Arms, Cannon, Saltpetre, Powder, Duck, Steel."[18]

---

15 KLINGBERG, F.L., *The Historical Alternation of Moods in American Foreign Policy*, in: *World Politics*, 4/2 (1952), S. 239–273, hier S. 242.
16 Vgl. SPARKS, J. (Ed.), *The Diplomatic Correspondence of the American Revolution*, Vol. VI, Washington 1857, S. 143, erst 1781 wurde ein eigenständiges Department of Foreign Affaires gegründet. S. auch SHORT, L.M., *National Administrative Organization*, S. 46f. GILBERT, F., *To the Farewell Address. Ideas of Early American Foreign Policy*, Princeton 1961, S. 79ff.
17 Vgl. KLINGBERG, *American Foreign Policy*, S. 242.
18 ADAMS, CH.F. (Ed.), *The Works of John Adams* (Diary and Autobiography), Vol. II, Boston 1850, S. 488f. Die ausschließlich kommerziellen Absichten wurden auch von George Washington in seiner Abschiedsrede 1796 noch einmal unterstrichen, vgl. CREMERS, J., *Lessons learned: American diplomats in the Netherlands, 1780–1801*, Leiden 2012, S. 14f.

Abb. 1:
Portrait des Diplomaten John Adams, von Reinier Vinkeles, 1790, Collectie Haags Gemeentearchief

Das Bedeutsame dieses Konzeptes, das von vielen geteilt wurde, lag in zwei Annahmen: einerseits die Außenpolitik auf den Austausch in Wirtschaft und Handel zu beschränken und eine Einbeziehung in die inner- und zwischenstaatliche Politik der europäischen Staaten definitiv ausschließen zu können,[19] sowie andererseits das englische Monopol zu brechen und einen freien Welthandel zu ermöglichen.

Adams, der dem außenpolitischen Komitee selbst nicht angehörte, wurde schon im Juni 1776 mit der Leitung eines *Committee for Drafting the Model Treaty* zur Entwicklung eines für alle Außenbeziehungen geltenden Modell-Vertrages beauftragt. Ziel war es, den alten europäischen Handelsmächten auf Augenhöhe und in jedem Falle zum merkantilen Nutzen der im Kongress versammelten Staaten und mit nur wenigen Zugeständnissen an die potentiellen Vertragspartner

---

19 Zum Konzept der amerikanischen Außenpolitik der ersten Jahrzehnte nach der Unabhängigkeitserklärung, vgl. GILBERT, *Farewell Address*, 1961, S. 48 f. S. auch zur Bündnis- und auswärtigen Handelspolitik der Amerikaner auch CARPENTER, W.S., *The United States and the League of Neutrals of 1780*, in: *The American Journal of International Law* 15/4 (1921), S. 511–522.

zu begegnen.²⁰ Adams bezog sich dabei 1. auf die unter dem Statthalter-König William III. von England veröffentlichten und posthum zwischen 1705 und 1707 in drei Bänden publizierten Rechtssammlungen, 2. auf die Handelsverträge zwischen Frankeich und England von 1686, die die Neutralität der amerikanischen Kolonien im Falle des Konfliktes zwischen beiden Staaten betrafen, und 3. den recht liberalen Handelsvertrag zwischen beiden Königreichen von 1713. Adams Modellvertrag wurde bereits im September 1776 vom Kongress mit weitreichenden Folgen für die europäische Diplomatie verabschiedet,²¹ da – so der amerikanische Historiker Felix Gilbert – „the Americans transformed the Model Treaty into a Pattern for all future diplomatic treaties".²²

Angesichts des kostspieligen Unabhängigkeitskrieges gegen England und der von England betriebenen Wirtschaftspolitik gegen die abtrünnigen Kolonien war es für die 13 Staaten von entscheidender Wichtigkeit, neben der Anerkennung ihrer Unabhängigkeit vom englischen Mutterland zusätzliche Finanzmittel zu akquirieren, um die gewaltigen Kosten zu decken, die der Krieg verschlang und der Aufbau des Gemeinwesens erforderte.²³ Dies waren auch die Ziele der im Auftrag des Kongresses seit Ende 1776 gemeinsam in Paris agierenden ersten amerikanische Bevollmächtigten Silas Deane, Benjamin Franklin und Arthur Lee.²⁴ Im Gegenzug zu der gesuchten Unterstützung konnte der Kongress

---

20 Vgl. GILBERT, *Farewell Address*, S. 54.
21 Vgl. LINT, G.L., *John Adams on the Drafting of the Treaty Plan of 1776*, in: *Diplomatic History* 2 (1978), S. 313–320, hier S. 314 f. FERLING, J., *John Adams, Diplomat*, in: *The William and Mary Quarterly* 2 (1994), S. 227–252, hier S. 231 f. S. auch Protokolleintrag für den 24.09.1776, in: CONGRESS, *Journals of the Continental Congress 1774–1789*, Washington 1909, Vol. V (1776, June 5–October 8), S. 813–817. GILBERT, *Farewell Address*, S. 50.
22 GILBERT, *Farewell Address*, S. 56.
23 Vgl. SPALL, E., *Foreigners in the Highest Trust: American Perceptions of European Mercenary Officers in the Continental Army*, in: *Early American Studies*, Spring 2014, S. 339–365, hier S. 345. S. auch WIJK, *Republiek en Amerika*, S. 18. BUTTERFIELD, L.H. (Ed.), *John Adams and the Beginnings of Netherlands-American Friendship, 1780–1788*, Boston 1959, S. 1. SCHULTE NORDHOLT, *Voorbeeld*, S. 91 f. Varg, *Foreign Policies*, S. 21 f.
24 Silas Deane, vormals Mitglied des Kongresses für Connecticut, war vom Committee bereits im März 1776 – also noch vor der Unabhängigkeitserklärung vom 04.07.1776 – bestimmt worden, nach Paris zu fahren, wo er am 01.07.1776 ankam, um einen Handelsvertrag mit Frankreich für 100 Kanonen, Waffen und Uniformen auszuhandeln. Vgl. The Secret Committee of Congress to Silas Deane, Philadelphia 02–03-1776, in: CONNECTICUT HISTORICAL SOCIETY (Ed.), *The Deane Papers, 1771–1795, Correspondence between Silas Deane, his brothers and their business and political associates*, Collection of the Connecticut Historical Society, Vol. XXIII, Hartford 1930, S. 19. S. auch auch die sehr differenzierte Darstellung der amerikanischen Schuldenpolitik von BAYLEY, *National Loans*, S. 5 ff. FISH, *American Diplomacy*, S. 27. WIJK, *Republiek en Amerika*, S. 3 f. MORTON, B.N., *"Roderige Hortalez" to the*

den europäischen Staaten wie Frankreich, aber auch Spanien, zwar nur wenig, jedoch immerhin seinerseits amerikanische Hilfe gegen die Engländer in ihren jeweiligen noch verbliebenen Einflusssphären auf dem amerikanischen Kontinent anbieten.[25]

Frankreich, paradoxerweise seit mehr als einem Jahrhundert das Vorbild für die europäischen absolutistischen Fürstentümer, hatte seinerseits auch ein deutliches Interesse, die Stärke und die Chancen der amerikanischen Rebellen gegen die englische Kolonialherrschaft auszuloten. Das französische Interesse war Teil des fortdauernden französisch-englischen „Duells" (Duby), in dem die Könige Frankreichs und Englands seit dem spanischen Erbfolgekrieg am Anfang des 18. Jahrhunderts u. a. im Spanisch-Englischen Krieg (1739–1748), im Österreichischen Erbfolgekrieg (1740–1748), im Englisch-Schottischen Kampf (1745–1746) und im indischen Kolonialkrieg (1744–1763) immer wieder ihre Truppen gegeneinander führten und mit enorm hohen Finanzanleihen finanzieren mussten. So gab es hinter der von dem französischen Außenminister Comte de Vergennes gewahrten Fassade der Neutralität seit 1776 vielgestaltige Unterstützung für die Amerikaner. Der erst seit 1774 amtierende de Vergennes verfolgte damit – trotz seiner Ablehnung republikanischer Ideen und der Aufklärung – nicht nur die Absicht, den Amerikanern direkt gegen England zu helfen, sondern auch das weiter gesteckte Ziel, gegen England und Österreich gleichermaßen das Gleichgewicht der Mächte in Europa und in den Kolonien sicherzustellen.[26] Bereits im

---

Secret Committee: An Unpublished French Policy Statement of 1777, in: *The French Review* 50/6 (1977), S. 875–890, hier S. 877f. Im September 1776 berief der Kongress ihn sowie Benjamin Franklin (Pennsylvania) und den bereits in Europa tätigen Diplomaten Arthur Lee aus Virginia, um gemeinsam einen Friedens- und Handelsvertrag auf der Basis des Modell-Vertrages von John Adams mit Frankreich auszuhandeln. SPARKS, J. (Ed.), *The Works of Benjamin Franklin,* Vol. VIII, Boston 1856, S. 190, Anm. Arthur Lee war neben seiner Botschaftertätigkeit für den Kongress auch als Agent seines Staates Virginia zur Beschaffung von Waffen etc. tätig. LEE, R.H., *Life of Arthur Lee,* Boston 1829, S. 151. Benjamin Franklin war unter ihnen sicherlich der Bekannteste, war er doch schon während des Siebenjährigen Krieges als Gesandter der *Pennsylvania Assembly* in London. Durch sein Auftreten während der *Stamp Act-Krise* 1765 und sein Ringen um mehr Handlungsspielraum für eine eigenständige amerikanische Wirtschaft im Londoner *House of Commons* sowie mit der englischen Regierung, in dem er sich einen gesamtamerikanischen Standpunkt erarbeitete, ernannten ihn auch die Repräsentantenhäuser von Georgia (1768), New Jersey (1769) und Massachusetts (1770) zu ihrem Gesandten für ihre Interessen in England. S. auch DULL, J.R, *Franklin the Diplomat: The French Mission,* in: *Transactions of the American Philosophical Society,* New Series 72/1 (1982), S. 1–76, hier S. 3.

25 Vgl. WIJK, *Republiek en Amerika,* S. 18. S. auch SCHULTE NORDHOLT, *Voorbeeld,* S. 91f. VARG, *Foreign Policies,* S. 21f.
26 Vgl. DUBY, G., *Histoire de la France de 1348 à 1852,* Paris 1987, S. 290. S. auch TYNE C.H. VAN, *French Aid Before the Alliance of of 1778,* in: *The American Histori-*

September 1775 wurde ein französischer Geheimagent von England aus nach Philadelphia entsandt.[27] Außerdem sollte der sich glühend für die amerikanische Sache beim französischen König einsetzende,[28] durch Figaros Hochzeit berühmt gewordene und als Geheimagent tätige Schriftsteller Beaumarchais im Rahmen einer eigens eingerichteten Scheinfirma namens Roderigue, Hortales & Co. im verdeckten Kontakt mit den amerikanischen Agenten die französische Unterstützung organisieren.

Zunächst bestand die Unterstützung in umfangreichen, von Ludwig XVI. und seinem Finanzministerium sowie aufgrund eines bourbonischen Abkommens vom span. Finanzministerium heimlich gewährten Subsidien im Umfang von 2 bzw. 1 Mill. Livres. Diese setzte Beaumarchais – durch Ludwig XVI. autorisiert – ab 1776 u. a. für den Kauf von Waffen und Munition ein. Darüber hinaus wurden den Amerikanern von Frankreich 1777 noch einmal 2 Mill. über Beaumarchais und 1781 6 Mill. Livres über Franklin, also 10 Mill. Livres als Geschenk zur Verfügung gestellt. Dazu kam die schon erwähnte 1 Mill. Livres aus Spanien, das mit England wegen Gibraltar und Menorca im Streit lag und um seinen Einfluss in Nordamerika fürchtete und sich deshalb noch zurückhaltender zu den Amerikanern bekannte als Frankreich. Die Zahlung von solchen nicht rückzahlungspflichtigen Subsidien an befreundete Länder zu deren finanzieller Unterstützung anstelle von z. B. militärischer Hilfe durch Truppen war durchaus üblich: so hatte sich England während des Siebenjährigen Krieges seit 1758 gegenüber Preußen vertraglich verpflichtet, 4 Mill. Reichstaler jährlich zu zahlen.[29]

Abgesehen von den königlichen Subsidien kamen darüber hinaus schon ab 1777 von Deane und Franklin ebenfalls verdeckt ausgehandelte Anleihen und Darlehen von dem im Auftrag des französischen Königs agierenden, privat organisierten Generalfinanzpachtamt *(ferme générale)* im Umfang von 2 Mill. Liv-

---

cal Review 31/1 (1925) S. 20–40. BÉLY, L., *Les relations internationales en Europe (XVIIe–XVIIIe),* Paris 1992, S. 610.
27 Vgl. MORTON, *Roderigue Hortalez,* S. 875.
28 Vgl. BAYLEY, *National loans,* S. 5: „His [Beaumarchais' – R.R.] services in this particular were greater, probably, than those of all our agents in Europe at the time."
29 Vgl. BAYLEY, *National Loans,* S. 9 f. S. auch KUNISCH, J., Friedrich der Große. Der König und seine Zeit, München 2004, S. 426 i. V. m. S. 355. Werner Sombart berichtet davon, dass England während des Siebenjährigen Krieges Subsidien im Umfang von mehr als 20 Mill. an deutsche Fürsten gezalt hat, vgl. SOMBART, *Kapitalismus,* S. 988. Das Zahlungsmittel in Frankreich basierte abgesehen von Goldmünzen wie dem Louis d'or i. d. R. auf Livres. Ein Livre entsprach etwa einem halben niederländischen Florin/Gulden und einfünftel Dollar. Umgekehrt entsprach 1 $ etwa 2,5 Gulden und 5,5 Livres, vgl. BAYLEY, *National Loans,* S. 9, S. 17, S. 45 sowie je nach US-Kolonie zwischen 5 und 8 amerikanische Shillings; für Massachusetts wurde 1750 per Gesetz der Wert eines englischen Schillings auf eineindrittel Shilling festgelegt, vgl. HEPBURN, A.B., *History of Currency,* S. 33 f.

res, die mit Lieferungen von Tabak zurückgezahlt werden sollten.[30] Da der Geldbedarf weiterhin bestand, gewährte Frankreich über die Jahre bis 1782 außerdem weitere Zuschüsse im Umfang von insgesamt 18 Mill. Livres, die in dreimonatlichen Tranchen von 750.000 Livres an die amerikanischen Bevollmächtigten ausgezahlt wurden und ab 1788 mit 5 Prozent Zinsen zurückgezahlt werden sollten. Das wurde allerdings von französischer Seite nicht unbedingt erwartet.[31] Als die französischen Quellen zu versiegen drohten, konnte Frankreich immerhin noch dazu bewogen werden, ein niederländisches Darlehen für die USA durch staatliche Garantien abzusichern.[32]

Der Kongress war sich durchaus darüber im Klaren, dass ein Investment in den USA für ausländische Investoren riskant erschien.[33] Für die Erreichung der diplomatischen und finanzwirtschaftlichen Hauptziele mussten also überzeugende Argumente präsentiert werden, die die europäischen Staaten und Investoren zur diplomatisch-wirtschaftlichen Unterstützung motivieren konnten. Dass diese für die Amerikaner unmittelbar auf der Hand lagen, machte Benjamin Franklin im Sommer 1777 in seinen *Remarks on a Loan for the United States* deutlich.[34] Er identifizierte sieben Kriterien, die ein Investment in Amerika als viel profitabler als eines in England erscheinen ließen. Die Vorteile sah er – abgesehen von der politisch-völkerrechtlich auf der Tagesordnung stehenden Unterstützung der politischen Freiheit – vor allen Dingen (1) in der hohen Zahlungsmoral, die Amerika bereits bei früheren Darlehen gezeigt habe, (2) in der Einsatzfreude der Amerikaner, die Untätigkeit und Nutzlosigkeit für eine Schande hielten, (3) in der Bedürfnislosigkeit und Sparsamkeit, die sich im Lebenswandel und in einem angemessenen Entlohnungssystem zeigten, (4) in der Stabilität und Solidität der amerikanischen Haushalte, die lediglich unter den Schulden für den gegenwärtigen Krieg litten, (5) in den hervorragenden und unendlich erscheinenden wirtschaftlichen Expansionsmöglichkeiten auf dem amerikanischen Territorium,

---

30 Vgl. EDLER, *Dutch Republic*, S. 73 f. S. auch BÉLY, L., *Les relations internationales*, S. 615 ff. WALLERSTEIN, I., *Die große Expansion, Das moderne Weltsystem III. Die Konsolidierung der Weltwirtschaft im langen 18. Jahrhundert*, Wien 2004, S. 312 ff. MEYER, J., *Frankreich im Zeitalter des Absolutismus, 1515–1789*, Stuttgart 1990, S. 484.
31 Vgl. Franklin to Robert R. Livingston, Passy, 12.08.1782, in: SPARKS, J. (Ed.), *The Works of Benjamin Franklin*, Vol. IX, Boston 1856, S. 383. Vgl. EDLER, *Dutch Republic*, S. 76.
32 Vgl. BAYLEY, *National loans*, S. 5–13. S. auch RILEY, J.C., *Financial and Economic Ties. The First Century*, in: SCHULTE NORDHOLT, J.W./SWIERENGA, R.P., *A Bilateral Bicentennial. A History of Dutch-American Relations, 1782–1982*, Amsterdam 1982, S. 49–65, hier S. 51.
33 Vgl. CONGLETON, *Debt to the Dutch*, S. 55.
34 Vgl. FRANKLIN, B., *Remarks on a Loan for the United States* (1777), in: SPARKS, J (Ed.), *The Diplomatic Correspondence of the American Revolution*, Vol. II, Washington 1857, S. 12–18.

Abb. 2:
Portrait von Benjamin Franklin, von Jean-François Janinet und Joseph Siffred Duplessis, 1789, National Gallery of Art, Washington

(6) in der Tatsache, dass Amerikas im Gegensatz zu Englands Politik von der Weisheit getragen sei, die Mittel so einzusetzen, dass es nicht ruiniert werde, und (7) schließlich – auch gegen den Willen einiger amerikanischer Politiker – in der Redlichkeit, die sich über die Tilgung öffentlicher Schulden (s. o. 1) hinaus in der Rückzahlung privater Schulden nach England trotz des aktuellen Krieges zeige, um die privaten Investoren im Ausland nicht zu schädigen. Insgesamt gab es für Franklin nur eine positive Schlussfolgerung: „It appears, therefore, from the general industry, frugality, ability, prudence, and virtue of America, that she [America – R.R.] is a much safer debtor than Britain; to say nothing of the satisfaction generous minds must have in reflecting that, by loans to America, they are opposing tyranny, and aiding the cause of liberty, which is the cause of all mankind."[35]

Als Bestätigung dieser englandkritischen Annahmen Franklins schrieb der seit dem Ende 1775 für den Kongress in den Niederlanden tätige europäische Agent Charles Dumas[36] über die niederländische Skepsis am 14. Juni 1777 an

---

35 FRANKLIN, B., Remarks, in: SPARKS, The Diplomatic Correspondence, Vol. II, S. 17f.
36 Charles Wilhelm Frédéric Dumas war ein in Holland wohnender in der Schweiz aufgewachsener Deutscher mit französisch-hugenottischem Hintergrund, der sich sehr für den amerikanischen Unabhängigkeitskampf interessierte und Benjamin Franklin

das *Committee of Foreign Affairs*: „Another important truth which I have learned at Amsterdam is, that no banking house is willing to take part, to the amount of a shilling, in the loan of five millions sterling which England has raised, because they were not content with the offered premium, and with her solidity, nor sure of selling the stock in detail. Distrust increases here in proportion as England sinks."[37] England blieb dennoch für den internationalen Finanzmarkt für lange Zeit ein Maßstab, gegen den sich die Vereinigten Staaten aber mit ihren positiv herauszustellenden Kriterien bei Investoren durchaus vorteilhaft positionieren konnten.[38]

Zweifellos lag das Hauptaugenmerk von Kongress und Gesandten ab 1776 zunächst auf einem Übereinkommen mit Frankreich und Spanien als den „natürlichen" Antipoden Englands nicht nur in Europa, sondern auch auf amerikanischem Boden. Außerdem hatten die Amerikaner die Hoffnung, dass mit Frankreich und dem vorsichtiger agierenden Spanien an ihrer Seite ihr Krieg mit England sehr verkürzt werden konnte.[39]

Dennoch waren von Anfang an auch die Niederlande und insbesondere die Provinz Holland für die amerikanische Diplomatie von großem Interesse. Schon im Auftragsschreiben für den bereits vor Franklin und Lee in geheimer Mission entsandten Silas Deane hatte das Komitee am 3. März 1776 gefordert: „When your business in France admits of it, it may be well to go into Holland, and visit our agent there, M. Dumas, conferring with him on subjects that may promote

---

vermutlich kennenlernte, als dieser über Holland und Deutschland nach Paris reiste. Ende 1775, zu einer Zeit als Franklin Vorsitzender des *Committee for Secret Correspondence* war, „it was resolved to employ M. Dumas for executing the purpose of the Committee in Holland", in: SPARKS, J. (Ed.), *The Diplomatic Correspondence of the American Revolution*, Vol. V, Washington 1857, S. 185. Vgl. RENAUT, *Dumas*, S. 35 f. S. auch Dumas in einem Brief vom 21. März 1780 an den Kongresspräsidenten Huntington, in dem er rückblickend darauf verweist, dass er diesen Auftrag im April 1776 erhalten habe, in: SPARKS, *Diplomatic Correspondence*, VOL. V, S. 296. S. auch SCHULTE NORDHOLT, *Dutch Republic*, S. 47 ff. SCHULTE NORDHOLT, J.W./KLOOSTER, W., *The influence of the American Revolution in the Netherlands*, in: GREENE, J.P./POLE, J.R., *A companion to the American Revolution*, Malden, (MA), Oxford 2000, S. 545–549, hier S. 545. ENTHOVEN, V., *That Abominable Nest of Pirates: St Eustatius and the North Americans, 1680–1780*, in: *Early American Studies: An Interdisciplinary Journal* 2 (2012), S. 239–301, hier S. 289.

37 Dumas to the Committee of Foreign Affairs, June 14th 1777, in: SPARKS, *Diplomatic Correspondence*, Vol. I, S. 239.
38 Vgl. Adams to J.D. van der Capellen, Amsterdam, October 17th 1780, in: BEAUFORT, W.H. DE (Ed.), *Brieven van en aan Joan Derck van der Capellen van de Pol*, Utrecht 1879, S. 195, hier verglich Adams die für Amerika besser erscheinende Schuldenbilanz von England und Amerika.
39 Vgl. FERLING, *John Adams*, S. 232. WALLERSTEIN, *Weltsystem*, S. 312 ff. WEHLER, *Amerikanische Außenpolitik*, S. 41.

our interest, and on the means of communication."⁴⁰ Obwohl Deane während seiner Zeit in Europa Paris offenbar nie verlassen hatte, teilte er dem Komitee doch schon Ende 1776 seine Erkenntnisse über die Niederlande mit und bestätigte damit die schon eingangs zitierten Ausführungen seines englischen Zeitgenossen Adam Smith: „Holland is at present the centre of money and credit for Europe, and every nation is more or less indebted to her collectively to such an amount that, could the nations in Europe at once pay the whole of their debts to this Republic of Mammon, it would as effectually ruin it as the breaking in of the sea through their dykes. Would you know the credit and situation of the affairs of the different kingdoms, consult the books of the Dutch banks.[...] Not a Power in Europe, the King of Prussia excepted, can go to war without borrowing money of Holland to a greater or less amount [...]."⁴¹ Damit bestätigte er das Ergebnis einer allgemeinen langfristigen Wirtschaftsentwicklung in der Republik, wonach seit langem – trotz Verdreifachung des Kapitalumlaufs – die Investitionen in Flotte und Handel gleich blieben, jedoch statt dessen immer mehr Geld in Staatspapiere, Landbesitz und vor allen Dingen ausländische Engagements, insbesondere in England, investiert wurde, das hierdurch ironischerweise seine Position insbesondere gegenüber den Niederlanden in Europa ausbauen konnte.⁴² Der enorme Kapitalüberschuss führte also fast zwangsläufig zum Kapitalexport.

Wenige Monate später teilten die in Paris stationierten Unterhändler Franklin, Deane und Lee dem Komitee in Philadelphia mit, dass es aus Kosten- und Effizienzgründen wohl sinnvoller sei, sich für die Verfolgung der amerikanischen Interessen auf die drei wichtigen Länder Frankreich, Spanien und die Niederlande aufzuteilen, so dass von Paris aus Lee nach Madrid und Deane oder Franklin nach Den Haag gehen sollten. Die Reise nach Holland wurde allerdings nicht für die nahe Zukunft in Aussicht gestellt.⁴³ Schon einen Monat später, am 21. März 1777, wurde Lee von Franklin davon in Kenntnis gesetzt, dass sich der Kongress mit dem Gedanken trage, „to send Ministers to the Courts of Vienna, Tuscany, Holland, and Prussia".⁴⁴ Dies schien für Holland umso zweckdienlicher, hatte Lee doch bereits am 26. Januar 1777 Dumas gegenüber bestätigt: „No nation

---

40 The Committee of Secret Correspondence to Silas Deane, Philadelphia, March 3, 1776, in: SPARKS, *Diplomatic Correspondence*, Vol. I, S. 7.
41 Silas Deane to the Committee of Secret Correspondence, Paris, 1ˢᵗ December, 1776, in: SPARKS, *Diplomatic Correspondence*, Vol. I, S. 61 f., die Position der Niederlande als herausragende Wirtschaftsmacht in der Welt wird sehr umfassend von James Riley in *Goverment Finance* beschrieben.
42 Vgl. SPUFFORD, *Toegang*, S. 305. S. auch ZANDEN/RIEL, *Nederland*, S. 36.
43 Vgl. The Commissioners to the Committee of Secret Correspondence, Paris, February 6ᵗʰ, 1777, in: SPARKS, *Diplomatic Correspondence*, Vol. I, S. 397 f. Fußnote.
44 B. Franklin to Arthur Lee, Passy, March 21ˢᵗ, 1777, in: SPARKS, *Diplomatic Correspondence*, Vol. I, S. 416. Vgl. auch B. Franklin and S. Deane to the Committee of Secret Correspondence, Paris 12ᵗʰ March 1777, in: SPARKS, *Diplomatic Correspondence*, Vol. I, S. 204.

Abb. 3: Portrait von C.W.F. Dumas, Geschäftsträger für den amerikanischen Kongress in Den Haag, von Isaak Schmidt, ca. 1783, RKD – Nederlands Instituut voor Kunstgeschiedenis, Den Haag,

seems more interested in opening our commerce, by abolishing the British monopoly, than the Dutch."[45] Allerdings dauerte die Umsetzung dieses Plans doch noch einige Jahre, in denen man sich auf amerikanischer Seite noch mit den diplomatischen Diensten von Charles Dumas[46] begnügte.

Um eine pro-amerikanische Haltung bei den Holländern und für den freien transatlantischen Handel propagandistisch nachhaltig zu unterstützen, verfasste Arthur Lee wie zuvor schon Franklin und Adams Mitte 1777 ein *Memorial for Holland,* das er jedoch erst im April 1778 an Dumas zur Veröffentlichung in Holland sandte.[47] In dieser Denkschrift erinnert Lee sehr eindringlich an die Zeiten vor der englischen „Usurpation" ab 1652, als die amerikanischen Siedler „had a right to exchange and sell the produce of their labor to all nations, without control".[48] 1651 hatte Cromwell nämlich – so Arthur Lee – den in den folgenden Jahrzehn-

---

45 Arthur Lee to C.W.F. Dumas, Paris, January 26th, 1777, in: SPARKS, *Diplomatic Correspondence,* Vol. V., S. 224.
46 s. o. Anm. 36.
47 Vgl. Arthur Lee to the Committee of Foreign Affairs, Paris, April 8th 1778, in: SPARKS, *Diplomatic Correspondence,* Vol. I, S. 488 f. Arthur Lee to the Committee of Foreign Affairs, Paris, June 1st, 1778, in: SPARKS, *Diplomatic Correspondence,* Vol. I, S. 500.
48 Lee, Arthur, *Memorial for Holland* (April 8th 1778), in: SPARKS, *Diplomatic Correspondence,* Vol. I, S. 490–492, hier S. 490.

ten hier und da modifizierten *Navigation Act* durchgesetzt, der im Sinne eines Handelsmonopols zwischen England und seinen Kolonien festlegte, dass – wie Adam Smith näher ausführte – bestimmte Güter wie Zucker, Tabak, Baumwolle, Indigo, Ingwer, Gelbholz und andere Farbhölzer als sogenannte aufgezählte Waren „auf den Markt des Mutterlandes beschränkt (sind). Alle anderen wurden als *nicht-aufgezählte* [Hervorhebung im Text – R.R.] Waren bezeichnet und durften unmittelbar in andere Länder ausgeführt werden, vorausgesetzt, das geschah auf britischen oder Kolonialschiffen, auf denen Eigentümer oder drei Viertel der Besatzung britische Untertanen sind."[49] Für Arthur Lee war es nur konsequent, dass diese die Niederländer ausdrücklich in ihrem Handel benachteiligende Monopolisierung sowie die Ausbeutung der in ihrem Handel eingeschränkten Amerikaner zur Aufkündigung der Verbindung zu Großbritannien und dem Festhalten an den alten Rechten führte. Deshalb erwarteten die Amerikaner gerade von den Holländern besondere Unterstützung. Lee versicherte den Holländern: „[...] a new avenue will be opened for the employment of money where landed property, as yet untouched by mortgage or other incumbrances, will answer for the principal, and the industry of a young and uninvolved people would insure the regular payment of interest". Lee beendete seine kurze Denkschrift zusammenfassend mit dem emphatischen Aufruf an die Holländer: „These are the substantial objects of advantage which America holds up to the people of Holland [...]."[50]

Zeitlich parallel konnten Franklin und Lee ihrem Amsterdamer Vertrauten Dumas die Nachricht von John Adams weiterleiten, dass es inzwischen im Kongress immerhin eine prinzipielle Disposition für eine allerdings nicht jetzt umzusetzende Entsendung eines Diplomaten nach Holland gäbe.[51] Wird hier einerseits deutlich, dass der Kongress ab 1778 die außenpolitischen Beziehungen zu Holland mit einem eigenen Unterhändler auf eine neue Basis stellen wollte, so wurde vom Kongress zugleich auch das strukturelle außenpolitische Dilemma erkannt, in dem sich die Niederlande von Anfang an gegenüber England und den Vereinigten Staaten befanden. Vorbild war der am 6. Februar 1778 unterzeichnete Freundschafts- und Handelsvertrag mit Frankreich mit staatlicher Anerkennung und Meistbegünstigungsklausel sowie eine Beistandskonvention gegen England, die in Artikel VIII für beide Partner Verhandlungen für einen Separatfrieden mit England ausschloss.[52] Die Akkreditierung von Franklin, Deane und Lee als Unterhändler der Vereinigten Staaten im März 1778 durch Ludwig XVI. und des

---

49 SMITH, *Reichtum der Völker*, Bd. II, S. 572 f. Vgl.WIELENGA, *Niederlande*, S. 131. HOWARD, *Amerikanische Demokratie*, S. 70.
50 Lee, Arthur, Memorial for Holland, 1777 (s. Anlage zum Brief A. Lee to the Committee of Foreign Affairs, Paris April 8th 1778), in: SPARKS, *The Diplomatic Correspondence*, Vol. I, S. 491 und S. 492.
51 Vgl. Franklin, B./Lee, A. to M Dumas, Passy, April 10th, 1778, in: SPARKS, *Diplomatic Correspondence*, Vol. I, S. 275 f.
52 Vgl. WIJK, *Republiek en Amerika*, S. 35 f. BEMIS, *Diplomatic History*, S. 28.

französischen Botschafters Conrad Alexandre Gérard de Rayneval am 6. August durch den Kongress in Philadelphia waren die Folge.⁵³

„This striking acknowledgement of the plenipotentiaries from the United States, must have mortified the ministry and crown of Great-Britain,"⁵⁴ wie der Zeitgenosse William Gordon für den 21. März 1778 in der ersten amerikanischen in Briefform abgefassten Geschichte der Unabhängigkeit der Vereinigten Staaten bemerkte. Und in der Tat zog dieser Vertrag zur Unterstützung der Amerikaner umgehend einen 1778 von England erklärten Krieg mit Frankreich insbesondere in den west- und ostindischen Kolonien nach sich. Auf diese Auseinandersetzung hatte der französische Außenminister de Vergennes mit der Aufrüstung der französischen Flotte seit langem hingearbeitet in der Absicht, das koloniale Gleichgewicht wiederherzustellen, womit jedoch unbeabsichtigt zugleich die damit einhergehende weitere Zerrüttung der Staatsfinanzen und so auch die Voraussetzungen für die Französische Revolution geschaffen wurden.⁵⁵ Bezogen auf die Niederlande rechnete man nicht mit Nachahmung. Gordon fasste vielmehr unter dem Datum vom 15. August 1778 die amerikanische außenpolitische Wahrnehmung so zusammen: „The Americans have many friends in Holland, who will be ready to assist them when an opportunity offers; but not a-la-mode de Paris. [...] They may supply you with a loan; but they will not draw the sword in your behalf."⁵⁶

In den Niederlanden wurden die Entwicklungen in Nordamerika aufmerksam wahrgenommen, jedoch höchst unterschiedlich kommentiert. So schwang sich z. B. Joan Derk van der Capellen tot den Pol, ein Baron aus der Provinz Overijssel, zu einem glühenden Verehrer und Streiter für die amerikanische Unabhängigkeitsbewegung empor und suchte direkten Kontakt zu führenden Amerikanern wie John Trumbull, Gouverneur von Connecticut, und Botschafter Benjamin Franklin⁵⁷ und machte zugleich aus seiner heftigen Kritik am pro-englisch gesinnten Statthalter Wilhelm V. keinen Hehl. Letzterer dagegen schrieb noch am 20. August 1776 über die Unabhängigkeitserklärung an den politisch gleichgesinnten Griffier bzw. Kanzleileiter der Generalstaaten⁵⁸ Hendrik Fagel: „Ich kann

---

53 Vgl. HOLLANSCHE HISTORISCHE COURANT No. 129, Dinsdag den 27.October 1778.
54 GORDON, W., Letter XII, Amsterdam, March 21, 1778, in: *The History of the Rise, Progress, and Establishment of the Independence of the Unites States of America* Vol. II, New York 1801, S. 350.
55 Vgl. STEIN, K., *Geschichte der französisch-englischen Kriege vom elften bis in das neunzehnte Jahrhundert*, Berlin 1812, S. 392–403. S. auch HELLEMA, *Buitenlandse Politiek*, S. 32. DUCHHARDT, *Balance of Power*, S. 350 f. bezieht sich hier auf WALLERSTEIN, *Weltsystem III*, S. 102 und S. 116 ff. sowie S. 312 ff.
56 GORDON, Letter XII, Amsterdam, Aug. 15, 1778, in: *The History of the Rise*, S. 350.
57 Vgl. GRIFFIS, W.E., *Brother Jonathan and his Home*, in: *The New England Magazine*, Sept. 1897, S. 3–25, hier S. 17 ff.
58 Vgl. ELLIS & GEBHARDT, *Geschichte der vereinigten Niederlande in dem Zeitraume von 1777 bis 1787. Erste Theil welcher die Einleitung enthält aus dem Englischen*, Leipzig 1792, S. 161 gibt eine sehr ausführliche Darstellung von Person und Amt.

nicht genug bekunden, wie empört ich bei der Lektüre der Unabhängigkeitserklärung gegen den König von England durch die Versammlung der vereinigten Kolonien gewesen bin. Es ist die Parodie des Schauspiels, das unsere Vorfahren gegen König Philip den Zweiten aufführten. Gott gebe, dass die gute Sache triumphiere und dass die Kolonien zur Vernunft gebracht werden können."[59]

Diese ziemlich abweisende politische Beurteilung, die lange Zeit von den Generalstaaten geteilt wurde, hinderte die Amerikaner jedoch nicht, den Kontakt sowohl zu Pieter van Bleiswijk, Vertreter einer alten Delfter Regentenfamilie und Ratspensionär der holländischen Provinzialstaaten sowie Leiter der Generalstaaten zu suchen, als auch zu den Amsterdamer Handels- und Finanzhäusern. War man von amerikanischer Seite auf der diplomatischen Ebene einerseits bemüht, nun auch die holländischen Regierungsinstanzen offiziell für einen Freundschafts- und Handelsvertrag zu gewinnen, so wollte man andererseits ganz pragmatisch die bereits bestehenden Handelsbeziehungen weiterführen. Auch die amerikafreundlichen Amsterdamer waren an einem Ausbau des Warenhandels z. B. über die neutrale niederländische Karibik-Insel St. Eustatius und an dem Geschäft mit Staatsanleihen und ausländischen Fonds interessiert. Dies stieß naturgemäß auf den entschiedenen Widerstand Englands. Seit den zunehmenden Differenzen mit den Kolonien ab 1775 hatte dies immer wieder entsprechende diplomatische Interventionen des bereits seit 1751 in Den Haag akkreditierten, autoritären und wenig verbindlichen englischen Botschafters, Sir Joseph Yorke, bei Statthalter und Generalstaaten zur Folge – mit mäßigem Erfolg.[60]

Rückblickend auf die Phasen der holländischen transatlantischen Handelsaktivitäten seit dem frühen 17. Jahrhundert spricht der niederländische Wirtschaftshistoriker Jan de Vries davon „that a fourth Dutch Atlantic economy began to take shape with the 1781 search for loans for the newly proclaimed American Republic by John Adams's embassy to the Netherlands".[61] Insgesamt muss man mit van Zanden und van Riel, die im wesentlichen Rileys Forschungsergebnissen folgen und diese ergänzen,[62] feststellen, dass „Investitionen in ausländische Fonds (zu)nahmen, von beinahe Nichts zu Beginn des 18. Jahrhunderts auf

---

59 Alle niederländischen Zitate wurden vom Verfasser ins Deutsche übersetzt. Wilhelm V. an Fagel: „Ik kan niet genoeg betuigen hoezeer ik geindigneert ben geweest bij de lecture van de acte van afzweeringe van den koning van Engelant bij de Heeren Staeten der vereenigde colonien. Het is de parodie van het stuk, dat onze voorzaeten deeden uitgeeven tegens koning Philips de tweede. God geeve dat de goede zaek moge triumpheeren en dat de colonien tot reden mogen gebragt werden." Zitiert in: WIJK, Republiek en Amerika, S. 17 f. Vgl. dort auch S. 3 ff., Wilhelm und die Generalstaaten sahen in den Amerikanern zunächst einmal Rebellen gegen das Mutterland, deren Kampf auch in der niederländischen Öffentlichkeit auf wenig Resonanz stieß.
60 Vgl. JONG, GERALD F. DE, The Dutch in America, Boston 1975, S. 124 f. SCHULTE NORDHOLT, Voorbeeld, S. 40 f. MEIBOOM, Bleiswijk, S. 15 f.
61 VRIES, Atlantic Economies, S. 13.
62 Vgl. RILEY, Government Finance, S. 13 ff.

250 Mill. um 1770, bis auf nicht weniger als ca. 600 Mill. im Jahr 1790. [...] Aus den Nachlassverzeichnissen der reichen Amsterdamer der zweiten Hälfte des 18. Jahrhunderts geht hervor, dass viele enorm hohe Beträge an Bargeld oder Bankguthaben bei der Amsterdamer *Wisselbank* unterhielten, Geld, das einfach gehortet wurde, weil man keine Anlagemöglichkeit dafür finden konnte."[63] Kurioserweise war es – wie schon bemerkt – zum Verdruss der Republik das niederländische Finanzkapital, das im 18. Jahrhundert zum Aufstieg der englischen Wirtschaft beitrug.[64] Dies wird auch von Jan de Vries und Ad van der Woude bestätigt, die darauf hinweisen, dass sich mit dem 4. Englisch-Niederländischen Krieg Charakter und Umfang, aber offenbar auch die Wahrnehmung ausländischer Anleihen radikal veränderten: „Gut informierte Zeitgenossen waren im Glauben, dass sich im Jahr 1795 die Darlehen ins Ausland auf mehr als 1 Mrd. Gulden beliefen. Und französische Autoritäten waren sogar allzu bereit, diesen Betrag auch für bare Münze zu nehmen."[65] Tatsächlich schwanken die Schätzungen in der Literatur zwischen 500 und 800 Millionen. Wichtig ist noch einmal anzumerken, dass sich viele holländische Investoren – zum Ärger der englischen Krone – später von ihrem englischen Engagement zurückzogen und lieber in Frankreich, Polen, Spanien und eben auch den USA investierten, so dass die Niederländer um 1800 „mehr als 30 Mill. Gulden an Obligationen von den Vereinigten Staaten in ihrem Besitz"[66] hatten, womit immerhin ein Viertel aller Staatsschulden der amerikanischen Konföderation abgedeckt wurden.

Um 1780 standen die nordamerikanisch-transatlantischen Beziehungen jedoch noch am Anfang. Die Unterhändler Franklin und Arthur Lee sowie John

---

63 ZANDEN/RIEL, *Nederland*, S. 36: „Investeringen in buitenlandse fondsen namen toe van bijna niets aan het begin van de achtiende eeuw tot 250 miljoen rond 1770 en maar liefst zo'n 600 miljoen in 1790. [...] Uit de boedelinventarissen van rijke Amsterdammers uit de tweede helft van het achtiende eeuw blijkt dat velen enorme bedragen kasgeld of bankgeld bij de Wisselbank aanhielden, geld dat simpelweg, ‚opgepot' werd omdat men er geen bestemming voor had kunnen vinden." Die Wisselbank war die erste europäische, schon 85 Jahre vor der Bank of England gegründete Zentralbank.

64 Vgl. HOUTH, J.A. VAN, *An Economic History of the Low Countries 800–1800*, London 1977, S. 309.

65 VRIES/WOUDE, *Nederland*, S. 179: „Goed geinformeerde tijdgenoten wilden wel geloven, dat in 1795 de leningen aan het buitenland meer dan een miljard gulden beliepen. En Franse autoriteiten waren maar al te bereid dat bedrag voor waar aan te nemen."

66 VRIES/WOUDE, *Nederland*, S. 180: „voor meer dan 30 miljoen gulden aan obligaties van de Verenigde Staten in hun bezit". Vgl. ZANDEN/RIEL, *Nederland*, S. 104. Jong, *Dutch in America*, S. 124, der sich hier sicherlich auch auf Bayley, *National Loans*, stützt und die Erreichung dieser Summe bereits für das Jahr 1794 annimmt. S. auch VRIES/WOUDE, *Nederland*, S. 180. SCHULTE NORDHOLT, *Voorbeeld*, S. 223. HOUTTE, *Economic History*, S. 310 nimmt für das Jahr 1794 Investitionen von privaten und öffentlichen Gesellschaften im Umfang von 34 Mill. Gulden an.

Adams, der den gerade in die Heimat zurückbeorderten Silas Deane ersetzen sollte,[67] suchten über ihren Geschäftsträger Dumas mit Schreiben vom 10. April[68] und etwas später mit Schreiben vom 28. April 1778 offenbar direkt den Kontakt zum Ratspensionär der bedeutendsten niederländischen Provinz Holland und West-Friesland, Pieter van Bleiswijk,[69] herzustellen. Van Bleiswijk hatte als Leiter der Generalstaaten selbstverständlich Zugang zum Statthalter. Beleg dafür ist auch der von Franklin über Dumas – und mit Zustimmung des französischen Botschafters in den Haag, Duc de La Vauguyon – vertraulich an den Ratspensionär Bleiswijk am 27. Juli und einen Tag später an den Statthalter weitergeleiteten Vertrag mit Frankreich, der von dem seinerzeit noch in Versailles tätigen, späteren französischen Botschafter in Philadelphia, Gérard de Rayneval sowie von Franklin, Dean und Arthur Lee unterschrieben war.[70] Sie übermittelten dabei eine handschriftliche Kopie des zwei Monate zuvor unterzeichneten Freundschafts- und Handelsvertrages als Modell für ein künftiges fruchtbares Zusammenwirken mit Holland, allerdings noch mit der Bitte um vorerst vertrauliche Behandlung des Vertrages durch die Generalstaaten.[71]

---

67 Der amerikafreundliche Schriftsteller und Diplomat Beaumarchais hielt Arthur Lee für ein zweischneidiges Schwert („two-edged sword"), weil Lee offenbar an einer Intrige zur Rückbeorderung Deanes beteiligt war und ihm in übrigen unterstellte, geheime Kontakte zum englischen Hof zu unterhalten, vgl. Beaumarchais, Secret Memoir to the King's Ministers, sent to the Count de Vergennes, March 13, 1778, in: NEW YORK HISTORICAL SOCIETY (Ed.), *The Deane Papers, 1777–1778*, Vol. II, Collections of the New York Historical Society, Vol. XX, New York 1888, S. 399–406, hier S. 401. Zur Rolle Beaumarchais' vgl. BEMIS, *Diplomatic History*, S. 19 f.

68 Vgl. Franklin, B., Lee, A., Adams, J. to M Dumas, Paris, April 10th, 1778, in: SPARKS, *Diplomatic Correspondence*, Vol. I, S. 274 f. S. auch COLENBRANDER, H.T., *De patriottentijd. Hoofdzakelijk naar buitenlandse bescheiden. Deel 1: 1776–1784*, Den Haag 1897, S. 130 f. WIJK, *Republiek en Amerika*, S. 43 ff. SCHULTE NORDHOLT, *Voorbeeld*, S. 61 ff. hält die Amsterdamer zu diesem Zeitpunkt für noch zu ängstlich, die neutrale Haltung aufzugeben.

69 Vgl. ELLIS & GEBHARDT, *Niederlande*, S. 164 ff. S. Rückverweis im handschriftlichen Exemplar des *Extract uit het Register der Resolutien van de Ho: Mo: Heeren Staaten Generaal der Verenigde Nederlanden*, Mercurii 28.10.1782, in: Nationaal Archief, Den Haag, Collectie Fagel, nummer toegang 1.10.29, Bilaterale betrekkingen van de Republiek der Zeven Verenigde Nederlanden, inventarisnummer 1464, im Folgenden: NL-HaNA, Den Haag, Fagel, 1.10.29, inv.nr. 1464.

70 Vgl. den handschriflichen TRAITÉ DE COMMERCE, 6.2.1778, in: Nationaal Archief, Den Haag, Stadhouderlijke Secretarie, 1600–1795, nummer toegang 1.01.50, De Amerikaanse vrijheidsoorlog en de vierde Engelse zeeoorlog, inventarisnummer 112; im Folgenden: NL-HaNA, Den Haag, Stadhouderlijke Secretarie, 1.01.50, inv.nr. 112.

71 Vgl. Traité d'Amitié et de Commerce in der Fassung vom 06.02.1778, in: NL-HaNA, Den Haag, Fagel, 1.10.29, inv.nr. 1464. S. auch Dumas to M. van Berckel, Pensionary of Amsterdam, July 27th, 1778, in: WHARTON, F. (Ed.), *Revolutionary Diplomatic*

Abb. 4:
Portrait von Pieter van Bleiswijk, Ratspensionär der Provinz Holland, von Jean-Etienne Liotard, 1750–89, Rijksmuseum, Den Haag

Die Beschreitung dieses Weges stellte sich allerdings als ziemlich steinig heraus. Die komplexen Regierungsstrukturen, die Tatsache, dass die holländischen Städte einbezogen werden mussten, die ablehnende bis unentschlossene Haltung des Statthalters, der von dem über diese Vorgänge gut informierten englischen Botschafter bedrängt wurde,[72] aber auch die Zurückhaltung der beratend im Hintergrund agierenden französischen Regierung, verhinderten zunächst eine direkte Reaktion. Die französische Regierung verfolgte in Hinblick auf Amerika zweifellos eigene wirtschaftspolitische Ziele sowohl gegen England als auch latent gegen Spanien und verhinderte vorerst eine offizielle Antwort an die Vertreter der Vereinigten Staaten.[73]

Correspondence of the United States. Edited under direction of Congress, Vol. V, Washington 1889, S. 243 f.

72 Vgl. Le conseiller-pensionnaire [Bleiswijk] au prince d'Orange. 28 Mei 1778 und Le prince d'Orange au comte de Weideren, La Haye, ce 30 Mai 1778, in: KRÄMER, F.J.L. (Ed.), *Archives ou Correspondance inédite de la Maison D'Orange-Nassau: recueil publié avec autorisation de S.M. Le Roi,* Serie 5, Tome I 1766–1779, Leyde 1910, S. 521 f.: Schon im Vorfeld hatten der Statthalter Wilhelm V. und der Ratspensionär van Bleiswijk verschiedene Aspekte und Möglichkeiten erörtert, die bei einem den anderen 18 Städten gegenüber eigenmächtigen Vorgehen der Stadt Amsterdam zu bedenken bzw. zu ergreifen wären. S. auch Le prince d'Orange au conseiller-pensionnaire, Hage, den 25 October 1778, in: KRÄMER, *Archives,* Tome I, S. 565 f.

73 Vgl. BRAKE, *Dutch Republic,* S. 206.

Was diese Situation noch komplizierter machte, war dem niederländischen Historiker Schöffer zufolge die Tatsache, dass es sich bei der niederländischen Republik um einen durch eine Oligarchie geführten Handelsstaat handelte, der seit Beginn des 18. Jahrhunderts von „den Reserven an vergangenem Ruhm und wirklichem Reichtum zehrte"[74] und den wirtschaftlichen Verfall in Landwirtschaft und Industrie wegen fehlender Investitionen und sich widerstreitender Vorstellungen in den Provinzen nicht mehr aufhalten konnte. Hinzu kam der sich verstärkende Einfluss neuer aus Schottland und England, Frankreich und Nordamerika kommender, von den amerikanischen Diplomaten wie Franklin und Adams „vor Ort" propagierter staatstheoretischer und aufklärerischer Ideen über eine größere und direktere politische Beteiligung der Bürger an der Entwicklung und Lenkung des Gemeinwesens. Diese drängten nicht nur die absolutistisch regierenden Monarchen Europas, sondern in der niederländischen Republik auch den England freundlich gesinnten Statthalter Wilhelm V. in die Defensive, der überdies während des 4. Englisch-Niederländischen Krieges als Generaladmiral im Kampf und in der Öffentlichkeit eine schlechte Figur machte. Zudem wurde er durch die ab 1780 zunächst in den westlichen, dann auch in den östlichen Provinzen aktive und ab 1784 an Gewicht zunehmende Bürgerbewegung der sogenannten Patrioten des Despotismus bezichtigt – ein Vorwurf, der nicht zuletzt von Joan Derek van der Capellen in seiner anonym publizierten und sehr einflussreichen Kampfschrift *Aan het volk van Nederland* von 1781 vorgebracht wurde. Die Partei der Oranier konnte angesichts der vielen niederländischen und internationalen Probleme sowie wegen der ausgesprochenen Unbeliebtheit Wilhelms, die auch noch von den wortmächtigen Presseorganen der amerikafreundlichen Patriotenbewegung befeuert wurde, keine kraftvolle Unterstützung geben.[75]

2.2 Erste geheime Kontakte der Amsterdamer Kaufleute mit amerikanischen Diplomaten

Die amerikanischen Unterhändler versuchten ungeachtet der Zurückhaltung der offiziellen Stellen mit Hilfe der Amsterdamer, ihre finanzpolitischen Schwierigkeiten bei der Finanzierung ihres Unabhängigkeitskrieges zu lösen. So berichteten sie dem amtierenden Präsidenten des Kongresses, Henry Laurens (Nov. 1777–Dez. 1778), der später als Botschafter nach Den Haag geschickt werden sollte, bereits am 20. Juli 1778 vielsagend: „We are doing all in our power to ob-

---

74 SCHÖFFER, I., *Die Republik der Vereinigten Niederalnde von 1648 bis 1795,* in: PETRI, F./SCHÖFFER, I./WOLTJER, J.J., *Geschichte der Niederlande,* S. 49–87, hier S. 77.
75 Vgl. WIELENGA, *Niederlande,* S. 207 ff. S. auch ISRAEL, J., *The Dutch Republic,* Oxford 1995, S. 1096 f. SCHÖFFER, *Die Republik,* S. 82. CAPELLEN, J.D. VAN DER, *Aan het Volk van Nederland, het democratisch manifest, 1781,* ingeleid door Wertheim, W.F./ Wertheim-Gijse Weenink, A.H., Weesp 1981, S. 9 ff.

tain a loan of money, and have a prospect of procuring some in Amsterdam, but not in such quantities as will be wanted."[76] Gleichzeitig suchte Dumas Kontakt zu Engelbert François van Berckel, dem ersten Pensionär von Amsterdam.[77] Er bat diesen im Namen der amerikanischen Unterhändler, die Bemühungen mit seinen Regenten-Kollegen in Amsterdam zu unterstützen, um zu einem mit dem amerikanisch-französischen Vertrag vergleichbaren zu kommen.[78] Dies wollte van Berckel auch gerne tun, allerdings mit dem einschränkenden Hinweis: „What troubles me is that it is not our power to make the other members of the Government do as we could wish, in which case the Republic would be at once disposed to another course."[79] Diese Zögerlichkeit der holländischen Verantwortlichen wurde auch von William Lee,[80] ebenfalls ein amerikanischer Unterhändler, bestätigt, wenn dieser von Dumas mit den Worten zitiert wird: „[...] I cannot help saying that there may be some danger of the good people in Holland losing some advantages in commerce with America by their too great caution."[81]

---

76 B. Franklin./A. Lee/J. Adams, to the President of Congress, Passy, 20 July, 1778, in: ADAMS, CH.F. (Ed.), *The Works of John Adams*, Vol. VII, Second president of the United States, Boston 1852, S. 19.
77 Vgl. ELLIS & GEBHARDT, *Niederlande*, S. 181 ff.
78 Vgl. Dumas to M. van Berckel, July 27th, 1778, in: SPARKS, *Diplomatic Correspondence*, Vol. V, S. 243 f.
79 Van Berckel to C.W.F. Dumas, July 31st, 1778, in: SPARKS, *Diplomatic Correspondence*, Vol. V, S. 244, dieser Brief wurde – wie Dumas in einem Brief an den Präsidenten Huntington vom 21. März 1780 zurückblickend mitteilt – als „Letter of a steady friend of America at the Hague" im *Baltimore Journal* abgedruckt, vgl. SPARKS, *Diplomatic Correspondence*, Vol. V, S. 298.
80 William Lee, vormals Kaufmann in London, war Arthur Lees Bruder und vom Kongress im Juli 1777 als Gesandter an den Berliner und Wiener Hof geschickt worden, um hier in enger Absprache mit seinen Pariser Kollegen die Anerkennung der Selbstständigkeit der Vereinigten Staaten zu betreiben. Er wurde jedoch – da staatlich nicht anerkannt – am Kaiserhof Joseph II. nicht zugelassen. Wegen des Mitte 1778 entbrannten preußisch-österreichischen Krieges um die bayerische Erbfolge konnte er dort nicht tätig werden und lebte stattdessen in Frankfurt, um an diesem deutschen Finanzhandelsplatz Geld für sein Land zu sammeln. Vgl. Instructions of Congress to William Lee, Philadelphia, July 1st, 1777, in: SPARKS, *Diplomatic Correspondence*, Vol. V, S. 591 f. S. auch William Lee to the Committee of Foreign Affairs, Paris, September 12th, 1778, in: SPARKS, *Diplomatic Correspondence*, Vol. V, S. 603 f. S. auch Adams' Eintrag unter dem 13.04.1778, in: ADAMS, CH.F. (Ed.), *The Works of John Adams*, Vol. III (Diary and Autobiography), Second president of the United States, Boston 1851 (Tagebuch, 2. Teil), S. 129. WIJK, *Republiek en Amerika*, S. 47. LENDERS, P., *De zuidelijke Nederlanden en de Amerikaanse Onafhankelijkheidsoorlog. Enkele feiten en getuignissen*, in: *Tijdschrift voor Geschiedenis* 103 (1990), S. 28–42, hier S. 28.
81 Dumas to Van Berckel, The Hague, August 17th, 1778, in: SPARKS, *Diplomatic Correspondence*, Vol. I, S. 246. Einen ähnlichen Eindruck haben offenbar auch Franklin

Für Amsterdam lässt sich diese Zurückhaltung allerdings nicht erkennen.[82] Schon im März 1778 bemerkte der Pensionär Bosschaert gegenüber dem Ratspensionär van Bleiswijk: „Es würde mich nicht verwundern, wenn nun auch Amsterdam anklopfen würde, um dem Vorbild von Frankreich zu folgen [...]."[83]

Im Juli 1778 berichtete der Statthalter dem Ratspensionär von einer Begegnung mit Vertretern holländischer Städte, bei der sich ein Vertreter Amsterdams, der Bürgermeister de Vrij Temminck, deutlich im Sinne des für Amsterdam wichtigen transatlantischen Freihandels äußerte. Insbesondere äußerte sich de Vrij Temminck „über die Behandlung der Engländer und über die Nachdrücklichkeit, mit der sie [die Amsterdamer – R.R.] einen Vertrag mit den Amerikanern machen würden, um sich unabhängig zu erklären, und sich damit den exklusiven Handel zu reservieren; dass unser Handel sonst viel verlieren würde und dass er [de Vrij Temminck – R.R.] nicht begreift, was Unabhängigkeit ohne freien Handel bedeuten soll".[84]

Tatsächlich ist durch eine schriftliche Mitteilung von de Vrij Temminck[85] bekannt, dass der Pensionär van Berckel von den Amsterdamer Bürgermeistern selbst im August 1778 beauftragt wurde, dem „Heer Lee" schriftlich mitzuteilen, dass Amsterdam unter der Voraussetzung, dass der Kongress keine für die Niederländer schädlichen Handelsabkommen mit den Engländern schließt, sozusagen auf Vorrat („bij voorraad")[86] – wie es der Zeitgenosse Jan Wagenaar formulierte – bereit sei, bereits zu diesem frühen Zeitpunkt einen Handelsvertrag zu entwerfen, der allerdings erst in Kraft treten würde, sobald die Unabhängigkeit

---

und Arthur Lee gewonnen, vgl. B. Franklin and Arthur Lee to M. Dumas, Passy, April 10th, 1778, in: SPARKS, *Diplomatic Correspondence,* Vol. I, S. 275 f.

82 Vgl. SCHULTE NORDHOLT, *Dutch Republic,* S. 66: „The merchant lords who governed the city were deathly afraid that they would miss out on the trade with America from which they promised themselves such mountains of gold. [...] It was necessary to be ready for the eventuality of the independence of the United States."

83 Pensionaris Bosschaert aen den Heere Raetspensionaris van Bleiswijk, Dordt, den 19. Maart 1778: „Het zoude mij niet verwonderen, dat Amsterdam nu ook aanklopte om het voorbeeld van Vrankrijk te volgen [...]", in: KRÄMER, *Archives,* Tome I, S. 506.

84 Le prince d'Orange au conseiller-pensionnaire. Hage, den 18 July 1778: „over de behandeling der Engelschen, en over de hardigheit, dat zij een tractaet zoude maeken met de Americaenen om haer independent te verklaeren, zich reserveerende de exclusive commercie; dat onze commercie daer veel zoude verliezen en dat hij niet begrijpt wat wil zeggen independentie zonder de vrije commercie." In: KRÄMER, *Archives,* Tome I, S. 528.

85 Vgl. WIJK, *Republiek en Amerika,* S. 184.

86 WAGENAAR, J., *Vaderlandsche Historie vervattende de Geschiedenissen der Vereenigde Nederlanden,* Tweede Deel, Amsterdam 1800, S. 244. Vgl. auch COLENBRANDER, *Patriottentijd,* Deel 1: 1776–1784, 1897, S. 130 f.

Abb. 5:
Portrait von Egbert de Vrij
Temminck, Bürgermeister
von Amsterdam, von J.
Houbraken, Jan Wandelaar,
1759, Rijksmuseum, Den
Haag

der Vereinigten Staaten von England anerkannt worden sei.[87] Dies fand offenbar ohne die Mitwirkung von Dumas statt, der doch die engsten Kontakte zu den amerikanischen Botschaftern und Unterhändlern in Paris hatte.[88] Nur dadurch war es wohl möglich, dass sich die Amsterdamer bei Namensgleichheit nicht an Arthur Lee oder einen seiner Kollegen in Paris, sondern an den eigentlich nicht zuständigen Unterhändler William Lee in Frankfurt, zugleich Bruder von Arthur,

---

87 Der Bürgermeister de Vrij Temminck hielt im August 1778 den Auftrag von Van Berckel, mit William Lee zu sprechen, fest und kam dann auf das Angebot der Amsterdamer Regierung zu sprechen, vgl. Kopie vom 18. Dezember 1780, in: Nationaal Archief, Den Haag, Pieter van Bleiswijk, 1772–1787, nummer toegang 3.01.25, Verzoek van Groot-Brittannië om steun aan de Republiek in de oorlog tegen Noord-Amerika. inventarisnummer 482, im Folgenden: NL-HaNA, Den Haag, Raadpensionaris Van Bleiswijk, 3.01.25, inv.nr. 482. S. auch WIJK, *Republiek en Amerika*, S. 184. Einen gleichlautenden in französisch formulierten Text hat Van Berckel mit Datum vom 26. August 1778 an William Lee gesandt, vgl. WIJK, *Republiek en Amerika*, S. 184 f. S. auch EDLER, *Dutch Republic*, S. 88 ff. SCHAMA, *Patriotten*, S. 92. SCHULTE NORDHOLT, *Dutch Republic*, S. 64 ff.
88 Vgl. Deane in einem Schreiben an den Kongresspräsidenten vom 12.10.1778, in: SPARKS, *Diplomatic Correspondence*, Vol. I, S. 102 f.

wandten, der im Übrigen mit Franklin nicht so gut harmonierte.[89] Eine problematische Entscheidung, die für manche noch dadurch verstärkt wurde, dass die Amsterdamer Bürgermeister den Amsterdamer Kaufmann Jean de Neufville mit ins Boot holten.

Dessen Familie hatte schon bei anderer Gelegenheit mit Amerikanern zusammengearbeitet und sich gerade während des zugleich einen wirtschaftlichen Boom erzeugenden Siebenjährigen Krieges mit z. T. hoch spekulativen Finanzprodukten zu einem der führenden Bankhäuser in Amsterdam entwickelt. Mit dem Ende des Krieges 1763 und der Veränderung bestimmter Marktsegmente kollabierte allerdings auch die Werthaltigkeit der vom Haus de Neufville auf Krediten basierten Spekulationen, so dass das Handelshaus in eine Schieflage kam und in den Bankrott geriet.[90] Die finanziellen und allgemein wirtschaftlichen Auswirkungen des Desasters bei de Neufville auf die anderen Amsterdamer Häuser und darüber hinaus auf den anderen damals bedeutenden Handelsplatz Hamburg und selbst in Preußens Berlin waren so dramatisch, dass hier wie dort relativ kurz danach eine Reihe von etwa 100 Geldhäusern entweder direkt oder aufgrund der danach einsetzenden Depression zusammenbrachen. Die Krise von 1763 wird heute in der Literatur, was ihre Dramatik und Tiefe angeht, durchaus mit den modernen Finanzkrisen der 1990er und 2000er Jahre verglichen.[91]

Jean de Neufville, ein Nachkomme, war in der zeitgenössischen Rezeption, aufgrund des Bankrotts 15 Jahr zuvor nicht über jeden Zweifel erhaben. Franklin hielt Jean de Neufville noch 1779 aufgrund ihm etwas dubios erscheinender finanzwirtschaftlicher Angebote für einen Mann, „who seemed to me a vain promiser, extremely self-interested, and aiming chiefly to make an appearance without solidity, and who I understand intends applying directly to Congress, some of his friends censuring me as neglecting the public interest in not coming

---

89 Van Berckel war – nach Dumas' Annahme – „thinking Mr. William Lee was one of the Commissioners at Paris", Dumas to the President of Congress, The Hague, March 21th, 1780, in: SPARKS, *Diplomatic Correspondence*, Vol. I, S. 299. Vgl. auch KOPPIUS, W.J., *Omtrent de papieren van Henry Laurens Gordon*, in: *Tijdschrift voor Geschiedenis* 54 (1939), S. 42–47, hier S. 44.

90 Vgl. EDMUNDSON, D. G., *History of Holland*, Cambridge 1922, S. 320.

91 Vgl. LINDEMANN, M., *The Merchant Republics. Amsterdam, Antwerp, and Hamburg, 1648–1790*, New York 2015, S. 290: „If the Seven Years War can be thought of as the first world war, the multiple failures in 1763 may perhaps just as legitimately be counted as the first victims of a new style financial disaster that would, with increasing frequency and force, radiate outward from one financial axis to affect others." S. auch WILSON, *Economic Decline*, S. 168 weist auf die europäischen Dimensionen dieses Bankrotts hin. Vgl. auch SCHNABEL, I./SHIN, H.S., *Lessons from the Seven Years War*, CentrePiece, Centre for Economic Performance, London School of Economics, 8/3 (2003), S. 20–29.

into his measures".⁹² Bei den Patrioten jedoch wie z. B. bei van der Capellen und Dumas war er als Financier wieder im Gespräch und versuchte sich so erneut in der Finanzwelt zu etablieren.⁹³ So kam es Ende August 1778 zwischen de Neufville, William Lee und van Berckel zunächst in Frankfurt und dann in Aachen zu Verhandlungen über einen allerdings unautorisierten Freundschafts- und Handelsvertrag zwischen Amsterdam für Holland und den Vereinigten Staaten, von denen dann wohl auch der Statthalter gehört hatte.⁹⁴ Diese Gespräche kamen offenbar recht zügig voran, denn bereits am 4. September 1778 hatten die Drei die Arbeiten für einen *Vorbereitenden Plan zu einem Handelsvertrag; abzuschließen zwischen Ihren Hochmächtigen, den Ständen der Sieben Vereinigten Provinzen von Holland und den Dreizehn Vereinigten Staaten von Nordamerika* fertiggestellt.⁹⁵

Der Vertragsentwurf⁹⁶ wurde von den Verfassern selber als Rohskizze („ruwe schets") und von Schulte Nordholt später als „probably the most irregular treaty

---

92 Franklin to John Jay, president of Congress, Passy, 4 October, 1779, in: FRANKLIN, *Works of Benjamin Franklin*, Vol. VIII, S. 386 f.
93 Vgl. WIJK *Republiek en Amerika*, S. 47 f. KOPPIUS, *Henry Laurens*, S. 44. S. auch BEAUFORT, *Brieven*, S. 206: van der Capellen äußert sich am 28.11.1780 in einem Brief an Adams positiv zu de Neufville, auch wenn sein Handelshaus früher große spekulative Verluste gemacht habe, so könne man de Neufville nun Vertrauen schenken. Adams äußert sich im Zusammenhang mit seinem Brief vom 11.03.1781 aus Leiden an die Herren de Neufville 1809 in den Letters to the Boston Patriot insgesamt positiv zu de Neufville. ADAMS, CH.F., *Works of John Adams*, Vol. VII, S. 376 f. Bei den angesprochenen Verlusten der Brüder Neufville von 1763 handelt es sich nach WILSON, *Economic Decline*, S. 123 mit 9,5 Mill. Gulden um den bis dahin größten Bankrott eines Bankhauses in Amsterdam, der in Europa eine Geldkrise auslöste und viele andere Geldhäuser in den Ruin trieb. CARLOS/NEAL, *Financial centers*, S. 40.
94 Vgl. Le prince d'Orange au conseiller-pensionnaire, Loo, den 6 Augustus 1778, in: KRÄMER, *Archives*, Tome I, S. 537.
95 Vgl. Preparatoirlyk Plan, van Een Tractaat van commercie; aan te gaan tussen Hun Hoog Mog. de Staaten van de Seven Vereenigde Provincien van Holland, en de Dertien Vereenigde Staaten van Noord-America, in: Nationaal Archief, Den Haag, Collectie C.W.F. Dumas, 1700–1796, nummer toegang 1.10.26, Stukken aangaande Amerikaansche aangelegenheden. 1775–1790, inventarisnummer 80, im Folgenden: NL-HaNA, Den Haag, Collectie Dumas, 1.10.26, inv.nr. 80.
96 Vgl. handschriftl. englische Fassung: Plan of a Treaty of Commerce to be entered into between their High Mightinesses the Estates of the Seven United States of Holland, and 13 United States of North America ... 04.09.1778, in: Nationaal Archief, Den Haag, Pieter van Bleiswijk, 1772–1787, nummer toegang 3.01.25, Verzoek van Groot-Brittannië om steun aan de Republiek in de oorlog tegen Noord-Amerika, inventarisnummer 480, im Folgenden: NL-HaNA, Den Haag, Raadpensionaris Van Bleiswijk, 3.01.25, inv.nr. 480. S. auch gedruckte niederländische Fassung: Preparatoirlyk Plan, van Een Tractaat van Commercie; aan te gaan tussen Hun Hoog Mog. de Staaten van de Seven Vereenigde Provincien van Holland, en de Dertien Vereenig-

in the whole history of the Netherlands"⁹⁷ bezeichnet. De Neufville bestätigte noch am 4. September, dass er ihn nach Instruktionen von van Berckel und mit William Lee geregelt („gereguleert") hatte.⁹⁸ Er sollte als Entwurf mit allen erforderlichen Bestimmungen in 34 Artikeln – wie das Vorbild des französisch-amerikanischen Vertrages vom Februar 1778⁹⁹ – das beiderseitige freundschaftliche Verhältnis, insbesondere in Bezug auf den Seehandel, die gegenseitige Unterstützung auf See, aber auch die Bewegungsfreiheit der Seeleute in den Häfen regeln. Interessanterweise enthielt der Entwurfstext nicht die von van Berckel in der Erklärung vom 26. August 1778 formulierte Klausel, dass der Vertrag nur unter bestimmten Bedingungen in Kraft treten sollte,¹⁰⁰ was im Weiteren nicht ohne Folgen blieb. Der britische Historiker Scott vertritt – wie auch von de Vrij Temminck schon in der Begegnung mit dem Statthalter verbrämter formuliert – bezüglich des Vertragsentwurfs die Meinung: „This was in reality a piece of commercial opportunism by Holland's leading town and aimed only to secure for its merchants a privileged position should the Americans gain their independence. But it was certainly indiscreet and could not easily be defended by the Dutch authorities."¹⁰¹ Der französische Historiker Renaut ist etwas verbindlicher. Er geht zwar davon aus, dass Lee bewusst war, dass der Vertrag keine rechtliche Grundlage hatte, dass er aber dennoch für die Zukunft Vorteile in sich barg, „selbstverständlich bestimmt dazu, vertraulich zu bleiben in Erwartung des Beitritts der anderen Provinzen, [...] abgeschlossen als zweiter von den Vereinigten Staaten unterschriebener Vertrag [...]".¹⁰²

Erst nachträglich, am 12. September 1778, berichtete William Lee dem *Committee of Foreign Affairs* aus Paris, dass sich bei seinem Aufenthalt in Frankfurt – vermutlich ab April – die Möglichkeit ergeben hätte, mit dem Repräsentanten

---

de Staaten van Noord-America; om Íngevallen Engeland Haar voor Vrye Volkeren erkent, als Dan zulks te brengen, ter tavel van Hun Hoog-Mogende. 04.09.1778, in: NL-HaNA, Den Haag, Collectie C.W.F. Dumas, 1.10.26, inv.nr. 80. Vgl. SPARKS, *Diplomatic Correspondence*, Vol. I, S. 606 f. COLENBRANDER, *Patriottentijd*, Deel 1, 1897, S. 132. WHARTON, F. (Ed.), *Revolutionary Diplomatic Correspondence of the United States*. Edited under direction of Congress, Vol. II, Washington 1889, S. 789–798. BURNETT, E.C., *Note on American Negotiations for Commercial Treaties, 1776–1786*, in: The American Historical Review 16/3 (April 1911), S. 579–587, hier S. 580.

97 SCHULTE NORDHOLT, *Dutch Republic*, S. 65.
98 Vgl. die handschriftl. Notiz von de Neufville vom 4.09.1778, in: NL-HaNA, Den Haag, Raadspensionaris Van Bleiswijk, 3.01.25, inv.nr. 480. BRAKE, *Dutch Republic*, S. 204 ff.
99 Vgl. SCHULTE NORDHOLT, *Voorbeeld*, S. 68.
100 S. Klausel, s. o. Anm. 87.
101 SCOTT, *Yorke*, S. 574.
102 Alle französischen Zitate wurden vom Verfasser ins Deutsche übersetzt. RENAUT, *Yorke*, S. 141: „destiné évidemment à demeurer secret en attendant l'accession des autres provinces, [...] conclu le second traité signé par les Etats-Unis [...]."

Abb. 6:
Portrait von William Lee, amerikanischer Geschäftsträger am Hof von Wien und Berlin, Lee Family Archive, Stratford, VA (non-proprietary)

der Stadt Amsterdam den Entwurf eines Handelsvertrages mit den Staaten von Holland und West-Friesland zu verhandeln und zwar so, dass fast alle Aspekte des schon im Frühjahr geschlossenen französisch-amerikanischen Handelsvertrages hätten übernommen werden können. Bezüglich des Abschlusses des Vertragsentwurfes bemerkte Lee, sich entschuldigend, ausdrücklich auch: „Here I find myself embarrassed because I have no power to sign such a treaty [...]."[103] Diesen Mangel suchte Lee offenbar dadurch zu beseitigen, dass er nachträglich die eigentlich zuständigen Pariser Unterhändler einbinden wollte, wie er dem Komitee einen Monat später aus Frankfurt mitteilte: „I forwarded two copies of the plan from Paris last month, where I went to communicate what had been done

---

103 William Lee to the Committee of Foreign Affairs, Paris, September12th, 1778, in: SPARKS, *Diplomatic Correspondence*, Vol. I, S. 605. Vgl. WIJK, *Republiek en Amerika*, S. 52. S. auch WALLACE, D.D., *The Life of Henry Laurens*, New York, London 1915, S. 359: „Though Lee was in the employ of Congress, he had acted in this matter on his own initiative; and though de Neufville proceeded under the instructions of Van Berkel, Grand Pensionary of Amsterdam, that official was entirely unauthorized to take such a step."

to the Commissioners there, as I did not think myself authorised to proceed any further alone."[104]

Die Amsterdamer Regenten bemerkten in der Zwischenzeit ebenfalls, dass sie ihre Aktion etwas voreilig und vor allen Dingen ohne die entsprechenden Vollmachten – und zwar auf allen Seiten – unternommen hatten, weshalb van Berckel namens der Amsterdamer Regenten gegenüber Dumas und in einer separaten Erklärung klarstellte, dass „they [die drei Unterzeichneten – R.R.] have not the absurd design of concluding a convention, independently of their High Mightinesses".[105] Außerdem würde ein solcher zeitlich unbegrenzter Vertrag mit den Vereinigten Staaten erst dann umgesetzt werden, „whenever the independence of the said United States of America shall be recognised by the English".[106]

Am 3. September 1778 – also zeitgleich mit dem Abschluss der Geheimverhandlungen – informierte der offenbar unbeteiligte Dumas Franklin über ein Treffen mit „notre ami" van Berckel, bei dem Dumas von einem Vorhaben erfuhr, demzufolge ein „Kaufm. aus Amsterdam gekommen ist, um mit ihm zu sprechen und um herauszufinden, ob die Regentschaft von Amsterdam bereit wäre, die aufkeimenden direkten Beziehungen zwischen den Bürgern dieser Rep. und denjenigen der Vereinigten Staaten von Am. zu fördern; dass er sich durch Zufall in Ffurt. mit Mr. Lee getroffen hatte […]".[107] Auch wenn der Name de Neufvilles mit keinem Wort von Dumas erwähnt wird, so scheint doch zweifelsfrei, dass van Berckel ihn über den Geheimvertrag informieren wollte. Am 8. September berichtete Dumas Franklin ebenfalls, ohne den Namen de Neufvilles zu erwäh-

---

104 William Lee to the Committee of Foreign Affairs, Frankfort, October 15th, 1778, in: SPARKS, *Diplomatic Correspondence*, Vol. I., S. 606. Vgl. BEMIS, *Diplomatic History*, S. 42. Ein halbes Jahr später kam er noch einmal auf diesen Entwurf zurück und mahnte die Entsendung eines autorisierten Unterhändlers an. W. Lee to the Committee of Foreign Affairs, Frankfort, February 25, 1779, in: WHARTON, F. (Ed.), *Revolutionary Diplomatic Correspondence of the United States*. Edited under direction of Congress, Vol. III, Washington 1889, S. 65.
105 E.F. Van Berckel to M. Dumas, Amsterdam, September 23d, 1778, in: SPARKS, *Diplomatic Correspondence*, Vol. I, S. 332.
106 Declaration of E.F. Van Berckel, Amsterdam, September 23d, 1778, in: SPARKS, *Diplomatic Correspondence*, Vol. I, S. 334. Vgl. WIJK, *Republiek en Amerika*, S. 53.
107 Dumas, Lettre particulière à S. Exc. Mr. le D. Franklin. Min. Plénip. des E.U. de l'Am à Paris. 3 Septembre 1778: „march^d [marchand – R.R.] d'Amsterdam est venu lui parler, pour savoir si la Régence d'Amsterdam seroit disposée à favoriser les liaisons naissantes directes entre les sujets de cette rep. et de celle des Etats-Unis de l'Am; qu'il s'étoit trouvé par hasard à Ffort avec Mr. Lee […]." In: WIJK, *Republiek en Amerika*, a. a. O. S. 186 f. Vgl. auch Briefbuch Dumas, in: Nationaal Archief, Den Haag, Collectie C.W.F. Dumas, 1700–1796, nummer toegang 1.10.26, inventarisnummer 1, Minuten van uitgaande brieven. 1776 April 30–1795 December 11, im Folgenden: NL-HaNA, Den Haag, Collectie C.W.F. Dumas, 1.10.26, inv.nr. 1.

nen, von dessen Treffen mit van Berckel und Lee in Aachen.[108] Irritierenderweise schrieb Dumas einen Tag später, am Tag der Unterzeichnung des Vertragsentwurfes, ohne diesen zu erwähnen, selbst einen Brief an die drei amerikanischen Gesandten, in dem er ihnen zusammen mit van Berckel und offenbar in wohlwollender Abstimmung mit dem französischen Botschafter einen Vorschlag für einen neuen Schritt für seine Stadt Amsterdam unterbreitete, „die die perfekte Verbindung der beiden Schwestern [der niederländischen und amerikanischen Republik – R.R.] bewirken wird" und der mit Amsterdams politischen Gewicht in den Generalstaaten das „Projekt des Freundschafts- und Handelsvertrages, das Sie dem Wunsche der Vereinigten Staaten entsprechend anzupassen wussten",[109] voranbringen sollte.

Zunächst wiesen die drei offiziellen amerikanischen Unterhändler in Paris ihren Kollegen William Lee bezugnehmend auf den von ihm übersandten Vertragsentwurf am 26. September darauf hin, dass der Kongress sie selbst und nicht William Lee autorisiert habe, mit allen europäischen Staaten zu verhandeln, für die bisher kein eigener Unterhändler bestimmt worden sei. Da jedoch die von ihnen seit April 1778 lancierten Anfragen von den Generalstaaten wie vom Ratspensionär unbeantwortet geblieben waren, äußerten sie Lee, der am 17. September in dieser Sache um ein Treffen gebeten hatte,[110] gegenüber die Auffassung: „we do not think it prudent, for many reasons, to express, at present, any decided opinion concerning the project of a treaty which you have done us the honor to communicate to us".[111] In einem weiteren Schreiben vom 16. Oktober an Dumas reagierten Franklin, Arthur Lee und Adams dann auf van Berckels Er-

---

108 Vgl. Dumas, Paris a. S.E. Mr. Le Dr. Franklin. Esq. M.P. des E.U. de l'A – 8 Sept. 1778, in: Wijk, *Republiek en Amerika*, S. 188. S. auch Briefbuch Dumas, NL-HaNA, Den Haag, Collectie C.W.F. Dumas, 1.10.26, inv.nr. 1.
109 handschriftl. Notiz vom 04.09.1778 von de Neufville, in: NL-HaNA, Den Haag, Collectie C.W.F. Dumas, 1.10.26, inv.nr. 1: „qui opereroit l'union parfaite des deux Soeurs [die niederländische und amerikanische Republik – R.R.]" [...] „projet de Traité général d'amitié et de Commerce, tel que vous le saurez être conforme au desir des Etats-Unis". Vgl. C.W.F. Dumas to the Commissioners, La Haie 4e. Sept. 1778, in: Lint, *Papers of John Adams*, Vol. 7, S. 3. C.W.F. Dumas to the Commissioners, La Haie 27e. Octobr. 1778, in: Lint, *Papers of John Adams*, Vol. 7, S. 165f.
110 Vgl. William Lee to the Commissioners, Paris Sept. 17th 1778, in: Lint, *Papers of John Adams*, Vol. 7, S. 52.
111 B. Franklin, Arthur Lee, John Adams to William Lee, Passy, September 26th, 1778, in: Sparks, *Diplomatic Correspondence*, Vol. I., S. 335. Vgl. auch B. Franklin, Arthur Lee, John Adams to M. Dumas, Passy, September 27th, 1778, in: Sparks, *Diplomatic Correspondence*, Vol. I, S. 338. S. auch Wijk, *Republiek en Amerika*, S. 52. Noch am 3. Dezember 1780 sah Franklin in einem Brief an Dumas die Initiative von Lee äußerst kritisch: „Mr. William Lee has, as you observe, acted very imprudently in that affair; but perhaps some good may come of it." Ungefähr 14 Tage später kam es zum 4. Englisch-Niederländischen Krieg, vgl. Franklin to Charles W.F. Dumas, Passy, 3 December, 1780, in: Sparks, *Works of Benjamin Franklin*, Vol. VIII, S. 525. The

klärung vom 23. September[112] zum bedingten Inkrafttreten eines niederländisch-amerikanischen Handelsvertrages. Waren sie einerseits über die amerikafreundlichen Absichten und Initiativen der Amsterdamer Bürgermeister sehr erfreut, so bekundeten sie andererseits ihr Unverständnis darüber, dass das Inkrafttreten des Vertrages von Englands Anerkennung abhängig gemacht würde. Da sie diese Konditionierung nicht akzeptieren wollten, wurde diese Initiative vorläufig nicht weiter verfolgt.[113]

Zur gleichen Zeit sandte William Lee nach seinem Besuch bei Franklin und seinen Kollegen in Paris von Frankfurt aus an das *Committee of Foreign Affairs* eine Kopie des Vertragsentwurfs „which you will perceive was settled by M. de Neufville, as the representative of Mr. Van Berckel, Counsellor Pensionary of the city of Amsterdam, and myself. The Burgomasters of Amsterdam had authorised Mr. Van Berckel to treat in this business in their name, and the Pensionary regularly authorised M. de Neufville, a capital merchant of Amsterdam, to treat with me."[114] Spätestens auf diese Weise wurde dieser von Anfang an unautorisierte Entwurf für einen niederländisch-amerikanischen Freundschafts- und Handelsvertrag[115] auch im Kongress der Vereinigten Staaten bekannt, wo er schließlich in dessen Sitzung am 22. Februar 1779 behandelt wurde.[116]

Dem niederländischen Historiker Van Wijk zufolge dauerten die Unterhandlungen zwischen van Berckel und Dumas noch länger an, bis sie wohl schließlich im Sande verliefen.[117] Allerdings beschwerte sich Dumas noch zwei Jahre später, am 21. März 1780, gegenüber dem amtierenden Präsidenten des Kongresses, Samuel Huntington (Sep. 1779–Jul. 1781), darüber, dass William Lee, „who, from

---

    Commissioners to C.W.F. Dumas Passi Septemr. 9. 1778, in: LINT, *Papers of John Adams*, Vol. 7, S. 16. RENAUT, *Yorke*, S. 141.

112 Vgl. E.F. van Berckel to the Commissioners, Amderdam 23 Septembre 1778, in: LINT, *Papers of John Adams*, Vol. 7, S. 65.

113 Vgl. B. Franklin, Arthur Lee, John Adams to M. Dumas, Passy, October 16th, 1778, in: SPARKS, *Diplomatic Correspondence*, Vol. I, S. 348 f. The Commissioners to C.W.F. Dumas, Passy, Oct. 10, 1778, in: LINT, *Papers of John Adams*, Vol. 7, S. 128 f. ordnet diesen Brief dem 10.10.1778 zu.

114 William Lee to the Committee of Foreign Affairs, Frankfort 15th, October 1778, in: SPARKS, *Diplomatic Correspondence*, Vol. I, S. 606.

115 Vgl. JOHNSON, W.F., *America's Foreign Relations*, Vol. I, S. 103, schreibt: „It had no validity, as the government of Holland was not even cognizant of it, and it was kept secret for a time."

116 Vgl. Protokolleintrag zum 22.02.1779, in: CONGRESS, *Journals of the Continental Congress 1774–1789*, Washington 1909, Vol. XIII 1779, January 1–April 22, S. 219–235. WALLACE, *Laurens*, S. 359 behauptet zu Unrecht, dass der übermittelte Vertragsentwurf nie im Kongress behandelt worden sei.

117 Vgl. WIJK, *Republiek en Amerika*, S. 56.

Abb. 7:
Portrait von Engelbert François van Berckel, Pensionär der Stadt Amsterdam, von Schmidt, Reinier Vinkeles, o. J., Stadsarchief Amsterdam

September, 1776, to May, 1779, was my correspondent",[118] ihn damals – offensichtlich wissentlich – nicht in die Gespräche einbezogen hatte. Zumal Dumas

---

118 Dumas to the President of Congress, The Hague, March 21st, 1780, in: Sparks, *Diplomatic Correspondence*, Vol. V, S. 298 f. Vgl. Wijk, *Republiek en Amerika*, S. 50/57 bemerkt, dass Dumas bis 1780 tatsächlich von seinen verschiedenen Gesprächspartnern in Paris oder Amsterdam nicht über diesen Vertrag informiert und verleumderisch behandelt wurde. Mit Blick auf die fragliche Legitimität der Verhandlungsführer scheint die von Schulte Nordholt/Klooster, *Influence*, S. 545 f.: vorgetragene negative Einschätzung zu Dumas' Einsatz – auch im Hinblick auf seine Informationsbereitstellung – zu hart: „[…] his [Dumas'–R.R.] influence was limited […] Curiously enough, the first secret Dutch-American treaty […] was negotiated without his knowledge." Schulte Nordholt, *Dutch Republic*, S. 66: „It is also a strange fact that Dumas was not informed from the very beginning." Enthoven, *St. Eustatius*, S. 290 f. erweckt dagegen den Eindruck, als ob Dumas die Verhandlungen zwischen van Berckel, W. Lee und de Neufville oder deren Ergebnis unterstützt habe. Immerhin deutet ein Konzeptbrief von Dumas an Franklin im Briefbuch von Dumas unter dem Datum vom 06.09.1778 darauf hin, dass er von einem Treffen in Aachen ge-

sich selbst nach der Unterzeichnung des französisch-amerikanischen Vertrages im Februar 1778 direkt mit der Stadt Amsterdam und den Pariser Unterhändlern beim holländischen Ratspensionär und den Generalstaaten – allerdings ohne Erfolg – für die analoge Anwendung des Vertrages auf die Niederlande eingesetzt hatte. Dabei handelte es sich sicherlich um einen diplomatischen Fauxpas, der auch in der Forschung zu teilweise ungerechtfertigt harten Urteilen über die Bedeutung Dumas' für die amerikanische Diplomatie führte.

Unabhängig von diesem für Dumas verdeckten Vorgang hatte er selbst, wie Schulte Nordholt nahelegt, auf der Grundlage des amerikanisch-französischen Vertrages einen eigenen mit Franklin abgestimmten Entwurf für die niederländisch-amerikanischen Beziehungen erarbeitet und diesen – fünf Monate nach Lee – an das *Committee of Foreign Affairs* gesandt, mit der Bitte um Prüfung und ggf. Ermächtigung zu weiteren Verhandlungen: „A great deal of its materials [the treaties – R.R.] has been furnished me by the Pensionary of Amsterdam [van Berckel – R.R.], who, as well as Dr. Franklin, has examined and corrected it."[119]

Insofern waren wohl mehrere Vertragsentwurfstexte Grundlage der weiteren offiziellen Verhandlungen zwischen den Niederlanden und den Vereinigten Staaten. Dieser Vertragstext war jedenfalls offenbar nicht der einzige, der unter den Diplomaten zirkulierte. In den vom Den Haager Huygens Institut digital publizierten *Archives ou Correspondance inédite de la Maison d'Orange-Nassau* findet sich ein ohne nähere Erläuterung der Herausgeber in die Briefsammlung aufgenommenes Schreiben von einem gewissen, sonst nicht in Erscheinung tretenden Kapitän H. van der Mey, der im Dezember 1780 dem Ratspensionär höchst vertraulich zu behandelnde Informationen eines anonym bleiben wollenden Gesprächspartners weiterleitete. Dieser wollte das Original eines 16 oder 17 Artikel umfassenden Konzepts eines Handelsvertrages „zwischen der Stadt Amsterdam für sich und dem amerikanischen Kongress" in Händen gehalten und gelesen haben. Dieser Text sei – so der Anonymus – von Jean de Neufville geschrieben und mit vielen Randbemerkungen von van Berckel versehen gewesen. Der Vertragsentwurf sollte die Amsterdamer den geborenen Amerikanern und die Amerikaner den Amsterdamern mit Rechten und Privilegien im Handel gleichstellen. Der Text – so heißt es weiter – „ist formell im September 1779 geschlossen und unterzeichnet von den Herren Lee und Adams auf der einen Seite" und van Berckel andererseits und schließlich von de Neufville gegengezeichnet worden. Franklin habe sich nicht beteiligt und moniert, dass der Vertrag nicht zwischen den beiden Republiken, sondern „zwischen dem Kongress

---

wusst haben muss, in: NL-HaNA, Den Haag, Collectie C.W.F. Dumas, 1.10.26, inv. nr. 1.
119 Dumas to the Committee of Foreign Affairs, The Hague, March 15th, 1780, in: Sparks, *Diplomatic Correspondence*, Vol. V, S. 295 f. Vgl. auch Wharton, *Revolutionary Diplomatic Correspondence*, Vol. III, S. 549. Schulte Nordholt, *Dutch Republic*, S. 68.

einerseits und der Stadt Amsterdam für sich selbst andererseits"[120] geschlossen wurde. Die Frage der Echtheit des Briefes und ob der darin erwähnte Vertragstext tatsächlich existierte oder es sich nur um eine Wichtigtuerei dem Ratspensionär gegenüber gehandelt hatte, muss wohl eher zugunsten des letzteren beantwortet werden. Dies umso mehr als sich weder in den Korrespondenzen von Arthur Lee und Adams noch in der Franklins entsprechende Hinweise finden lassen und überdies die Tatsache, dass Adams zwischen dem 8. März 1779 und 9. Februar 1780 nicht in Europa weilte, deutlich gegen eine Unterzeichnung durch Adams in der zweiten Hälfte des Jahres 1779 sprechen. Dennoch zeigt dieser Text, dass die vermuteten wirtschaftlichen Potentiale einer Beziehung von Amsterdam und Amerika die Phantasie beflügelten und eine engere Zusammenarbeit auf der Tagesordnung von vielen Amsterdamern stand.

2.3 Amerikanische Diplomaten auf dem europäischen Finanzmarkt

Die amerikanischen Unterhändler hatten sich – trotz der auf der diplomatischen Ebene seit April 1778 von den niederländischen Regierungsorganen gezeigten Wankelmütigkeit[121] bis Zurückhaltung[122] – überwiegend von Paris aus auch schon im Jahr zuvor bemüht, den zweiten Teil ihres vom Kongress erteilten Auftrages zu erfüllen, nämlich die dringend erforderlichen Finanzmittel für den Befreiungskrieg gegen England aufzutreiben. Dabei mussten sie, abgesehen von den inneramerikanischen Diskussionen über die Notwendigkeit amerikanischer oder ausländischer Anleihen und ihrer Ausgestaltung,[123] zusätzlich mit paralle-

---

120 La capitaine H. Van der Mey au conseiller-pensionnaire, 18 Decembre 1780, in: KRÄMER, *Archives,* Tome II, S. 349f.: „tusschen de stadt Amsterdam privative en het Americaansche Congres" [...] „is in September 1779 formeel gesloten en getekend door de heren Lee en Adams ter eenre" [...] „tusschen het congres ter eenre en de stad Amsterdam, in haer privé, ter andere zijde".
121 Am 25. Oktober 1778 schrieb der Statthalter an den Ratpensionär van Bleiswijk aus Den Haag und äußerte seine Zweifel, wie sich die Dinge in Amerika entwickeln und ob die englischen Kolonien tatsächlich ihre Unabhängigkeit erlangen, vgl. Le prince d'Orange au conseiller-pensionnaire, Hage, den 25 October 1778, in: KRÄMER, *Archives, Tome I,* S. 565.
122 Am 28. Oktober erinnerte der Statthalter in einem Brief an den Grafen von Welderen daran, dass die drei amerikanischen Unterhändler bereits im April an ihn und den Ratspensionär herangetreten seien und nun eine Antwort anmahnten, die nun auch in den Staaten behandelt worden sei, vgl. Le prince d'Orange au comte de Welderen, La Haye, ce 28 Octobre 1778, in: KRÄMER, *Archives, Tome I,* S. 569.
123 Vgl. GRIFFIS, *Brother Jonathan (Trumbull),* S. 19f.: Trumbull war Darlehen gegenüber skeptisch: „It is like cold water in a fever, which allays the disease for a moment, but soon causes into rage with redoubled violence."

len aus der o.g. einzelstaatlichen Verfasstheit der Kongressstaaten erklärlichen Aktivitäten einzelner und eigenständig handelnder US-Staaten rechnen.[124] Diese versuchten z.T. aus blanker Not wie im Falle von Connecticut,[125] von South Carolina[126] oder – später nach Anerkennung der Vereinigten Staaten und vor dem unmittelbaren Abschluss des niederländisch-amerikanischen Freundschafts- und Handelsvertrages 1782 – von Maryland, direkt in Holland bzw. Frankreich Anleihen zu lancieren.[127] Dies umso mehr, da auch die Einzelstaaten im Krieg mit England erhebliche Aufwendungen hatten und diese finanzieren mussten.

---

124 Vgl. Benjamin Franklin to the Committee of Foreign Affairs, Passy, May 26th, 1779, in: SPARKS, *Diplomatic Correspondence*, Vol. II., S. 66f.: „I have mentioned above the applications of separate States to borrow money in Europe, on which I beg leave to remark that, when the General Congress are endeavoring to obtain a loan, these separate attempts interfere, and are extremely inconvenient, especially where some of the agents are empowered to offer a higher interest and some have powers in that respect unlimited." WINTER, *Amsterdamsche handel*, S. 39.
125 Vgl. GRIFFIS, *Brother Jonathan (Trumbull)*, S. 3–25, hier S. 20. Für Connecticut versuchte Gouverneur Trumbull über van der Capellen Anleihen in Amsterdam zu lancieren.
126 Vgl. CHESNUTT, D.R./TAYLOR, C.J. (Ed.), *The Papers of Henry Laurens*, Vol. 15, Columbia (SC) 2000, S. 182, Anm. 5, die Herausgeber weisen darauf hin, dass der Politiker Alexander Gillon aus South Carolina in Frankreich und in Holland versuchte, finanzielle Unterstützung für Anleihen und Schiffe zu bekommen. S. auch van WIJK, *Republiek en Amerika*, S. 148.
127 Vgl. die Korrespondenz aus dem September/Oktober 1782 zwischen Matthew Ridley, einem amerikanischen Kaufmann in Paris, Adams und den Amsterdamer Kaufleuten Nicolaas & Jacob van Staphorst u.a. über die von Ridley lancierte Plazierung einer 5-Mill.-Gulden-Anleihe in Amsterdam für den Staat Maryland, die in keinem Falle die Verhandlungen von Adams bezüglich einer Kongress-Anleihe mit einem Amsterdamer Konsortium behindern sollte. S. z.B. Nicolaas & Jacob van Staphorst to Adams Amsterdam 7 Septr. 1782, in: LINT, G.L. u.a. (Ed.), *Papers of John Adams,* Vol. 13, (May–October 1782) Cambridge (MA), London, 2006, S. 453f. Adams to Wilhem & Jacob Willink, Nicolaas & Jacob van Staphorst, and De la Lande & Fynje, The Hague september 8. 1982, in: LINT, *Papers of John Adams,* Vol. 13, S. 455f. Adams to Nicolaas & Jacob van Staphorst, The Hague Septr. 10. 1782, in: LINT, *Papers of John Adams,* Vol. 13, S. 456: „I have recd, your Letter ot the Seventh of this Month, and after reflecting upon it, I Cannot See that the Subject of it will injure, or interfere with the Loan of the United States, and as it will be So beneficial, both to Maryland and Amsterdam, I will make no opposition [...]." S. auch Matthew Ridley to Adams, Paris September the 20th: 1782, in: LINT, *Papers of John Adams,* Vol. 13, S. 481f. Nicolaas & Jacob van Staphorst to Adams, Amsterdam the 21th: Septr. 1782, in: LINT, *Papers of John Adams,* Vol. 13, S. 483. Adams to Matthew Ridley, the Hague September 29. 1782, in: LINT, *Papers of John Adams,* Vol. 13, S. 501, Adams Position formulierte er hier wie folgt: „I think that on one hand a Minister of the United States is not obliged to do any Thing to promote a Loan to any particular State, and on the other that he is not obliged and indeed has not the Right to oppose

Vor allem aber mussten sich die Unterhändler auf dem ziemlich engen europäischen Finanzmarkt zurechtfinden, der – wie schon erwähnt – insbesondere dadurch gekennzeichnet war, dass fast alle europäischen Staaten für die von ihnen in unterschiedlichen Allianzen gegeneinander geführten Kriege große Summen von Finanzmitteln für den Ankauf von Waffen etc. und den Sold der Soldaten benötigten und entsprechend hohe Schulden aufhäuften. Dadurch stiegen wiederum die Zinsen so stark, dass die Chancen auf bezahlbare Darlehen und Anleihen für die um ihre Freiheit kämpfenden Amerikaner fraglich wurden. Silas Deane erkannte dies schon kurz nach seiner Ankunft in Europa 1776. Die Auseinandersetzungen zwischen Spanien und Portugal und der sich ankündigende Bayerische Erbfolgekrieg (1778/79) machten die Geldbeschaffung für die amerikanischen Unterhändler nicht leichter, wie Deane im Oktober 1777 an John Jay, Kongresspräsident von Dezember 1778 bis September 1779, schrieb: „The Question is not how large a Capital they [the states – R.R.] can discharge, but how much Interest they can possibly discharge Annually & calculate their Publick Expences & Exactions on the Subjects accordingly. The Publick Lenders as well as borrowers of money have lost sight of the principal, & attend only to the certain pay of the Interest. On this it is that Great Britain supports the present War; a punctual payment of Interest gives Credit for more Loans, tho' no one believes the Kingdom able to answer the Capital, should it be demanded."[128] Während Deane England also unterstellte, seine riesigen Schulden in der Hoffnung auf eine Entschuldung durch einen späteren militärischen Sieg zu machen, teilte Benjamin Franklin noch ein Jahr später die Auffassung seines Kollegen bei einem Blick auf die Situation im deutschen Reich: „War in Germany seems to be inevitable, and this occasioning great borrowings of money in Holland and elsewhere, by the powers concerned, makes it more difficult for us to succeed in ours."[129] Eine ähnliche Einschätzung gewann schließlich auch John Adams 1778 kurz nach seiner ersten Ankunft in Europa: „Loans in Europe will be very difficult to obtain. The Powers at war, or at the eve of war, have such vast demands, and offer terms so much better than ours, that nothing but sheer benevolence to our cause can induce any person to lend us."[130]

---

it unless it very clearly interferes with the general Loan. Accordingly I shall take no step in opposition to yours."
128 Silas Deane to John Jay, Paris, October 6th, 1777: Deane beschrieb hier die eigentliche Aussichtslosigkeit des amerikanischen Unterfangens, in: NEW YORK HISTORICAL SOCIETY, *Deane Papers*, S. 174. John Jay war zu dieser Zeit gerade frisch gewählter Oberster Richter am neuen Supreme Court.
129 Franklin an James Lovell, Passy, 22.07.1778, in: SPARKS, *Works of Benjamin Franklin*, Vol. VIII, S. 294.
130 Adams to Richard Henry Lee, Passy, August 5th, 1778 in: SPARKS, *Diplomatic Correspondence*, Vol. II, S. 553.

Diese allgemeine Geldknappheit in Europa, vor allen Dingen der erhebliche, durch die verschiedenen Kriege bedingte Rekapitalisierungsbedarf Englands aber auch Frankreichs am Finanzmarkt, wurde den Kongressmitgliedern von den amerikanischen Geschäftsträgern aus unterschiedlichen Perspektiven immer wieder vorgestellt, auch um deutlich zu machen, welche Hürden sie bei der Geldbeschaffung zu überwinden hatten. So schrieb der 1778 aus Europa zurückbeorderte Deane zu Hause in Philadelphia an den amtierenden Kongresspräsidenten Laurens: „[...] there will be in Europe seven or eight, or more, Powers under the necessity of borrowing, and not more than two or three, at the most, in a situation to lend; and when so many demands are made for money, it will be very difficult to have ours preferred."[131] Adams hatte 1777 bereits an dessen Vorgänger, John Jay, etwas ratlos über den mäßigen Erfolg seiner Bemühungen geschrieben.[132] Im Hinblick auf die Länder mit finanzstarken Geldhäusern machte sich Franklin auch 1779 bezüglich der holländischen als mögliche Investoren keine Hoffnungen.[133] Arthur Lee schließlich kam seinerseits Ende 1779 zu der festen Überzeugung: „It is my duty to say that there is not the least probability, in the present situation of things, of obtaining any adequate loan in Europe, and to beseech Congress not to let the vain expectation of that divert their attention from trying every resource at home."[134] Diesen resignativen Berichten scheinen die Anstrengungen wie z. B. diejenigen von van der Capellen zu widersprechen, der sich nach eigenem Bekunden darum bemühte, bei den holländischen Investoren die Vorzüge Amerikas gegenüber dem hochverschuldeten England herauszustreichen[135] und dabei die oben bereits mit den *Remarks* von Franklin erwähnte Argumentation der Investorenwerbung aufnahm.[136]

In Bezug auf den tatsächlichen Finanzierungsbedarf der Vereinigten Staaten äußerte Deane schon im Dezember 1776 dem *Committee of Secret Correspondence* gegenüber die – wie sich später zeigte – ziemlich unbegründete Hoffnung: „A loan of six or eight millions, or a debt of that amount, will probably enable

---

131 Silas Deane to the President of Congress, Philadelphia, 1st November 1778, in: SPARKS, *Diplomatic Correspondence*, Vol. I, S. 123.
132 Vgl. Adams to Henry Laurens, president of Congress, Passy 17.09.1778, in: ADAMS, *Works of John Adams*, Vol. VII, S. 37.
133 Vgl. Benjamin Franklin to John Jay, Passy, 4 October 1779, in: SPARKS, *Works of Benjamin Franklin*, Vol. VIII, S. 388.
134 Arthur Lee to the Committee of Foreign Affairs, Paris, November 6th, 1779, in: SPARKS, *Diplomatic Correspondence*, Vol. I, S. 574.
135 Vgl. Van v.d.Capellen aan Franklin, Zwol, ce 28 Avril 1778, in: BEAUFORT, *Brieven*, S. 64 f. Vgl. SLOTHOUWER, *Erkenning*, S. 164. S. auch SOMBART, *Kapitalismus*, S. 984, weist darauf hin, dass die Holländer Mitte des 18. Jahrhunderts ca. ein Drittel der Aktien der Bank von England besaßen.
136 Zu Franklins Remarks s. o. Kap. 2, Anm. 34.

you to finish the war."¹³⁷ Konkret ging es in den ersten Jahren seit Dezember 1776 in der Korrespondenz zwischen den drei Pariser Unterhändlern und dem *Committee* bzw. den aufeinander folgenden Kongresspräsidenten John Hancock (Mai 1775–Okt. 1777), Henry Laurens (Nov. 1777–Dez. 1778) und John Jay (Dez. 1778–Dez. 1779) zunächst eher um die Möglichkeiten, an den europäischen Höfen Darlehen in Höhe von 2 Mill. bzw. 3 Mill. Livres zu akquirieren.¹³⁸ Solange allerdings die diplomatischen Verhältnisse zwischen den europäischen Staaten untereinander und in Beziehung zu den Vereinigten Staaten ungeklärt blieben, waren auch Kalkulationen darüber, wie die von Deane im November 1778 angestellten, dass die Vereinigten Staaten bei einem Schuldendienst von 2,5 Mill. Livres jährlich ein Darlehen von über 25 Mill. in nur 16 Jahren zurückzahlen könnten, lediglich trostreiche, aber illusionäre Fingerübungen.¹³⁹

Aus den berichteten Erfahrungen der Diplomaten in Europa kann nur der Schluss gezogen werden, dass die finanzwirtschaftlichen und handelspolitischen Beziehungen zu Europa allein verbessert werden konnten, wenn der Kongress seine außenpolitischen Kontakte durch die Entsendung von in vollem Umfang autorisierten Diplomaten deutlich intensivierte. Es wurde bereits erwähnt, dass die drei im Spätsommer 1776 berufenen Gesandten Deane, Franklin und Arthur Lee schon am 6. Februar 1777 in einem Brief den Kongress zur Entsendung weiterer Unterhändler aufgefordert hatten. Im Laufe des Jahres 1777 wurden vom Kongress dann schließlich Arthur Lee (1. Oktober) nach Madrid, sein Bruder William Lee (9. Mai) nach Berlin und Wien, Ralph Izard (1. Juli) in die Toskana und John Adams (28. November) nach Frankreich berufen.¹⁴⁰ Für die Niederlande hielt Joan Derk van der Capellen noch im Juli 1779 in einem Schreiben an Jonathan Trumbull, Gouverneur von Connecticut, die offizielle Entsendung eines Unterhändlers im Rang eines Botschafters für verfrüht, vielmehr glaubte er „[…] dass der Kongress gut daran tun würde, je eher desto besser, einen Mann mit vornehmen Charakter und Befugnissen in unser Land zu entsenden, um inkognito, als Privatmann hier zu wohnen, Menschen kennenzulernen, Beziehungen aufzubauen […]".¹⁴¹

---

137 Silas Deane to the Committee of Secret Correspondence, Paris, 1ˢᵗ December, 1776, in: SPARKS, *Diplomatic Correspondence*, Vol I, S. 58.
138 Vgl. SPARKS, *Diplomatic Correspondence*, Vol. I (Deane, Lee); SPARKS, *Diplomatic Correspondence*, Vol. II (Franklin, Adams).
139 Vgl. Silas Deane to the President of Congress, Philadelphia, Nov. 1778, in: SPARKS, *Diplomatic Correspondence*, Vol. I, S. 118 ff.
140 Vgl. FISH, *American Diplomacy*, S. 31, macht darauf aufmerksam, dass es unter den Diplomaten eine gegenüber Frankreich freundliche (Franklin) und eine misstrauische (Adams, Lee) Fraktion gab.
141 Joan Derk van der Capellen an Jonathan Trumbull vom 06.07.1779: „[…] dat het Congres er goed aan zou doen, hoe eer hoe beter, een man van distinctie en bekwaamheid naar ons lan te zenden, om incognito, als particulier, hier te verblijven, mensen te leren kennen, relaties aan te knopen […]." Zitiert in: HAASSE, H.S., *Scha-*

Adams war da ganz anderer Ansicht. Er zeichnete in seinem ausführlichen Bericht, den er verfasste, nachdem er auf Anweisung des Kongresses im März 1779 aus Paris[142] mit einem längeren Aufenthalt in Nantes schließlich Anfang August für wenige Wochen in die USA – um hier die heute immer noch gültige Verfassung des Staates Massachusetts zu schreiben – zurückgekehrt war, ein kritisches Bild von der politischen Lage in Europa und der widersprüchlichen Situation in den Niederlanden: „It is scarcely necessary to observe to congress that Holland has lost her influence in Europe to such a degree, that there is little other regard for her remaining, but that of a prodigal heir for a rich usurer, who lends him money at a high interest. The State which is poor and in debt has no political stability. Their army is very small, and their navy is less. The immense riches of individuals may possibly be in some future time the great misfortune of the nation, because the means of defense are not proportioned to the temptation which is held out for some necessitous, avaricious, and formidable neighbor to invade her." Deshalb hielt er es für angezeigt, aufgrund der wirtschaftlichen Beziehungen der auch von der Mentalität her vergleichbaren Länder, einen eigenen Unterhändler nach Holland zu entsenden.[143]

Dementsprechend, und der ausführlichen Berichterstattung der anderen in Europa bereits tätigen Botschafter und Gesandten folgend, wurde am 21. Oktober 1779 vom Kongress endlich für das finanzpolitisch so wichtige Holland mit Henry Laurens, 1777/78 Präsident des Kongresses, ein eigener Botschafter benannt. Er sollte, so heißt es ausdrücklich in seinem Missionsschreiben, in den Niederlanden Verhandlungen über eine Anleihe von immerhin 10 Mill. Dollar zu 6 Prozent führen.[144] Dass die Wahl auf Laurens und nicht auf einen schon in Paris

---

duwbeeld of Het geheim van Appeltern. Kroniek van een leven, Amsterdam 1989, S. 277.

142 Adams schrieb enttäuscht darüber, dass Franklin vom Kongress am 14.09.1778 zum Botschafter am Hof von Versailles und für ihn keine neue Mission vorgesehen wurde, so dass er die Freiheit hätte, so schnell wie möglich in sein Land zurückzukehren, vgl. Adams to M. de Sartine, Passy, 16 February, 1779, in: ADAMS, CH.F., *Works of John Adams,* Vol. VII, S. 82. S. auch CHESNUTT/TAYLOR, *Henry Laurens,* S. 180, Anm. 4. CHINARD, G., *Honest John Adams,* Boston 1964, S. 124 ff., weist darauf hin, dass der Kongress Adams tatsächlich am 28.10.1778 von der Berufung Franklins in Kenntnis setzte.

143 Vgl. John Adams to the President of Congress, Braintree, 4 August, 1779, in: ADAMS, CH.F., *Works of John Adams,* Vol. VII, 1777–1782, S. 104 ff., bereits während der Überfahrt nach Boston hatte er im Gespräch durchblicken lassen, dass er gerne in die Niederlande gegangen wäre. S. auch ADAMS, CH.F., *Works of John Adams,* Vol. III, Tagebucheintrag zum 20.06.1779, S. 219. WIELENGA, *Niederlande,* S. 219 ff.

144 Vgl. Protokolleintrag zum 21.10.1779, in: CONGRESS, *Journals of the Continental Congress 1774–1789,* Vol. XV 1799, September 2–December 31, Washington 1909, S. 1198. Für das Missionsschreiben, vgl. Instructions to Henry Laurens, Congress, October 26th, 1779, in: SPARKS, *Diplomatic Correspondence,* Vol. I, S. 709. Für die

weilenden amerikanischen Diplomaten fiel, scheint nicht – wie Enthoven meint – eine Konsequenz eines von ihm nicht näher bezeichneten „Amsterdam treaty" zu sein. Vielmehr ist es nach der Quellenlage plausibler die Mitteilungen des ersten französischen Botschafters Gérard de Rayneval in Amerika zu berücksichtigen: Hieraus schlussfolgerte der französische Historiker Doniol, dass Laurens nach Beendigung seiner Tätigkeit als Präsident des Kongresses eine neue Aufgabe gesucht und eine Position im diplomatischen Dienst in Holland oder in Versailles angestrebt habe.[145]

Höhe der zu verhandelnden Anleihe, vgl. Protokolleintrag zum 26.10.1779, in: CONGRESS, *Journals,* Vol. XV, S. 1210, in dieser Sitzung wurde auch bestimmt, dass ein Dreierkomitee einen Personalvorschlag für die Verhandlung des Freundschafts- und Handelsvertrages mit Holland machen sollte. Für die Erweiterung und Präzisierung der Mission, vgl. Protokolleintrag zum 01.11.1779, in: CONGRESS, *Journals,* Vol. XV, S. 1235f. Vgl WINTER, *Amsterdamsche handel,* S. 39. BRAKE, *Dutch Republic,* S. 207.

145 Vgl. ENTHOVEN, *St. Eustatius,* S. 291. DONIOL, H., *Histoire de la participation de la France à l'établissement des Etats-Unis d'Amérique,* Tome Quatrième, Paris 1890, S. 21 bzw. S. 23 Anm. 1.

3 Die amerikanischen Staaten knüpfen Kontakte in die Niederlande

3.1 Amerika „provoziert" den 4. Englisch-Niederländischen Krieg

Nach seiner Ernennung zum ersten Botschafter in den Niederlanden im Oktober 1779 kehrte Henry Laurens vom Sitz des Kongresses in Philadelphia in Pennsylvania zum 600 Meilen entfernten Charleston in South Carolina zurück, um zunächst seine privaten Angelegenheiten zu ordnen und später von hier aus nach Europa aufzubrechen. Dies stellte sich allerdings angesichts der Belagerung der Stadt durch englische Truppen und der Kapitulation der Stadt im Mai 1780 als schwierig heraus. Schließlich gelangte Laurens im Juli doch nach Philadelphia zurück. Trotz der Verzögerungen und Schwierigkeiten, die Laurens mehrfach dem *Committee for Foreign Affairs* gegenüber begründete, hielt der Kongress an seiner Berufung fest, bekräftigte sie noch am 6. Juli 1780 und forderte ihn auf, den Auftrag umzusetzen.[1]

Auf der anderen Seite des Atlantiks machten sich die Diplomaten inzwischen Gedanken über Laurens' Ausbleiben. William Lee und John Adams informierten sich mehrfach wechselseitig darüber, dass Laurens immer noch nicht eingetroffen sei.[2] Erst Mitte August bestieg Laurens schließlich das Paketboot *Mercury*. Das kam allerdings nicht weit, sondern wurde am 3. September 1780 vor Neufundland von der feindlichen englischen Fregatte *Vestal* unter Kommandant George Keppel aufgebracht.[3] Als künftiger Botschafter in den Niederlanden führte Laurens auch offizielle und offiziöse Dokumente und Papiere mit sich, die keinesfalls in die Hände der Feinde fallen durften. Hierzu erläutert der amerikanische Historiker Wallace: „Laurens burnt or sunk all papers which he considered of any importance, but neglected a number which he considered of no significance. [...] unfortunately there were also a number of papers, some of at least quasi-public character, written by Dutchmen and calculated to be of help in his mission, such as a list of Dutch gentlemen friendly to the American cause and

---

1 Vgl. Protokolleintrag zum 06.07.1780, in: CONGRESS, *Journals of the Continental Congress* 1774–1789, Vol. XVII 1780, May 8–September 6, Washington 1910, S. 590. S. auch CHESNUTT/TAYLOR, *Henry Laurens*, S. XVI.
2 Vgl. ADAMS, CH.F., *Works of John Adams*, Vol. VII, S. 141: William Lee to John Adams. Brussels, 30 March, 1780. S. auch S. 144, Adams to William Lee. Paris, 2 April, 1780, S. 217. William Lee to John Adams. Brussels, 8 July, 1780. Zur Causa Laurens-Adams. EDLER, *Dutch Republic*, S. 205 ff.
3 Vgl. den Bericht von GEYSBEEK, P.G.W./GERRITS, G.E., *Schoonheden en merkwaardige Tafereelen uit de Nederlandse Geschiedenis* Vol. VIII, Amsterdam 1829, S. 219 ff.

Abb. 8:
Porträt von Henry Laurens
während seiner Gefangenschaft im Tower von Londen,
von Lemuel Francis Abbott,
1781, US-Congress

a draft of a proposed treaty."[4] Auch nach eigenen Angaben[5] warf Laurens einige Papiere in einem Beutel über Bord. Er tat dies jedoch nicht beschwert genug, so dass diese letztlich an der Wasseroberfläche dahindümpelten und von den englischen Matrosen aus dem Wasser gefischt werden konnten. Es handelte sich um fünf Texte, zu denen neben Briefen vor allen Dingen der von de Neufville und William Lee mit van Berckel ausgehandelte Vertragsentwurf in überarbeiteter Fassung und ein Brief von de Neufville an Franklin mit Änderungsvorschlägen gehörten.[6] Auch wenn – wie Wallace feststellte[7] – der Kapitän ebenso wie Lau-

---

4   WALLACE, *Laurens*, S. 358.
5   Vgl. Laurens to the Committee of Foreign Affairs. Vestal – British Frigate, St. John's, Newfoundland, September 14th, 1780, in: SPARKS, *Diplomatic Correspondence*, Vol. I, S. 714 f. Dieser Brief wurde erst am 16.01.1781 im Kongress vorgelesen, vgl. Protokolleintrag zum 16.01.1781, in: CONGRESS, *Journals of the Continental Congress* 1774–1789, Vol. XIX 1781, January 1–April 23, Washington 1912, S. 62. S. auch CHESNUTT, *Henry Laurens*, S. XVII.
6   Vgl. KOPPIUS, *Henry Laurens*, S. 45. Zu den fünf Texten vgl. THE ANNUAL REGISTER or a View of the History, Politics, and Literature for the Year 1780, London 1788, S. 356–373. Koppius irrt allerdings, wenn er – sich auf van Winter beziehend – behauptet, Laurens habe keine Befugnis zur Verhandlung eines Freundschafts- und Handelsvertrages gehabt, s. hierzu Protokolleintrag zum 01.11.1779, in: CONGRESS, *Journals*, Vol. XV, S. 1235.
7   Vgl. WALLACE, *Laurens*, S. 359.

rens, jedoch wohl aus unterschiedlichen Gründen, diese Texte als zu beschädigt und daher für wertlos ansahen, wurden sie doch ebenso wie Laurens nach London gebracht, wo sie als sogenannte Laurens-Papers der englischen Diplomatie willkommener Anlass waren, die nicht nur wegen ihres Handels mit Amerika mit Argusaugen betrachteten Niederlande unter Druck zu setzen.

Schon vor der Gefangennahme von Henry Laurens war der Kongress trotz seiner kürzlich erfolgten Bestätigung der Entsendung unzufrieden mit dessen schleppender Umsetzung des ihm übertragenen Auftrags, in Holland die wirtschaftlichen Interessen der Vereinigten Staaten zu verfolgen. Aus dieser Unzufriedenheit heraus beschloss der Kongress am 20. Juni 1780 gut ein halbes Jahr nach der Berufung von Laurens – lange vor dessen Gefangennahme – John Adams mit der vorläufigen Wahrnehmung der Geschäfte in den Niederlanden zu beauftragen.[8] Adams war erst ein dreiviertel Jahr zuvor als mit allen diplomatischen Rechten ausgestatteter Botschafter (*minister plenipotentiary*) in London zur Aushandlung eines Friedens- und eines Handelsvertrages mit Großbritannien berufen worden.[9] Um jedoch eine mögliche erneute Hängepartie zu vermeiden, beschloss der Kongress gleichzeitig eine Vertretungsregelung, sollte Adams aus irgendwelchen Gründen gehindert werden, seinen Auftrag auszuführen. Hierzu wurde der für Russland bereits berufene Botschafter, Francis Dana, als Stellvertreter für Holland benannt.[10]

Für Adams, der seit Beginn seiner diplomatischen Tätigkeit überwiegend in Paris residierte, wurde dort die Situation nach seiner Rückkehr aus den USA im Februar 1780 immer komplizierter: Das Verhältnis zwischen Franklin und Adams wurde – auch wenn sie zeitweise in Passy, einem Dorf an der Seine vor den Toren von Paris, dasselbe Haus bewohnten – seit Ende 1778 zusehends an-

---

8   Vgl. Protokolleintrag zum 20.06.1780: „Therefore, that the honble. John Adams, Esq., now at Paris, be appointed, empowered and commissionated to repair the said United Provinces of the Low Countries, and there to execute all and singular tie duties assigned to the said Henry Laurens, in the acts and proceedings aforesaid, relative to the borrowing of money on behalf of these States, until the said Henry Laurens, or some other person appointed in his stead, shall appear to undertake the execution thereof." In: CONGRESS, *Journals,* XVII, S. 535. S. auch John Adams' Commission to Negotiate a Loan with the Netherland (20 June 1780), in: LINT, G. u. a. (Ed.), *Papers of John Adams,* Vol. 9, (March 1780–July 1780) Cambridge (MA), London, 1996, S. 452 f. Dieser Auftrag bezog sich lediglich auf die Akquisition von Anleihen.
9   Vgl. Protokolleintrag vom 27.09.1779, in: CONGRESS, *Secret Journals of the Acts and Proceedings of Congress,* Secret Journals of the Congress of the Confederation, Foreign Affairs, Vol. II, Boston 1820, S. 257. S. auch Protokolleintrag zum 27.09.1779, in: CONGRESS, *Journals,* Vol. XV, S. 1113. The President of Congress to John Adams, Philadelphia, 20 October, 1779, in: ADAMS, CH.F., *Works of John Adams,* Vol. VII, S. 119. Laurens gratulierte Adams schon am 04.10.1779 zu dessen Ernennung zum Botschafter in Großbritannien. CHESNUTT, *Henry Laurens,* S. 180.
10 Vgl. Protokolleintrag zum 20.06.1780, in: CONGRESS, *Journals,* Vol. XVII, S. 536 f.

gespannter. Die Ursachen hierfür lagen sicherlich in der Persönlichkeit sowie der unterschiedlichen Arbeitsweise und diplomatischen Präsenz. Franklin hatte sich in Frankreich einen einem modernen Popstar vergleichbaren Status erarbeitet.[11] Fachlich bestanden jedoch auch unterschiedliche Einschätzungen bezüglich einer Zusammenarbeit mit Frankreich bzw. England.[12] Diese war zunehmend durch Misstrauen gekennzeichnet und von eifernder Konkurrenz um die Verhandlungsführerschaft nicht frei.

Außerdem entspann sich nach seiner Rückkehr aus den USA im Frühjahr 1780 zwischen Adams und dem französischen Außenminister Comte de Vergennes eine an Schärfe zunehmende Kontroverse. Adams vertrat gegenüber Frankreich – mit Unterstützung des Kongresses – deutlich die amerikanischen Handelsinteressen und wollte sich nicht, wie von de Vergennes gewünscht, der französischen Dominanz unterwerfen.[13] Der franco-amerikanische Literaturwissenschaftler Chinard erkennt in den sich hier zeigenden Differenzen nicht nur zwei Schulen der Diplomatie und „two national psychologies", sondern einen von den USA vorgetragenen grundsätzlich neuen Politikstil. Es ging Adams – wie auch den anderen Diplomaten – um die nachdrückliche Vermittlung staatlicher Souveränität und außenpolitischer Identität seines Landes.

Dieser neue Stil war einerseits dadurch gekennzeichnet, dass die amerikanischen Diplomaten in Europa – abgesehen von ihren Instruktionen – wegen der geographischen Distanzen und der langen Kommunikationswege zum Hei-

---

11 1809 wird Adams für den Boston Patriot schreiben: „As I was not limited by my commission or instructions to a residence in any particular place or country, all Europe was open to me, and my intention was to go immediately to Holland [...]", in: ADAMS, J.: *Correspondence of the late President Adams.* Originally published in the Boston Patriot. In series of letters, Number 1., Boston 1809, Letter XX, S. 102. Vgl. hierzu die ausführliche Analyse des auch den Comte de Vergennes einschließenden Verhältnisses von MÖSER, B.A., *Politische Autobiographien in der frühen amerikanischen Republik. Benjamin Franklin, John Adams, Thomas Jefferson und James Monroe*, Frankfurt a.M. etc. 1997, S. 180–206. S. auch WINTER, *Amsterdamsche handel*, S. 27. HUTSON, *Dutch-American Friendship*, S. 415 über das tiefe Konspiration unterstellende Misstrauen Adams' gegenüber Franklin und dem französischen Außenminister de Vergennes. FERLING, *John Adams*, S. 234 ff.: Ende 1778 äußerte Adams erstmals Zweifel an Franklins Fähigkeiten als Diplomat, die Bevorzugung Franklins als Botschafter in Paris tat ein Übriges.
12 Vgl. BUTTERFIELD, *Netherlands American Friendship*, S. 8.
13 Vgl. die Korrespondenz von Adams und de Vergennes, in: LINT, *Papers of John Adams*, Vol. 9, S. 427 ff. (The Revaluation Controversy) und S. 516 ff. (The Dispute with the Comte de Vergennes). S. auch die Korrespondenz von Adams und de Vergennes zwischen 17.07.1780–29.07.1780, in: LINT, G.L. u.a. (Ed.), *Papers of John Adams*, Vol. 10, (July 1780–December 1780) Cambridge (MA), London 1996, insbesondere die Briefe Adams to the Comte de Vergennes, Paris, July 17th 1780, S. 1 ff., Comte de Vergennes to Adams, A Versailles le 25 Juillet 1780, S. 32 ff. Adams to Comte de Vergennes, Paris July 26th 1780, S. 42 ff.

matland mehr oder weniger auf sich selbst gestellt waren und damit ihr Agieren – vor allen Dingen bei Adams – oft als „shirt-sleeve diplomacy" (G. Chinard) erschien. Andererseits traten die Amerikaner naturgemäß nicht als Vertreter von Fürsten oder Monarchen, sondern eines konstitutiv republikanisch-demokratischen Staatswesens auf, was – so der US-amerikanische Historiker und Herausgeber der Adams-Tagebücher Lyman Butterfield – einen Wandel der Umgangsformen erforderlich machte: „In dealing with the United States, it was impossible for European diplomats to use the same methods as with the nations of the Old World."[14]

De Vergennes weigerte sich schließlich in einem Brief vom 29. Juli – unter Hinweis darauf, dass allein Franklin Botschafter des Kongresses am französischen Hof sei – mit Adams weiter zu kommunizieren.[15] Tatsächlich war dies – wenn man von gelegentlichen Kontakten zum französischen Vertreter in Den Haag, Duc de La Vauguyon, absieht[16] – für fast ein Jahr der letzte direkte Kontakt mit dem Außenminister.[17]

Diese abschlägige Mitteilung von de Vergennes erreichte Adams allerdings nicht mehr in Paris, da er sich bereits am 27. Juli 1780, ohne Absprache mit Franklin und de Vergennes und ohne überdies von seiner Ernennung am 20. Juni[18] zum Interimsbotschafter zu wissen, auf eigene Faust nach Amsterdam aufgemacht hatte, wo er selbst Chancen für ein Darlehen oder eine Anleihe in

---

14 BUTTERFIELD, *Netherlands American Friendship*, S. 8. CHINARD, *John Adams*, S. 141. Vgl. Adams to the President of Congress, Amsterdam, 19 September 1780, in: ADAMS, CH.F., *Works of John Adams*, Vol. VII, S. 259f. ONNEKINK, D./BRUIN DE, R., *De Vrede van Utrecht (1713)*, Hilversum 2013, S. 18. STARK URRESTARAZU, U., *Formwandel von Souveränität und Außenpolitik*, Normative Orders Working Paper 04 (2010), Cluster of Excellence at Goethe University Frankfurt/Main, S. 1–34, hier S. 17.

15 Vgl. The Count de Vergennes to Adams, A Versailles le 29. Juillet 1780, der Außenminister schrieb in einer diplomatisch ungewöhnlichen Deutlichkeit, in: LINT, *Papers of John Adams*, Vol. 10, S. 57.

16 Vgl. CHINARD, *John Adams*, S. 140f.

17 Seit Mitte des Jahres 1781 verstärkten sich die Tendenzen, zwischen Frankreich, den Niederlanden und den Vereinigten Staaten, ein Bündnis gegen England zu schmieden. Hierbei sollte Adams auf Wunsch Frankreichs mitwirken; vgl. den Brief von Laurent Bérenger, Sekretär des französischen Botschafters Duc de La Vauguyon in den Niederlanden an Adams vom 5. Juni. 1781, in: LINT, G. L. u. a. (Ed.), *Papers of John Adams*, Vol. 11, (January–September 1781) Cambridge (MA), London 2003, S. 353 f. S. auch Protokolleintrag zum 11.06.1781, in: CONGRESS, *Secret Journals*, Vol. II, S. 441. Adams to the Comte de Vergennes Versailles July 7. 1781, in: LINT, *Papers of John Adams*, Vol 11, S. 405 f.

18 Vgl. Adams to the President of Congress, Amsterdam, 19 September 1780, in: ADAMS, CH.F., *The Works of John Adams*, Vol. VII, S. 259 f. BUTTERFIELD, *Netherlands American Friendship*, S. 8.

Abb. 9:
Portrait von Charles Gravier Comte de Vergennes, französicher Außenminister, von Bligny, ca. 1780, Bibliothèque Nationale de France

Amsterdam sah.[19] Von dort teilte er dem Präsidenten des Kongresses, Samuel Huntington (Sep. 1779–Jul. 1781), seine Unzufriedenheit über den ungeklärten Zustand der Vertretung der amerikanischen Interessen in den Niederlanden mit und empfahl seine schnelle Behebung.[20] Wegen der üblichen transatlantischen Zeitverzögerung erreichte Adams erst Mitte September die Nachricht von seiner vorläufigen Berufung nach Den Haag, dennoch wandte er sich am 19. September erneut an den Präsidenten mit der nachdrücklichen Bitte, endlich einen mit allen Rechten autorisierten Botschafter zu benennen.[21]

---

19 Vgl. SCHULTE NORDHOLT, *Voorbeeld,* S. 95 f. S. auch WINTER, *Amsterdamsche handel,* S. 42, Adams reiste auch wegen der Uneinigkeit zwischen den Gesandten von Paris nach Amsterdam. Vgl. Franklin to the President of Congress, Passy, August 9th, 1780, in: SPARKS, *Diplomatic Correspondence,* Vol. II, S. 118. S. auch DONIOL, *Histoire de la participation,* Tome Quatrième, S. 424 ff.
20 Vgl. Adams to the President of Congress, Amsterdam, 14 August 1780, in: ADAMS, CH.F., *Works of John Adams,* Vol. VII, S. 245 und S. 246.
21 Vgl. Adams to the President of Congress, Amsterdam, 19 September 1780, in: ADAMS, CH.F., *Works of John Adams,* Vol. VII, S. 259 f.

Erste Andeutungen, dass Laurens womöglich seine Aufgabe in den Niederlanden nicht würde wahrnehmen können, machte Franklin Adams gegenüber in einem Brief vom 8. Oktober 1780.[22] Schon eine Woche später schien sich jedoch die Gefangennahme Laurens' dann auch in Europa herumgesprochen zu haben, wie aus einem Brief von John Adams an Franklin vom 14. Oktober deutlich wird.[23] Zugleich wurde auch allgemein bekannt, dass der Kongress Adams mit der Verhandlungsführung in den Niederlanden beauftragt hatte.[24]

In seiner Eigenschaft als Interimsunterhändler berichtete John Adams nun dem Kongress am 27. Oktober über die weitere Behandlung der Laurens-Affaire durch England und die niederländischen Autoritäten.[25] Tatsächlich wurden die bei Laurens abgefangenen Papiere, darunter auch der 34 Artikel umfassende *Plan of a Treaty of Commerce*, den Staaten von Holland und West-Friesland vom Statthalter in ihrer Sitzung am 20. Oktober 1780 vorgelegt.

Der Statthalter selbst berichtete am 20. Oktober in den Generalstaaten sowie den Staaten von Holland und West-Friesland, dass der englische Botschafter Sir Yorke ihm die bei Laurens gefundenen Papiere übergeben habe. Er habe Yorke mitgeteilt, die weitere Behandlung den Staaten zu überlassen und „niemals etwas von den abgelaufenen Verhandlungen gehört zu haben, viel weniger noch von einer gegebenen Autorisierung, einen Vertrag mit den nordamerikanischen Kolonien zu erarbeiten".[26]

---

22 Vgl. Franklin to John Adams, Passy, 8 October, 1780, in: ADAMS, CH.F., *Works of John Adams*, Vol. VII, S. 314.

23 Vgl. John Adams to Benjamin Franklin, Amsterdam, 14 October, 1780 und Baron van der Capellen to John Adams, Appeltern, 16 October, 1780, in: ADAMS, CH.F., *Works of John Adams*, Vol. VII, S. 316f. Sowohl beispielsweise im HOLLANDSCHE HISTORISCHE COURANT No. 124 als auch im OPRECHTE HAARLEMSE COURANT No. 124 wurde ab dem 14. Oktober 1780 immer wieder über den Fortgang der Causa Laurens berichtet.

24 Vgl. Adams to Joan Derk van der Capellen tor den Pol, Amsterdam October 22d 1780, in: LINT, *Papers of John Adams*, Vol. 10, S. 297f.

25 Vgl. Adams to the President of Congress, Amsterdam, 27 October, 1780, in: ADAMS, CH.F., *Works of John Adams*, Vol. VII, S. 320f. S. auch einen ähnlichen Bericht von Franklin an den Präsidenten Huntington, Franklin to the President of Congress, Passy, December 3, 1780, in: WHARTON, FRANCIS (Ed.), *Revolutionary Diplomatic Correspondence of the United States*. Edited under direction of Congress, Vol. IV, Washington 1889, S. 179.

26 *Extracten uyt de Resolutien van de Heeren Staaten van Hollandt ende West Vrieslandt*, in haar Ed. Groot Mog. Vergaderinge genomen op Vrydag den 20 October 1780: „nimmer ietwes gehoort te hebben van eenige gehoude deliberatien, veel min gegeevene Autorisatie om een Tractaat met de Noord-Americaansche Colonien aan te gaan." In: NL-HaNA, Den Haag, Collectie C.W.F. Dumas, 1.10.26, inv.nr. 80. Vgl. handschriftliche Ausfertigung *Extract uit het Register der Resolutien van de Hoog Mog. Staaten Generaal der Vereenigte Nederlanden*, Veneris den 20 October 1780, in: NL-HaNA, Den Haag, Raadpensionaris Van Bleiswijk, 3.01.25, inv.nr. 480.

Abb. 10:
Willem V. übergibt die Laurenspapiere, von Reinier Vinkeles, Jacobus Buys, 1787, Rijksmuseum, Den Haag

Das Protokoll der Sitzung macht deutlich, dass die Staaten offenbar zum ersten Mal mit den Laurens-Papieren befasst wurden. Als Ergebnis wurden die Bürgermeister und Regenten der Stadt Amsterdam aufgefordert, den Staaten von Holland und West-Friesland so schnell wie möglich einen Bericht vorzulegen.[27] Der preußische Botschafter von Thulemeyer berichtete von dieser Sitzung nach Berlin, ohne sich ein eigenes Urteil über die beteiligten Parteien erlauben zu wollen, dass sich die beiden Inkriminierten, van Temminck und van Berckel, während der Sitzung verteidigt hätten als Beauftragte der Regenten Amsterdams.[28] Bereits am 25. Oktober wurde von der Stadt Amsterdam ein vierseitiger, die Aktivitäten von 1778 rechtfertigender Bericht eingereicht. Ausdrücklich wurde hier

---

27   Vgl. Vergaderinge genomen op Vrydag den 20 October 1780, s.o. Anm. 26. Der Diskussion lag auch der Preparatoirlyk Plan van een Tractaat van Commercie … von 1778 als Sitzungsunterlage zugrunde. S. auch NL-HaNA 1.01.26 Collectie C.W.F. Dumas, 1700–1796, inv. nr. 80.
28   Vgl. Thulemeier à sa cour, Le 24 Octobre 1780, in: KRÄMER, Archives, Tome II, S. 299 f.

darauf hingewiesen, dass die besprochenen Vereinbarungen unter dem Vorbehalt einer Einigung mit England bezüglich seiner rechtsstaatlichen Anerkennung der Vereinigten Staaten standen. Nach eingehender Diskussion[29] leiteten die Staaten den Fall zur weiteren Behandlung in der niederländischen, wie die Generalstaaten ebenfalls provinzial organisierten Ritterschaft weiter, die ihn unter Beteiligung der verschiedenen Städte der Provinz Hollands und des Ratspensionärs am 3. November ausführlich, streitig und das Verhalten Amsterdams durchaus kritisierend debattierte.[30] Der Statthalter zumindest war sich keinesfalls sicher, ob die vorgetragene Argumentation ausreichend war, um England zu beruhigen, da seiner Meinung nach ein Mitglied der Staaten nicht befugt sei, ohne Wissen der anderen Mitglieder geheime Verhandlungen („onderhantsche onderhadelingen") mit einer ausländischen Macht zu führen, ohne zugleich die Republik in Anarchie zu stoßen.[31] Wilhelm war jedoch andererseits gerade deshalb überzeugt, dass England wegen der Unrechtmäßigkeit der Verhandlungen eines Mitgliedes der niederländischen Staaten aus diesem Fall keine *justa causa belli* gegen die ganze Republik ableiten können sollte.[32]

Für Adams selbst – wie er zwei Jahre später, hier zur Kennzeichnung der Atmosphäre ausführlicher zitiert, an den amerikanischen Außenminister berichtete – waren die Dinge kompliziert, da die seinerzeitigen Vertragspartner de Vrij Temminck und van Berckel durchaus als Hochverräter behandelt wurden und Adams selbst als *persona non grata*: „This Plan was so daringly supported by Writers of the first Fame on the side of the Court that Multitudes of Writings appeared, attempting to show that what Temmink and Van Berckel had done was

---

29 Vgl. De communicatie door zijn Hoogheid van eenige aan hoogst den selven behandigde Papieren, onder den geweesen Præsident van het Americaasch Congres, Laurens, betrekkelyk een gemeime Negociatie: Aan Bugemesteren van Amsterdam om berigt. En Berigt van Burgemesteren van Amsterdam daar op. Commissoriaal. En ter Generaliteit daar van opening te geeven 25 October 1780. Handschriftlich hinzugefügt „für die Edelen Herren der Ritterschaft" (voor de wel Edele Herren van de Ridderschap), in: Nationaal Archief, Den Haag, Raadspensionaris Pieter van Bleiswijk, 1772–1787, nummer toegang 3.01.25, Verzoek van Groot-Brittannië om steun aan de Republiek in de oorlog tegen Noord-Amerika. inventarisnummer 481, im Folgenden: NL-HaNA, Den Haag, Raadpensionaris Van Bleiswijk, 3.01.25, inv.nr. 481. S. auch den Bericht vom Woensdag den 25 October 1780, in: NL-HaNA, Den Haag, Collectie C.W.F. Dumas, 1.10.26, inv.nr. 80. *Resolutien van de Heeren Staaten van Holland en Westvriesland,* Tweede Deel, o.O. 1780, S. 979–983.
30 Vgl. handschriftlichen Bericht über Debliberatien in het Besogne volgens resol^e Comm^e van den 25 October laatstl. op het Berigt van Burgems van Amsterdam gehouden op Vrydag den 3^e November 1780, in: NL-HaNA, Den Haag, Raadpensionaris Van Bleiswijk, 3.01.25, inv.nr. 481.
31 Vgl. Le Prince d'Orange au conseiller-pensionnaire, Hage, den 26 October 1780, in: KRÄMER, *Archives*, Tome II, S. 302 f.
32 Vgl. Le Prince d'Orange au conseiller-pensionnaire, Hage, den 26 October 1780, in: KRÄMER, *Archives*, Tome II, S. 304 f.

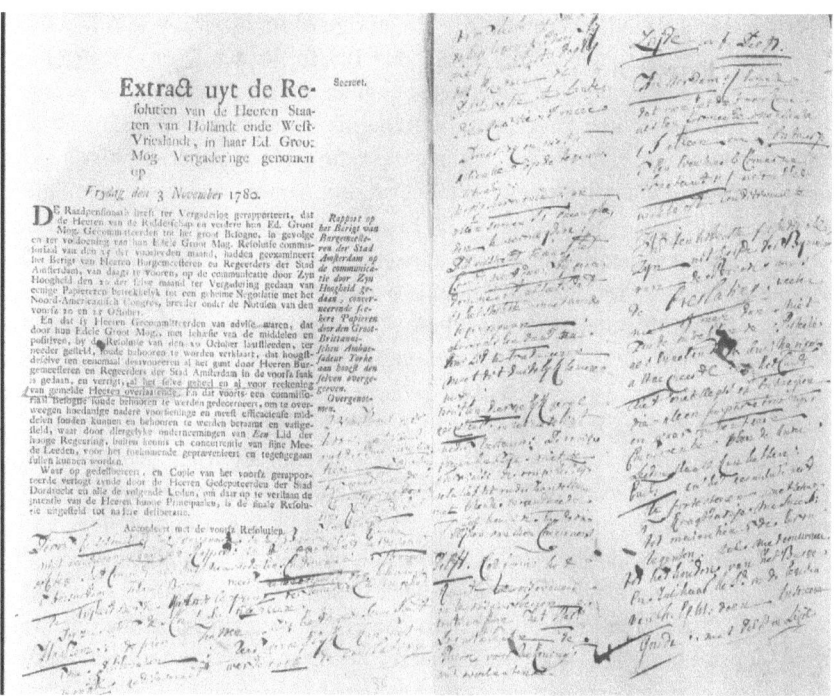

Abb. 11: Handschriftliche Notizen über die Sitzung der Heeren Staaten van Hollandt en West-Vrieslandt am 3. November 1780, Nationaal Archief, Den Haag (Foto: Roland Richter)

high Treason. All this had such an Effect, that all the best Men seemed to shudder with Fear. [...] I need only say that I was avoided like a Pestilence by every Man in Government. Those Gentlemen of the Rank of Burgomasters, Schepens, Pensionaries, and even Lawyers, who had treated me with great Kindness and Sociability and even Familiarity before, dared not see me, dared not be at home when I visited at their Houses; dared not return my Visit; dared not answer in writing even a Card that I wrote them. I had several Messages in a roundabout way, and in Confidence, that they were extremely sorry they could not answer my Cards and letters in writing, because on fait tout son possible pour me sacrifier aux Anglomanes."[33]

Somit wurde neben den Amsterdamer Pensionären auch Adams nachhaltig stigmatisiert und gesellschaftlich ausgegrenzt. Die von England und insbesondere vom englischen Botschafter in Den Haag forcierte Offenlegung des aus dem Wasser gefischten unautorisierten Amsterdamer Entwurfs des niederländisch-

---

33 Adams to Robert R. Livingston, Amsterdam Feby. 21st 1782, in: LINT, G. L. u.a (Ed.), *Papers of John Adams*, Vol. 12, (October 1781–April 1782) Cambridge (MA), London 2004, S. 251 f.

amerikanischen Handelsvertrages traf die übrigen Provinzen – wie Adams fast 30 Jahre später in seinen zurückblickenden Briefe für den *Boston Patriot* bemerkte – völlig unvorbereitet und sorgte bei ihnen für erhebliche Verstimmung.[34] Dies sollte auch den Druck auf die Republik insgesamt erhöhen, nicht dem internationalen von Katharina II. Anfang des Jahres 1780 initiierten Bündnis *Bewaffnete Neutralität* beizutreten – ein Schritt, mit dem die Republik womöglich die seit dem Frieden von Utrecht von 1713 verfolgte Neutralitätspolitik verlassen würde. Yorke hatte im Auftrag des englischen Königs und des englischen Außenministers Lord Stormont als Reaktion auf die Initiative von Katharina II. bereits im März 1780 unter Hinweis auf die guten Beziehungen, immerhin war die Mutter des Statthalters die Tochter des englischen Königs, in einem Memorandum für die weitere Zusammenarbeit zwischen dem englischen Königtum und der niederländischen Republik geworben.[35] Einige Monate später, im August, hatte Lord Stormont in London selbst die Gelegenheit ergriffen, dem niederländischen Botschafter, dem Grafen van Welderen, sehr offen, aber vertraulich die Konsequenzen eines möglichen Beitritts der Republik zum Bündnis *Bewaffnete Neutralität* auseinanderzulegen, in der Absicht, diesen zu verhindern und so die Freundschaftsbeziehungen zwischen beiden Ländern zu erhalten.[36]

Am 10. November ließ Yorke, nach der Laurens-Gefangennahme, ein weiteres Memorandum an die Generalstaaten folgen, in dem er erneut eine positive Haltung zur weiteren Kooperation mit England anmahnte. Darüber hinaus aber nahm er die „discovery of a conspiracy without example in the annals of

---

34 Vgl. Anm. 1 zu Adams to the President of Congress, Amsterdam 27 October 1780, in: ADAMS, CH.F., *Works of John Adams*, Vol. VII, S. 321, zur Würdigung van Berckels schrieb Adams später differenziert und anerkennend im Boston Patriot 1809: „[…] yet it is certain, the discovery of it spread a universal consternation throughout the seven Provinces, I do not remember to have found one person who pretended to see the wisdom of it, though no man doubted the purity of the design. It was irregular. Mr. Lee had no authority." S. zu den Umständen der innerniederländischen Abstimmung und Willensbildung KANNEGIETER, J.Z., *De Affaire van Berckel*, in: *Bijdragen voor Vaderlandsche Geschiedenis en Oudheidkunde* 10 (1930), S. 245–289, hier S. 246. LE POLITIQUE HOLLANDAIS, 12.02.1781, S. 4 ff. berichtet seinen Lesern ausführlich die Vorgeschichte der englischen Kriegserklärung und bestätigt die Uninformiertheit und Überraschung der anderen Provinzen über den Amsterdamer Vertrag mit amerikanischen Diplomaten.

35 Lord Stormont (1727–1796) war unter Premierminister Lord North Secretary of State for the Northern Department und war für die ausländischen Beziehungen allgemein und die protestantischen Staaten Nordeuropas zuständig. Vgl. Yorkes Memoradum vom 21.03.1780 an die Generalstaaten zitiert von Adams to Congress, Amsterdam, April 3, 1780, in: WHARTON, *Revolutionary Diplomatic Correspondence*, Vol. III, S. 588–592.

36 Vgl. Lord Stormont an Botschafter Sir Yorke in einem Brief vom 01.08.1780, in: KRÄMER, *Archives*, Tome II, S. 237. S. Lord Stormont au chevalier Yorke, St. James's August 8th 1780, in: KRÄMER, *Archives*, Tome II, S. 240 f.

the republic" zum Anlass für die Forderung, Laurens' niederländische Verhandlungspartner deutlich zu bestrafen: „The king demands also a prompt satisfaction propotioned to the offense, and an exemplary punishment of the pensionary Van Berckel, and of his accomplices, as disturbers of the public peace, and violators of the law of nations."[37] In der Forcierung dieses Vorgangs wird eine Hochmütigkeit und Arroganz der englischen Seite deutlich, die auch den anderen Diplomaten in Den Haag, wie z. B. dem preußischen Baron Thulemeyer, nicht verborgen blieb.[38]

Die Umsetzung dieser vom Statthalter zwar ernstgenommenen, aber auch als wesentlich innenpolitisch motiviert interpretierten Forderung Englands nach strafrechtlicher Verfolgung z. B. durch die Generalstaaten, stieß – wie Wilhelm bereits am 18. Oktober dem Ratspensionär mitgeteilt hatte[39] – angesichts der Souveränität der einzelnen Provinzen auf konstitutionelle Schwierigkeiten. Die Antwort aus Den Haag ließ auf sich warten,[40] zumal die Behandlung des Yorke-Memorandums vom 10. November in den Staaten von Holland und West-Friesland erst am 30. November auf der Tagesordnung stand und dann – wie üblich – zur weiteren Behandlung an die Ritterschaft und die anderen Ausschüsse weitergeleitet wurde.[41]

---

37 Yorkes Memorandum vom 10.11.1780 an die Generalstaaten zitiert von Adams to the President of Congress, Amsterdam, November 16, 1780, in: WHARTON, *Revolutionary Diplomatic Correspondence*, Vol. IV, S. 153 f. Vgl. auch den Abdruck der Yorke-Note im ANNUAL REGISTER, 1780, S. 373 f. Im OPRECHTE HAARLEMSE COURANT No. 137 van den 14 November 1780 wird die Öffentlichkeit über die englische Forderung nach Bestrafung van Berckels unterrichtet.

38 Vgl. Thulemeyer in einen späteren Brief: Thulemeier à sa cour, Le december 1780, in: KRÄMER, *Archives*, Tome II, S. 345.

39 Vgl. Le prince d'Orange au conceiller-pensionaire, Hage, den 18 October 1780, in: KRÄMER, *Archives*, Tome II, S. 292 ff. S. auch den Bericht des preußischen Botschafters Thulemeyer in Den Haag vom November 1780, in: KRÄMER, *Archives*, Tome II, S. 322 ff. Zur innerenglischen Dimension. Le prince d'Orange au conceiller-pensionaire, Hage, den 24 October 1780, in: KRÄMER, *Archives*, Tome II, S. 301. Am 24.11. kam der Statthalter gegenüber dem niederländischen Botschafter in London, de Welderen, auf das Yorke-Memorandum zurück und vertrat die Auffassung, dass dieser van Berckel im Fall Laurens zu viel Ehre antue, in: KRÄMER, *Archives*, Tome II, S. 336.

40 Der preußische Botschafter Thulemeyer konnte deshalb in seinem Heimatbericht vom 22. November mit Freude berichten, dass das rüde englische Memorandum den englischgesinnten Statthalter und das amerikafreundliche Amsterdam wieder näher zusammenbrachte, vgl. Thulemeyer à sa cour, Le 22 Novembre 1780, in: KRÄMER, *Archives*, Tome II, S. 333 f. S. auch WAGENAAR, *Vaderlandsche Historie*, Tweede Deel, S. 247 ff.

41 Vgl. Bericht vom 30.11.1780, in: *Resolutien van de Heeren Staaten van Holland en Westvriesland*, Tweede Deel, o. O. 1780, S. 1167–1169.

Gleichzeitig wurden im November in den Staaten von Holland und West-Friesland der Bericht der Stadt Amsterdam und deren Position zum Vertragsentwurf mit den nordamerikanischen Kolonien weiter behandelt. Hier wurde bei Missbilligung der unautorisierten Verhandlungen vor allen Dingen herausgearbeitet, dass der Entwurf des Vertrages ja nur unter der Bedingung der Anerkennung der amerikanischen Selbstständigkeit durch England Wirksamkeit entfalten sollte. Außerdem wurde der Ratspensionär van Bleiswijk beauftragt, zusätzliche Gespräche mit Yorke zu vereinbaren, die dieser auch führen wollte, wenn es zu einem Widerruf und der schon geforderten Bestrafung der Schuldigen durch die Generalstaaten käme.[42] Mit Erstaunen nahmen die beobachtenden Diplomaten, Thulemeyer und de la Vauguyon, immerhin zur Kenntnis, dass van Berkel als Vertreter Amsterdams nicht mehr an den Sitzungen der Generalstaaten teilnahm, sondern sich wegen der vielfältigen Anfeindungen in den sicheren Mauern seiner Stadt aufhielt.[43]

Für van der Capellen bedeutete Yorkes Memorandum Krieg zwischen der Republik und dem Königreich: „Wenn also das Memorandum des Herrn Y-ke [vom 10.November – R.R.] nicht eine Einfache Aufschneiderei ist, so ist der Krieg unausweichlich und ein Krieg scheinbar für eine Auseinandersetzung, die nicht in die Zuständigkeit der *Bewaffneten Neutralität* fällt."[44] In dieser Situation schrieb Adams selbstbewusst und etwas trotzig an Joan Derk van der Capellen tot den Pol: „The American question, one of the greatest which was ever decided among men, will be determined by the cabinets of Europe, according to great national interests. But let these decide as they will, America will be independent. It is not in the power of Europe to prevent it."[45]

Zweifelsohne wollte England unbedingt verhindern, dass die während des ganzen 18. Jahrhunderts neutralen Niederlande dem im Grunde gegen die maritime Übermacht Englands gerichteten Staatenbündnis der *Bewaffneten Neutralität* zur Sicherung des freien Seeverkehrs neutraler Staaten und deren Schiffe zwi-

---

42 Vgl. *Extract uit de Resolutien van de Heeren Staaten van Holland en West-Vriesland* in haar Ed. Groot Mog. Vergadering genomen op Donderdag den 23 November 1780. i. V. m. *Extract uit de Resolutien van de Vroedschap der Stad Amsterdam*. Den 21 November 1780, der auch den ausführlichen Bericht der Stadt Amsterdam enthält. S. auch van Bleiswijk an Yorke 24.11.1780, in: NL-HaNA, Den Haag, Raadpensionaris Van Bleiswijk, 3.01.25, inv.nr. 481. Chevalier Yorke au conseiller-pensionnaire, La Haye, 25 Novembre 1780, in: KRÄMER, *Archives*, Tome II, S. 339.
43 Vgl. Thulemeier à sa cour, Le 28 Novembre 1780, in: KRÄMER, *Archives*, Tome II, S. 339.
44 Joan Derk van der Capellen tot den Pol to Adams, Zwol 28 Nov: 1780: „Si donc le Mémoire de Monsieur Y-ke n'est pas une Simple Rotomantade la guerre est inévitable et une guerre quasi vero pour un démêlé, qui n'est pas du resort de la Neutralité Armée." In: LINT, *Papers of John Adams*, Vol. 10. S. 377.
45 Adams aan J.D. van der Capellen, Amsterdam, December 9th 1780, in: BEAUFORT, *Brieven*, S. 208.

Abb. 12:
Portrait von Friedrich Wilhelm Thulemeyer, preußischer Botschafter in Den Haag, unbekannter Künstler, Wikimedia commons

schen den Häfen anderer kriegführender Länder beitrat.[46] England betrachtete diese Entwicklung auf dem Kontinent mit Sorge. Es empfand diese Absichten als unfreundlichen Akt und drohte den Generalstaaten, in den Verhandlungen zwischen Lord Stormont[47] und dem niederländischen Botschafter van Welderen, ab August 1780 im Falle der Aufrechterhaltung der gegen England gerichteten Handelsbeziehungen zu Amerika und anderen Ländern sowie eines niederländischen Beitritts zu diesem sogenannten Nordbündnis offen mit harten, einen Krieg als Möglichkeit einbeziehenden Konsequenzen.[48]

---

46 Vgl. Scott, *Yorke*, S. 575: „The established interpretation is clearly correct when it emphasizes that the timing of the Anglo-Dutch War was determined by the British government's wish to pre-empt Dutch accession to Chatharine II's neutral league."
47 Zum Widerstandsrecht Hollands gegen England, vgl. Stapelbroek, K., *The Dutch debate on commercial neutrality (1713–1830)*, University of Helsinki 2011, S. 120 ff. S. auch Duchhardt, *Balance of Power*, S. 354 f.
48 Vgl. Lord Stormont in einem Brief vom 08.08.1780 an Yorke über ein Gespräch mit dem niederländischen Botschafter Graf van Welderen, in: Krämer, *Archives*, Tome II, S. 240 ff. S. auch Adams to the President of Congress Amsterdam, December 25, 1780, in: Wharton, *Revolutionary Diplomatic Correspondence*, Vol. IV, S. 210. S. auch. Slothouwer, *Erkenning*, S. 154 f.

Abb. 13:
Portrait von Joan Derk van der Capellen tot den Pol, von Reinier Vinkeles, 1786, RKD – Nederlands Instituut voor Kunstgeschiedenis, Den Haag

Die in höchstem Maße ungenügenden militärischen Fähigkeiten der lange Zeit durch die finanzielle Blockade der Staaten von Holland und Zeeland sowie insbesondere von Amsterdam vernachlässigten niederländischen Flotte und die schon den Zeitgenossen fraglich erschienene Effektivität des Nordbundes[49] hinderten die Republik nicht, von den englischen Drohungen unbeeindruckt und ihre Souveränität verteidigend mit der *Bewaffneten Neutralität* zu sympathisieren. Nach monatelangen Diskussionen zwischen dem Statthalter und den untereinander durchaus nicht einheitlichen Provinzen[50] und auf diplomatischen Druck des

---

49 Vgl. THEEUWEN, *Pieter 't Hoen*, S. 140 ff.; zu den desolaten militärischen Fähigkeiten, vgl. Le duc de Brunsvic au prince d'Orange, A la Haye, ce 13 Novembre 1780, in: KRÄMER, *Archives*, Tome II, S. 314–320.
50 Vgl. GAZETTE DE LEYDE, Numero XCIV, Novembre 24, 1780. S. auch J. Adams to the President of Congress, November 25, 1780, in: WHARTON, *Revolutionary Diplomatic Correspondence*, Vol. IV, S. 160.

französischen Botschafters de La Vauguyon[51] folgte die Republik schließlich am 20. November 1780 den Fürsten Österreichs, Preußens, Dänemarks, Schwedens, Portugals und der beiden Sizilien, die dem Bündnis bereits beigetreten waren. Dies wurde im Übrigen von den mit England bereits seit längerem Krieg führenden Ländern Frankreich und Spanien sehr begrüßt.[52] Gleichwohl versuchte der Statthalter alle diplomatischen Möglichkeiten auszuschöpfen, um einen Waffengang mit England zu verhindern.[53]

Wären die Generalstaaten auf die englischen Forderungen eingegangen, die durch ein weiteres Memorandum vom 12. Dezember mit der Forderung nach einer sofortigen angemessenen Reaktion und Bestrafung in der Laurens-Affäre erneuert[54] und von Seiten der Staaten von Holland und West-Friesland bereits am 14. Dezember wiederum mit Überweisung an die anderen Gremien behandelt[55]

---

51 Vgl. Thulemeier à sa cour, Le 17 Novembre 1780, in: KRÄMER, *Archives*, Tome II, S. 332, danach hat der Statthalter dem französischen Botschafter die entsprechende Entscheidung der Generalstaaten für den 20. November zugesagt. S. auch sehr ausführlichen Bericht bei COLENBRANDER, *Patriottentijd*, Deel 1, S. 176 ff.

52 Vgl. *Extract uit het Register der Resolutien van Hun Hoog Mogende de Heeren Staaten Generaal; behelzende toetreeding tot de Gewapende Neutraliteit, met de meerderheid van vier Proviniën, Holland, Friesland, Overyssel en Groningen, zegen de drie overige Gelderland, Zeeland en Utrecht. Gedagtekend den 20 November 1780*, in: ZAAKEN VAN STAAT EN OORLOG, betreffende de Vereenigde Nederlanden zedert het Begin van het Jaar 1780, Eerste Deel, Amsterdam 1788, S. 318–321. KANNEGIETER, *Affaire van Berckel*, S. 254 ff. Der HOLLANDSCHE HISTORISCHE COURANT No. 157 vom 30.12.1780 medete, dass die Generalstaaten am 20.11.1780 beschlossen hatten, der *Bewaffneten Neutralität* beizutreten. BEMIS, *Diplomatic History*, S. 38 ff. nennt den 04.01.1781 als Betrittsdatum. S. auch allgemein LADEMACHER, *Geschiedenis*, S. 247. Protokolleintrag zum 23.07.1781, in: CONGRESS, *Journals*, Vol. XXI, S. 779 f.

53 Vgl. Thulemeier à sa cour, Le 22 Novembre 1780, in: KRÄMER, *Archives*, Tome II, S. 333 f. Vgl. Le prince d'Orange au conseiller-pensionnaire, Hage, en 24 Novembre 1780, in: KRÄMER, *Archives*, Tome II, S. 334 f.

54 Vgl. Le Chevalier Yorke aux Hautes & Puissans Seigneurs, Le 12 decembre 1780, *Extract uit het Register der Resolutien van de Hoog Mog. Staaten Generaal der Vereenigte Nederlanden*, Martis den 12 december 1780, in: NL-HaNA, Den Haag, Raadpensionaris Van Bleiswijk, 3.01.25, inv.nr. 482. S. auch Memorial presented to the States-General by Sir Joseph Yorke, on the 12th of December 1780, in: ANNUAL REGISTER 1780, S. 375 f. S. auch J. Adams to Cushing, Amsterdam, December 15, 1780, in: WHARTON, *Revolutionary Diplomatic Correspondence*, Vol. IV, S. 193. J. Adams to the President of Congress, Amsterdam, December 15, 1780, in: WHARTON, *Revolutionary Diplomatic Correspondence*, Vol. IV, S. 197: „War is to a Dutchman the greatest of evils. Sir Joseph Yorke is so sensible of this, that he keeps alive a continual fear of it by memorials after memorials, each more affording to any sovereignty of delicate notions of dignity than the former. By this means he keeps up the panic […]."

55 Vgl. Bericht vom 14.12.1780, in: *Resolutien van de Heeren Staaten van Holland en Westvriesland*, Tweede Deel, o. O. 1780, S. 1205–1206.

wurden, so hätte dies nach Franklins Auffassung nachhaltige Auswirkungen auch für die Amerikaner in Holland gehabt.[56]

Auch Wilhelm V. erahnte die bevorstehende kriegerische Auseinandersetzung, wenn er das neuerliche Memorandum am 16. Dezember in einem Brief an Baron Willem Karel Hendrik van Lijnden van Blitterwijk, seit 1779 Repräsentant des Statthalters und Edler der Provinz Zeeland, nicht zu unrecht wie folgt kommentierte: „Sie werden das Neue Memorandum von Mr. Yorke schon gesehen haben, es ist sehr zu befürchten, dass diese Papiere des Herrn Laurens Krieg hervorbringen werden. Gott wolle, dass dies nicht geschieht, aber ich glaube, dass in England eine Voreingenommenheit besteht."[57] Da die Memoranden von den Generalstaaten viel diskutiert,[58] jedoch auch im Dezember ohne eine für England zufriedenstellende Antwort blieben,[59] erklärte England der Republik – den eigenen Standpunkt ausführlich begründend – am 20. Dezember 1780 den Krieg. Und dies obwohl England nicht nur bereits im Krieg mit der französisch-spanischen Flotte und im Zwist mit der nordeuropäischen Allianz *Bewaffnete Neutralität* stand, sondern überdies gleichzeitig beschlossen hatte, die für den Schmuggelhandel mit Nordamerika wichtigen neutralen niederländischen karibischen Inseln um St. Eustatius zu erobern.[60] Mit dieser Ausweitung des Krieges

---

56 Vgl. Franklin schrieb Anfang Dezember an Dumas: „I wish much to see the answer that their high mightinesses will give to the insolent memorial presented by Sir Joseph Yorke. If they comply with it, and punish or censure the pensionary of Amsterdam, I shall think it a *pierre de touché* for the stadtholder, as well as for the King of England, and that neither Mr. Adams will be safe at Amsterdam nor our ships in any port of Holland." S. Franklin to Dumas, Passy, December 3, 1780, in: WHARTON, *Revolutionary Diplomatic Correspondence,* Vol. IV, S. 181.

57 Willem V aan Lijnden van Blitterswijk, La Haye ce 16 X^{br} 1780: „Vous aurez Surement déjà vu le Nouveau Mémoire de Mr. Yorke, il est très à craindre que ces Papiers du Sr. Lourens produiront la Guerre. Dieu Veuille que cela ne Soye pas, mais je crois que C'est un Parti pris en Angleterre." In: BAS, F. DE (uitg.), *Brieven van Prins Willem V aan Baron van Lijnden van Blitterswijk,* 's-Gravenhage 1893, S. 47.

58 Vgl. Dumas to the President of Congress, Amsterdam, December 19, 1780, in: WHARTON, *Revolutionary Diplomatic Correspondence,* Vol. IV, S. 199: „Since my last [letter–R.R.] they have advised in the States of Holland not to answer at all the memorial of Sir Joseph Yorke. This, I think, is the best they can do in these circumstances." S. auch PEYSTER, H. DE, *Les troubles de Hollande. A la Veille de la Révolution Française (1780–1795),* Paris 1905, S. 68, wies auf die Eigenständigkeit der Provinzen hin.

59 Vgl. Carmichael to the Committee of Foreign Affairs, Madrid December 19, 1780, in: WHARTON, *Revolutionary Diplomatic Correspondence,* Vol. IV, S. 198.

60 Vgl. die Kriegserklärung: Manifesto of the Court of Great-Britain, St. James's, December 20, 1780, in: ANNUAL REGISTER 1780, S. 376–379. Am 25.12.1780 schrieb Adams aus Amsterdam an den Präsidenten Huntington: „The English gazettes of the 19th announced that Sir Joseph Yorke was recalled and the Dutch war inevitable." In: WHARTON, *Revolutionary Diplomatic Correspondence,* Vol. IV, S. 207f. S. auch Adams to

Abb. 14:
Portrait von Willem V.,
Prinz von Oranien, von W.
van Senus nach Tischbein,
1822–1826, Rijksmuseum,
Den Haag

gegen nun drei europäische Mächte kam es zwangsläufig zu einer Zersplitterung der englischen Kräfte, wodurch zugleich die Aussichten auf einen englischen Sieg in Amerika sinken mussten.

---

the President of Congress, Amsterdam, 23 December, 1780, in: ADAMS, CH.F., *Works of John Adams*, Vol. VII, S. 346. Vgl. den ausführlichen Bericht und die Bewertung in der patriotisch gesinnten DE POST VAN DEN NEDER-RHIJN, 1. Deel, No. 1, Utrecht 1781, S. 1–9. S. auch BRAKE, W.P. TE, *Popular Politics as and the Dutch Patriot revolution*, in: Theory and Society 14/2 (1985), S. 199–222, hier S. 205. BRAKE, *Dutch Republic*, vertritt die Auffassung, dass die Republik in den Krieg mit England gezwungen wurde. BRAKE, W. PH. TE, *Provincial Histories and the National Revolution in the Dutch Republic*, in: JACOB, M./MIJNHARDT, W.W., *The Dutch Republic in the Eighteenth Century. Decline, Enlightenment, and Revolution*, Ithaca 1992, S. 60–90, hier S. 85 f.: „the republic was dragged into the war". SAS, N.C.F. VAN, *The Patriot Revolution: New Perspectives*, in: JACOB, M./MIJNHARDT, W.W., *The Dutch Republic in the Eighteenth Century. Decline, Enlightenment, and Revolution*, Ithaca 1992, S. 91–120. MEYER, *Frankreich*, S. 485 f. MEIBOOM, *Bleiswijk*, S. 18. THEEUWEN, *Pieter 't Hoen*, S. 160

Der Statthalter schrieb noch am gleichen Tag an den Ratspensionär, um bei Yorke für die eingetretene Verspätung mit Verweis auf eine in der Verfassung liegenden Begründung das Schlimmste zu verhindern.[61] Für Adams allerdings kam die Kriegserklärung nicht überraschend, hatte er damit doch schon am 20. November in Briefen an den Patrioten Joan Derk van der Capellen tot den Pol und den Journalisten und Geschichts- und Griechisch-Professor Jean Luzac gerechnet.[62]

Quasi zeitgleich – am 21. Dezember – behandelten die Staaten von Holland und West-Friesland unter Einbeziehung der Ergebnisse der Verhandlungen in der Ritterschaft die englischen Memoranden vom 10. November und 12. Dezember und die darin geforderte strafrechtliche Verfolgung der 1778 an der Entstehung des Vertragsentwurfs Beteiligten. Sie kamen zu dem Schluss, dass diese nur nach Maßgabe einer eingehenden juristischen Prüfung der Dokumente durch den provinzialen Gerichtshof erfolgen könne.[63] Am 22. Dezember tagten die Generalstaaten und diskutierten ebenfalls – unter Beteiligung der von ihrer Sitzung am Vortage berichtenden Deputierten von Holland und West-Friesland sowie der Vertreter aus der Provinz Zeeland – über die obengenannten Memoranden des englischen Botschafters und verwiesen noch einmal darauf, dass die Entscheidung darüber allein in der Souveränität der jeweiligen Provinz liege.[64]

Auf eine entsprechende, Yorke mittags vom Griffier Fagel überbrachte Nachricht reagierte Yorke noch am selben Tage mit der Rechtfertigung der Kriegserklärung, da es sich hier um ein dreifaches „Attentat" auf die englisch-niederländischen Beziehungen handele. Es bestand seiner Meinung nach im Einzelnen darin, dass die Regenten Amsterdams gegen Würde und Rechte der englischen Krone agierten, gegen die England-Politik der Republik und die Verfassung der Vereinigten Republik selbst verstießen und insofern schließlich bei öffentlichem Eingeständnis der Schuldigen und unerwarteter Unterstützung der Regentschaft trotz der Missbilligung der Generalstaaten eine „sehr delikate" Affäre darstelle, die eine direkte und angemessene Bestrafung – wie bereits im Memorandum

---

61 Vgl. Le prince d'Orange au conseiller-pensionaire, Hage, den 20 December 1780, in: KRÄMER, *Archives,* Tome II, S. 354.
62 Vgl. Adams to Baron van der Capellen bzw. to Luzac, Amsterdam, 20 November, 1780, in: ADAMS, CH.F., *Works of John Adams,* Vol. VII, S. 332f.
63 Vgl. Bericht vom 21.12.1780, in: *Resolutien van de Heeren Staaten van Holland en Westvriesland,* Tweede Deel, o. O. 1780, S. 1219–1222, dem Bericht ist der Brief von van Berckel an William Lee vom 26.08.1778 in niederländischer und französischer Sprache beigefügt, mit der ausdrücklich typographisch hervorgehobenen Formulierung, wonach der Vertrag nur wirksam werde, wenn England die Unabhängigkeit der Vereinigten Staaten anerkannt habe.
64 Vgl. *Extract uit het Register der Resolutien van de Hoog Mog. Staaten Generaal der Vereenigte Nederlanden,* Veneris den 22 december 1780, in: NL-HaNA, Den Haag, Raadpensionaris Van Bleiswijk, 3.01.25, inv.nr. 482. S. auch KRÄMER, *Archives,* Tome II, S. 355.

vom 10. November gefordert – nach sich ziehen müsse.[65] Fagel berichtete am nächsten Tag bei den Generalstaaten über seine Begegnung mit Yorke und dessen nachmittags bei ihm eingegangene, die Kriegserklärung noch einmal begründende Note.[66]

Aus der Rückschau von zwei Jahren hörte sich bei Adams die Entwicklung zur englischen Kriegserklärung allerdings deutlich anders an. Denn abgesehen von einer engagierten Charakterisierung des beschriebenen Konfliktes zwischen Yorke, Statthalter und englischem König ereiferte sich Adams vor allen Dingen darüber, dass hierbei de Vrij Temmink und Van Berkel gegenüber der aufgebrachten Volksmenge zu Sündenböcken gemacht wurden.[67]

Für van Berckel persönlich, dem die Schuld für den Krieg und dessen Folgen in Holland aufgeladen wurde, spitzte sich die Situation so dramatisch zu, dass er am 4. Mai 1781 eine ausführliche Erklärung bei den Staaten von Holland und West-Friesland hinterlegte[68] und aus Sicherheitsgründen zu Hause blieb sowie weiterhin an den Sitzungen in Den Haag nicht teilnahm. Hinzu kam im Frühjahr 1781 ein politischer, oranienfreundlicher Wechsel in der Leitung der Amsterdamer Stadtgeschäfte, so dass van Berckel zwar nicht seiner Funktion als Pensionär enthoben, jedoch zunehmend isoliert und schließlich zusammen mit seinem Kollegen de Vrij Temminck auch noch mit einem – freilich nicht zustande gekommenen – Gerichtsverfahren bedroht wurde.[69] Immerhin konnte der Amsterdamer Pensionär van Berckel trotz gegensätzlicher Standpunkte auf den Rückhalt des Statthalters zählen. Denn dieser hatte van Berckels Verteidigungsschrift gelesen und aus grundsätzlichen Erwägungen gegenüber dem Ratspensionär van Bleiswijk die Hoffnung ausgesprochen, dass sich der französische Botschafter und „alle wahren Verfechter von des Landes Freiheiten und Gerechtigkeiten"[70] dafür einsetzen mögen, dass das Gesetz nicht durch eine ausländische Macht und noch

---

65 Vgl. Le Chevalier Yorke à M. Fagel La Haye, 22 Décembre 1780, S. 3 des *Extract uit het Register der Resolutien van de Hoog Mog. Staaten Generaal der Vereenigte Nederlanden*, Sabbathi den 23 december 1780, in: NL-HaNA, Den Haag, Raadpensionaris Van Bleiswijk, 3.01.25, inv.nr. 482. S. auch KRÄMER, *Archives*, Tome II, S. 355.
66 Vgl. *Extract uit het Register der Resolutien van de Hoog Mog. Staaten Generaal der Vereenigte Nederlanden*, Sabbathi den 23 december 1780, in: NL-HaNA, Den Haag, Raadpensionaris Van Bleiswijk, 3.01.25, inv.nr. 482.
67 Vgl. Adams to Livingston. Amsterdam, February 21, 1782, in: WHARTON *Revolutionary Diplomatic Correspondence*, Vol. V, S. 193.
68 Vgl. *Extract uit de Resolutien van de Heeren Staaten Holland en Westvriesland*, in haar Hoog Mog. Vergadering genomen op Vrydag den 4 Mei 1781, in: NL-HaNA, Den Haag, Collectie C.W.F.Dumas, 1.10.26, inv.nr. 80.
69 Vgl. KANNEGIETER, *Affaire van Berckel*, S. 261 ff.
70 Le prince d'Orange au conseiller-pensionnaire, Hage, den 11 Mey 1781, „alle waere voorstanders van s'Lands vrijheeden en gerechtigheeden", in: KRÄMER, *Archives*, Tome II, S. 453 f.

viel weniger durch einen Abgesandten bestimmt würde. Deshalb sollte man van Berckel von den von Yorke im Memorandum vom 10. November 1780 vorgetragenen Vorwürfen freisprechen.

Schon den Zeitgenossen war klar,[71] dass der Konflikt um den Vertragsentwurf und die Handelsinteressen Amsterdams letztlich nur ein Vorwand für die englische Krone war, die Republik den englischen Machtinteressen zu unterwerfen und die lange bestehenden Handelsbeziehungen mit den Amerikanern über die niederländische neutrale Insel St. Eustatius in der Karibik sowie den Beitritt zum Bündnis *Bewaffnete Neutralität* zu unterbinden.[72]

Schon am 24. Dezember 1780 bedauerte van der Capellen in einem Brief an Adams, dass England den Vorfall zum Vorwand nähme, gegen die Republik und insbesondere Amsterdam vorzugehen.[73] Der auch in diplomatischen Missionen eingesetzte und in Brüssel lebende amerikanische Kaufmann Edmund Jenings aus Maryland schrieb am 1. Januar 1781 an Adams über die Kriegserklärung: „No one can read the English Kings Manifesto without being astonished at its fallacy and falshood. I Hope it will be well Answered, I think I never saw a Paper, that might be so Easily refuted."[74]

---

71 Vgl. Le bourgmestre Rendorp au prince d'Orange. Amsterdam, den 17 Maert 1781, in: KRÄMER, *Archives,* Tome II, S. 408–411, Rentrop weist in diesem Brief an den Statthalter noch 1781 ausdrücklich darauf hin, dass der inkriminierte konditionelle Vertragsentwurf erst Rechtskraft durch die Anerkennung Amerikas durch den König von England bekommen hätte und dass der Krieg von England jedoch dennoch wegen der Amsterdamer und nicht wegen der *Bewaffneten Neutralität* begonnen worden sei. SCOTT, *Yorke,* S. 571–589, hier S. 574.

72 Bereits am 30.11.1780, nach dem Beitritt der Republik zur *Bewaffneten Neutralität* am 20. November, zeigte sich Adams mit Blick auf Holland Franklin gegenüber wenig erstaunt über den rüden englischen Politikstil: „I should be the less surprised at Great Britain's treating the United Provinces like an English colony, if I did not every day hear the language and sentiments of English colonists. But, if she treats all her colonies with equal tyranny, it may make them all in time equally independent." Vgl. John Adams to B. Franklin, Amsterdam, 30 November 1780, in: SPARKS, *Works of Benjamin Franklin,* Vol. VIII, S. 519. Franklin machte im Januar 1781 Dumas gegenüber klar, was er von dem „englischen" Krieg hielt: „Surely there never was a more unjust war; it is manifestly such from their own manifesto. The spirit of rapine dictated it." Franklin to Charles W.F. Dumas, Passy, 18 January, 1781, in: SPARKS, *Works of Benjamin Franklin,* Vol. VIII, S. 530. Zur Fadenscheinigkeit und fehlenden Rechtfertigung der Kriegserklärung s. auch die Ausführungen der von Adams zur Unterstützung der amerikanischen Interessen inspirierten französischsprachige Zeitschrift LE POLITIQUE HOLLANDAIS, Amsterdam, Tome I, Chap. I, No. 1, Lundi, le 12 Fevrier 1781, S. 5f. SLOTHOUWER, *Erkenning,* S. 158. ISRAEL, *Dutch Republic,* S. 1097.

73 Vgl. Baron van der Capellen to John Adams Zwol, 24 Decembre, 1780, in: ADAMS, CH.F., *Works of John Adams,* Vol. VII, S. 345.

74 Edmund Jenings to Adams, Brussels Janry. 1st. 1781, in: LINT, *Papers of John Adams,* Vol. 11, S. 7.

Anfang 1781 publizierte der amerikafreundliche Jurist Hendrik Calkoen anonym und in französischer Sprache ein auf den 2. Dezember 1780 datiertes Pamphlet über das *Systeme politique de la régence d'Amsterdam*, in dem er gegen Yorkes Memorandum vom 10. November 1780 die Aachener Geheimverhandlungen von 1778 verteidigte – mit Rückverweis auf die ebenfalls geheim geführten Verhandlungen des englischen Parlaments von 1688 mit dem niederländischen Statthalter Wilhelm III. zur Absetzung des katholischen englischen Königs Jacob II. Außerdem wies er – wie auch schon Thulemeyer – Yorkes völlig überzogene und diplomatisch inakzeptable Forderung nach Bestrafung der Amsterdamer Verhandlungsführer zurück.[75] Dieses Pamphlet hat sowohl bei den englandfreundlichen wie bei den amerikafreundlichen Publizisten weitere anonym veröffentlichte Stellungnahmen hervorgerufen.[76] Auch der Statthalter war im Januar 1781 der Überzeugung, dass ohne den „Hass" auf das Bündnis, weit weniger „Lärm" um das beabsichtigte Abkommen zwischen einigen wenigen Persönlichkeiten der Amsterdamer Regenten und den Amerikanern gemacht worden wäre. Er verurteilte zwar deren Handlungen, äußerte jedoch Zweifel daran, dass sie nach den holländischen Gesetzen bestraft werden könnten.[77] Schließlich berichtete er auch seinem Schwiegervater, Friedrich II. von Preußen, dass die Niederländer alles getan hätten, um einen Krieg mit England zu vermeiden und dass er deshalb auf seine Unterstützung hoffe.[78] Bereits im November 1781 wurde intern zwischen dem Statthalter und dem in diesem Jahr amtierenden Bürgermeister Rendrop darüber diskutiert, auf welche Weise dieser Krieg beendet werden könnte, was sich allerdings noch bis 1784 in die Länge zog.[79] Abgesehen von den zeitgenössischen Vermutungen über die Hintergründe für die englische Kriegserklärung verweist der englische Historiker Jonathan Israel darauf, dass England nicht nur die Unterbindung des Handels, sondern darüber hinaus die

---

75 Vgl. [CALKOEN, H.], *Systeme politique de la Regence d'Amsterdam,* Amsterdam, 1781. Die niederländische Übersetzung wird fälschlicherweise oft John Adams zugeschrieben: *Het Politiek Systema van de Regeering van Amsterdam,* Amsterdam 1781. S. auch LINT, *Papers of John Adams,* Vol. 11, S. 141 f. Anm. 2.
76 Vgl. [LUZAC, E.], *Rechtsgeleerde memorie: waar in onzydig onderzogt word de gegrondheid der klagten van den Koning van Groot-Brittannien, over de geheime correspondentie tusschen Amsterdam en de Americaansche colonien: en wyders wederlegt word de zaakelyke inhoud van zeker tractaaje, geintituleert, Het politicq [i. e. politiek] systema van de regeering van Amsterdam,* o. O. 1781. [GOEN, R. VAN], *L'esprit du sisteme politique de la Règence d'Amsterdam ...,* Londres 1781.
77 Vgl. Le prince d'Orange à M. Van Heeckeren van Branzenburg à Petershourg, La Haye, ce 22 Janvier 1781, in: KRÄMER, *Archives,* Tome II, S. 375 f.
78 Vgl. Le prince d'Orange au roi de Prusse, La Haye, ce 23 Janvier 1781, in: KRÄMER, *Archives,* Tome II, S. 379.
79 Vgl. Précis d'une conversation du prince d'Orange avec le bourgmestre Rentrop, 's Hage, 16. Novembre 1781, in: KRÄMER, *Archives,* Tome II, S. 646 f.

Eroberung der niederländischen Kolonien und die massenhafte Aufbringung niederländischer Schiffe zum Waffengang motiviert hatte.[80]

Mit einigem Abstand betrachtet konnte der bei Laurens entdeckte Entwurf des Freundschafts- und Handelsvertrages zwischen den Niederlanden und den USA auf englischer Seite zumindest auch als unfreundlicher Akt interpretiert werden, da die 13 Staaten einerseits immer noch als englische Kolonien betrachtet wurden und andererseits die von den Autoren andernorts verwendeten Formeln, der Entwurf sei sozusagen nur „auf Vorrat" geschrieben und erst nach der Anerkennung der USA durch England zu verwenden, im aufgefundenen Text als Bedingung des Inkrafttretens nicht eingefügt waren.[81]

Dass die Papiere so leicht aus dem Wasser gefischt werden konnten, führt den Historiker Schulte Nordholt zu der Überlegung, dass Laurens als Parteigänger der englandfreundlichen *Federalists* und als jemand, der deshalb schon früher von den Engländern umworben wurde und Freunde im englischen Parlament und Interesse an guten Beziehungen zu England hatte, möglicherweise absichtlich die Papiere nicht so stark beschwert hatte, um so das Auffinden zu erleichtern und damit letztlich das amerikanisch-niederländische Bündnis zu torpedieren. Diese These scheint insofern verwegen, weil Laurens nach Ende der Affäre 1781 vom Kongress ohne weitere Schwierigkeiten wieder diplomatische Aufträge erhielt.[82]

Von größerer Bedeutung erscheint der in der Literatur wenig behandelte staatsrechtliche Zusammenhang. Denn als Ausdruck der englischen Rechtsauffassung musste Laurens als Folge dieser Entdeckung nicht als Kriegsgefangener einer fremden Nation, sondern vielmehr als des Hochverrats verdächtigter Untertan des englischen Königs für eine lange Zeit als Gefangener im Tower einsitzen[83] und kam erst am 31. Dezember 1781 wieder frei – im Austausch gegen den

---

80 Vgl. ISRAEL, *Dutch Republic*, S. 1097. FATAH-BLACK, K., *White Lies and Black Markets. Evading Metropolitan Authority in Colonial Suriname, 1650–1800*, Leiden 2015, S. 189.
81 Vgl. SLOTHOUWER, *Erkenning*, S. 157, bringt Verständnis für die englische Haltung auf und verweist in diesem Zusammenhang darauf, dass auch, wenn der Text nur ein Entwurf war, er doch in seiner Bedeutung nicht unterschätzt werden konnte, da Amsterdam als wichtigste Stadt in Holland beteiligt war und gegen den Willen Amsterdams nicht zustande gekommen wäre.
82 Vgl. SCHULTE NORDHOLT, *Dutch Republic*, S. 145. HOWARD, *Amerikanische Demokratie*, S. 89, berichtet, dass die englische Krone versuchte, den Schmuggel in die Kolonien unter Einbeziehung von amerikanischen Siedlern zu bekämpfen, indem sie „reiche Händler, wie Henry Laurens im Süden und John Hancock im Norden, für die kolonieale Sache zu gewinnen" suchte. Beide genannten Männer waren auch zeitweise Präsidenten des Kongresses.
83 Vgl. Protokolleintrag zum 02.03.1781, in: CONGRESS, *Journals*, Vol. XIX 1781, S. 227f. sowie Protokolleintrag zum 11.06.1781, in: CONGRESS, *Journals of the Continental Congress 1774–1789*, Vol. XX 1781, April 24–July 22, Washington 1912,

im Oktober 1781 bei Yorktown unterlegenen und von den Amerikanern gefangen genommenen englischen General Cornwallis.[84]

Bezüglich der übereilten Demission Yorkes hatte das seit 1778 amtierende englische Kabinett von Premierminister Lord North tatsächlich bereits am 16. Dezember 1780 – eine halbe Woche vor der Kriegserklärung – beschlossen und durch Boten mitteilen lassen, dass Sir Joseph Yorke am Boxing Day, dem 26. Dezember, ohne offiziellen Abschied zu nehmen, nach London zurückkehren solle.[85] Dies wurde von dem seit 1771 in Den Haag residierenden preußischen Botschafter Baron von Thulemeyer am 29. Dezember 1780 überrascht kommentiert, indem er den Akzent auf das diplomatisch allen Gepflogenheiten widersprechende Verfahren heftig kritisierte.[86]

S. 622 f. Der Kongress fordert hier von England nachdrücklich für seine gefangenen Staatsangehörigen eine Behandlung wie sie für Gefangene anderer unabhängiger Staaten vergleichbar ist und dem allgemeinen Kriegsrecht entspricht.

84 Bereits im August 1781 wurde im Kongress darüber diskutiert, Laurens gegen den englischen General Burgoyne auszutauschen, vgl. Protokolleinträge zum 22.08. bzw. 3.11.1781, in: CONGRESS, *Journals of the Continental Congress* 1774–1789, Vol. XXI (1781, July 23–December 31), Washington 1912, S. 893 bzw. 1105 f. Schließlich wurde mit England ein Austausch gegen den in Yorktown unterlegenen General Cornwallis vereinbart, vgl. Protokolleintrag zum 23.02.1782, bzw. Protokolleintrag zum 11.07.1782, in: CONGRESS, *Journals of the Continental Congress* 1774–1789, Vol. XXII (1782, January 1–August 9), Washington 1914, S. 94 f. bzw. S. 380. S. auch den ausführlichen Brief über die Haft- und Austauschbemühungen Anfang 1782, Laurens to the President of Congress. Amsterdam, May 30, 1782, in: WHATON, *Revolutionary Diplomatique Correspondence*, Vol. V, S. 454 ff.: hier berichtete Laurens auch über zwei Treffen Anfang Mai mit Adams in Den Haag, bei denen Laurens den Eindruck gewann, dass Adams keine zusätzliche Unterstützung brauche, dass er vielmehr „had already taken the necessary measures in the business, by employing proper mercantile houses to borrow money on account of our United States". Auf Laurens' Brief an den Kongress vom 30.05. reagierte dieser im September mit dessen Berufung zum Co-Botschafter für die Friedensverhandlungen mit England, vgl. Protokolleintrag zum 17.09.1782, in: CONGRESS, *Journals of the Continental Congress* 1774–1789, Vol. XXIII (1782, August 12–December 31), Washington 1914, S. 585. CHESNUTT/TAYLOR, *Henry Laurens*, S. 491.

85 Vgl. SCOTT, *Yorke.*, S. 571–589. S. auch die Berichte in handschriftl. *Extracten uit het Register van de Hoog Mog. Heeren Staaten General der Verenigden Nederlanden*, Lune den 25 December sowie Martis den 26 December 1780, in: Nationaal Archief, Den Haag, Stadhouderlijke Secretarie, 1600–1795, nummer toegang 1.01.50, De Amerikaanse vrijheidsoorlog en de vierde Engelse zeeoorlog, inventarisnummer 115, im Folgenden: NL-HaNA, Den Haag, Stadhouderlijke Secretarie, 1.01.50, inv. nr. 115.

86 Vgl. M. Thulemeier à sa cour. Le 29 Décembre 1780, in: KRÄMER, *Archives,* Tome II, S. 357. Adams berichtet am 26.12.1780 aus Amsterdam an Präsident Huntington, in: WHARTON, *Revolutionary Diplomatic Correspondence*, Vol. IV, S. 211: „The public papers of this morning inform us that Sir Joseph Yorke left The Hague on the mor-

Diese schockierende Maßnahme des britischen Hofes bewog die Generalstaaten nach der englischen Kriegserklärung, den niederländischen Botschafter, den Grafen van Welderen, ebenfalls ohne offiziellen Abschied aus London abzuberufen.[87]

3.2 John Adams wird Vertreter des amerikanischen Kongresses in den Niederlanden

Neun Tage nachdem England der niederländischen Republik den Krieg erklärt hatte, wurde John Adams für den immer noch als Gefangener im Tower einsitzenden Laurens, dessen Brief von seiner Gefangennahme im September erst im Januar 1781 im Kongress verlesen wurde,[88] am 29. Dezember 1780 vom Kongress zum Botschafter mit denselben Befugnissen in den Niederlanden ernannt.[89] Zugleich wurde dem neuen Botschafter als Basis für die Verhandlungen mit den niederländischen Autoritäten ein mit der Republik möglichst ohne große Änderungen zu verhandelnder, 21 Artikel umfassender und sich am französisch-amerikanischen Vertrag orientierender Vertragsentwurf übermittelt.[90] Von seiner Berufung noch ohne Kenntnis, berichtete Adams am 31. Dezember 1780 von der anderen Seite des Atlantiks über den von England erklärten Krieg und die offene Frage, ob die europäischen Länder der *Bewaffneten Neutralität* der niederländischen Republik im Sinne eines Bündnisfalles (*casus foederis*) zu Hilfe kommen würden oder nicht.

---

    ning of the 24th, without taking leave of any body, and bent his course to London, by the way of Antwerp and Ostend." S. auch Bericht vom Vrydag den 29 December 1780, in: *Resolutien van de Heeren Staaten van Holland en Westvriesland*, Tweede Deel, o. O. 1780, S. 1245 ff. Zum Ablauf der Ereignisse vgl. auch Terminaufstellung von Adams vom 10.11. bis 28.12.1780. Adams to the President of Congress, Amsterdam, 5 January 1781, in: ADAMS, CH.F., *Works of John Adams*, Vol. VII, S. 352.

87 Vgl. handschriftl. *Extract uit het Register van de Hoog Mog. Heeren Staaten General der Verenigden Nederlanden*, Lune den 25 December 1780, in: NL-HaNA, Den Haag, Stadhouderlijke Secretarie, 1.01.50, inv.nr. 115.

88 Vgl. WALLACE, *Laurens*, S. 358.

89 Vgl. Protokolleintrag zum 29.12.1780, der Beschluss lautete: „Resolved, That a commission be given to the honble. John Adams similar to the one prepared on the first of November, 1779, and since given to the honble. H. Laurens, as Minister Plenipotentiary to negotiate a Treaty of Amity and Commerce with the United Provinces of the low countries; and that the articles and instructions now agreed to be transmitted to him." In: CONGRESS, *Journals*, Vol. XVIII, S. 1204. S. auch CONGRESS, *Secret Journals*, Vol. II, S. 376 ff.

90 Dieser Vertragsentwurf unterscheidet sich deutlich von dem 1778 in Aachen ausgehandelten Vertragsentwurf, vgl. ANNUAL REGISTER 1780, s. o. Anm. 6. S. Protokolleintrag zum 29.12.1780, in: CONGRESS, *Journals*, Vol. XVIII, S. 1206–1217.

Nach eigenem Verständnis reagierte England lediglich auf die „Aggression" des Lee-Neufville-Vertragsentwurfs von 1778 und nicht auf das Bündnis mit der *Bewaffneten Neutralität,* womit England zweifellos die Aktivierung des Bündnisses verhindern wollte. In beiden Fällen wäre – so Adams – ein Botschafter sehr nützlich, der die Vereinigten Staaten in den Niederlanden repräsentieren könnte.[91]

Die Lösung der Adams nun vom Kongress gestellten umfassenden Aufgaben war – wie bereits angedeutet – angesichts der Rahmenumstände nicht ganz leicht. Zumal auf der diplomatischen Ebene die Anbahnung von Gesprächskontakten zwischen den Kollegen offenbar schwierig war, wie Adams noch im September 1782 seinem Tagebuch anvertraute, als seine Mission kurz vor dem erfolgreichen Abschluss stand: „The foreign ministers here all herd together, and keep no other company but at Court, and with a few in this way; it is not from choice, but necessity. There is no family but M. Boreel that ever invites any of them to breakfast, dine, or sup; nor do any of the members of the States General, the States of Holland, Bleyswick, Fagel, any of the Lords of the Admiralty, Gecommitteerde Raaden, Council of State, High Council of War, or anybody, ever invite strangers or one another. Hospitality and sociability are no characteristics here."[92]

Demgegenüber konnte sich Adams trotz der zwischenzeitlichen Anfeindungen doch auch auf amerikafreundliche Kreise in der niederländischen Gesellschaft stützen, auch wenn er im Hinblick auf Amerika noch im September 1780 über die allgemein verbreitete Ignoranz in den Niederlanden geklagt hatte.[93]

Etwas später stellte Adams in einem Brief an Thomas Cushing, Lieutenant Governor von Massachusetts, deshalb fest: „in this city we have many powerful friends"[94] im Kampf gegen das stolze England. Dazu gehörten abgesehen von

---

91 Vgl. Adams to the President of Congress, Amsterdam, 31 December, 1780, in: ADAMS, CH.F., *Works of John Adams,* Vol. VII, S. 348.
92 Adams' Tagebucheintrag zum 14.09.1782, in: ADAMS, C.F., *Works of John Adams,* Vol. III, S. 275. Willem Borell war im Frühjahr 1782 amtierender Vorsitzender der Generalstaaten.
93 Vgl. Adams to the President of Congress, Amsterdam, 25 September 1780: „At present this nation is so ignorant of the strength, resources, commerce, and constitution of America; it has so false and exaggerated an imagination of the power of England; it has so many doubts of our final success: so many suspicions of our falling finally into the hands of France and Spain; so many jealousies that France and Spain will abandon us or that we shall abandon them; so many fears of offending the English ministry, the English ambassador, the great mercantile houses that are very profitably employed by both, and, above all, the stadtholder and his friends, that even a loan of money will meet with every obstruction and discouragement possible." In: WHARTON, *Revolutionary Diplomatic Correspondence,* Vol. IV, S. 69.
94 Adams an Thomas Cushing, Amsterdam, Dec. 15, 1780, in: THE ANNUAL REGISTER *or a View of the History, Politics, and Literature for the Year 1781,* London 1791, S. 259.

dem ersten von den Amerikanern angeworbenen Geschäftsträger Charles Dumas, der vor Adams am 16. Dezember 1780 den Amtseid auf die Vereinigten Staaten geleistet hatte,[95] der bereits erwähnte Geschäftsmann Jean de Neufville sowie der Amsterdamer Pensionär van Berckel. Weitere Bekannte kamen aus dem Kreise der Patriotenbewegung[96] wie der vehement für die amerikanische Sache agitierende Politiker van der Capellen, der sich mit einer Petition für die Akkreditierung Adams' einsetzte,[97] und der ebenso leidenschaftliche Prediger François Adriaan van der Kemp, die beide auch durchaus mit kleineren Beträgen amerikanische Anleihen erwarben.[98] Vor allem der sehr an der Aufklärung der niederländischen Bevölkerung über die Entwicklung in der amerikanischen Schwesterrepublik interessierte Jurist Henrik Calkoen aus Amsterdam suchte den Kontakt zu Adams, denn er vertrat die Meinung, dass zur Stärkung der amerikanischen Sache „es vor allen Dingen notwendig wäre, einen *präzisen, authentischen* und *wahrhaftigen* [Hervorhebung im Text – R.R.] Bericht vom gegenwärtigen Stand der Dinge [...]" zu geben.[99]

„As a one-man propaganda bureau" – so Butterfield – „Adams took advantage of every opportunity that offered."[100] Deshalb waren selbstverständlich auch gute Kontakte zu den im politischen Streit immer bedeutsamer werdenden Zeitungen wichtig. Seit den 1770er Jahren – so der niederländische Historiker Hans Peterse – „entstand ein neues Phänomen in der niederländischen Kultur, nämlich das der oppositionellen politischen Presse, die das Element der Regelmäßigkeit des Erscheinens der spektakulären Zeitschriften kombinierte mit dem Element

---

95 Vgl. Certification of C.W.F. Dumas' Oath of Allegiance to the United States, Amsterdam December 16. 1780, in: LINT, *Papers of John Adams*, Vol. 10., S. 415.
96 Vgl. NICOLAISEN, *John Adams*, S. 111.
97 Vgl. WILSCHUT, *Goejanverwellesluis*, S. 70. Vgl. auch den Brief Joan Derk van der Capellen tot den Pol an Adams, Appeltern 16 October 1780, in dem van der Capellen seine Hilfe anbietet und weitere Kontaktpersonen nennt, in: LINT, *Papers of John Adams*, Vol. 10, S. 271 f.
98 Vgl. SCHULTE NORDHOLT, *Voorbeeld*, 1979, S. 105 ff. zu Calkoen und van der Kemp. S. auch FAIRCHILD, H.L., *Francis Adrian van der Kemp 1752–1829, An autobiography*, New York, London 1903, S. 65 ff. SCHULTE NORDHOLT, J.W, *Van der Capellen en Amerika*, in: Dijk, van E.A. u. a. (red.), De Werker van de Nederlandse Natie, Joan Derk van der Capellen 1741–1784, Zwolle, S. 99–103.
99 Hendrik Calkoen to Adams 31 Aug. 1780: „zou voor alle dingen noodig zijn een *nauwkeurig, authenticq* en *waarachtig* [Hervorhebung im Text – R.R.] Bericht van den tegenwoordigen staat haarer zaaken, [...]." In: LINT, *Papers of John Adams*, Vol. 10, S. 99, Calkoen hatte Adams am 31.08.1780 in einen Brief ausgehend von der holländischen Revolution im 16. Jahrhundert 29 konkrete Fragen zur Entwicklung in Nordamerika gestellt, die Adams im Oktober 1780 in 26 Schreiben beantwortete, vgl. die Fragen von Hendrik Calkoen to Adams, 31 Aug. 1780 und die Antworten von Adams to Hendrik Calkoen 4–27 October 1780, in: LINT, *Papers of John Adams*, Vol. 10., S. 99–117 (Calkoen) und S. 200–252 (Adams).
100 BUTTERFIELD, *John Adams*, S. 14.

des vielfach höchst brisanten Inhalts eines Pamphlets. Die nationalen Gefühle, die durch den Krieg mit England aufkamen, aber auch der fruchtbare Boden für die Ideale der Amerikanischen Revolution, erklären den Erfolg dieser Presse."[101] Deshalb suchte Adams nicht zuletzt die statthalterkritischen Publizisten für seine Ziele einzuspannen, wie z.B. Jean Luzac, Professor für Geschichte und Griechische Literatur in Leiden, der seit September 1780 Herausgeber der bedeutenden und im Gegensatz z.B. zur *Gazette d'Amsterdam* von Frankreich recht unabhängigen, bereits seit hundert Jahren erscheinenden *Gazette de Leyde* war, die aufgrund ihrer Qualität in ganz Europa gelesen wurde.[102] Auch mit Marie-Antoine Cérisier, zunächst dort Redakteur und später Herausgeber der jungen *Le Politique Hollandais*,[103] oder Joseph Mandrillon, Amsterdamer Buchhändler und unermüdlich für die amerikanische Sache tätig,[104] hielt er Kontakt. Weitere Journalisten waren Pieter t'Hoen von der erst 1781 nach Beginn und aus Anlass des 4. Englisch-Niederländischen Krieges gegründeten sehr kritischen *De Post van den Neder-Rhijn*, dem – folgt man dem niederländischen Historiker Theeuwen –

---

101 PETERSE, (H.) J.M., *Publicist voor Oranje. R. M. van Goens en De ouderwetse Nederlandsche patriot (1781–1783)*, in: BMGN-*Low Countries Historical Review* 103/2 (1988), S. 182–208, hier S. 186: „ontstond een nieuw fenomeen in de Nederlandse cultuur, dat van de oppositionele politieke pers, die het element van periodiciteit van de oude spectatoriale geschriften combineerde met dat van de veelal hoogst brisante inhoud van het pamflet. De nationalistische sentimenten die door de oorlog met Engeland teweeg werden gebracht, maar ook de vruchtbare bodem voor de idealen van de Amerikaanse revolutie hier te lande, verklaren het succes van deze pers."
102 Vgl. MERCIER-FAIVRE, A.-M., *Le travail du gazetier*, in: El Argonauta espanol, 6 (2009), S. 2–7, hier S. 4. Die GAZETTE DE LEYDE brachte immerhin als erste europäische Zeitung die Übersetzung der Verfassung von Massachusetts heraus. S. auch Schama, *Dutch Republic*, S. 91. SCHULTE NORDHOLT/KLOOSTER, *Influence*, S. 546. S. auch Theeuwen, *Pieter 't Hoen*, S. 75. In seinem Brief vom 13.12.1781 lobte Adams Luzac ausdrücklich für seine publizistische Unterstützung, vgl. Adams to John Luzac, Amsterdam, 13 December, 1781: „I very readily acknowledge, your constant attachment to the principles of the American Revolution, and the respect which has been long paid, and the services rendered to the American cause in Europe by the Leyden Gazette, and, therefore, I shall not forget it nor its author." In: ADAMS, CH.F., *Works of John Adams*, Vol. VII, S. 491.
103 In der Nummer 1 von LE POLITIQUE HOLLANDAIS, Tome I, Chap. I, No. 1, Lundi, le 12 Fevrier 1781, S. 4 f., konnte man eine deutliche Stellungnahme gegen die unbegründete englische Kriegserklärung lesen. Vgl. SCHULTE NORDHOLT, *Voorbeeld*, S. 112 ff. zu Luzac und Cérisier. Wijk, *Republiek en Amerika*, S. XXVII ff.
104 Vgl. MANDRILLON, J., *Réflexions sur les Traités de commerce Entre les nations commerçantes de l'Europe & les Etats-Unis*, in: Nationaal Archief, Den Haag, Collectie Fagel, nummer toegang 1.10.29, Bilaterale betrekkingen van de Republiek der Zeven Verenigde Nederlanden, inventarisnummer 1465, im Folgenden: NL-HaNA, Den Haag, Collectie Fagel, 1.10.29, inv.nr. 1465.

ersten politischen Meinungsblatt in den Niederlanden,[105] und die Redakteure Jan Hespe und Jan Verlem von der ebenso regierungskritischen *De Politieke Kruyer*.[106] Da alle diese Zeitungsleute Adams' Vorstellungen – allerdings aus durchaus unterschiedlichen Gründen – mehr oder weniger teilten, halfen sie sehr bereitwillig, für Adams' Anliegen zu werben.[107] Umgekehrt versuchte Adams auch die Ziele der Patrioten zu unterstützen, indem er auf eigene Kosten die Unabhängigkeitserklärung, die Artikel der Konföderation und den französischen Text des französisch-amerikanischen Vertrages von 1778 ins Niederländische übersetzen und publizieren ließ.[108]

Vor allen Dingen aber verhandelte Adams wegen der dringend benötigten Finanzanleihen mit den patriotisch gesinnten Nicolaas und Jan van Staphorst, Jacques de la Lande und Hendrik Fynje sowie den eher unpolitischen Wilhem und Jan Willink[109] als den Vertretern der amerikafreundlichen Amsterdamer Finanzaristokratie, die später eine Art Konsortium zur Lancierung von Anleihen für die USA bilden sollten. Zwar standen diese Freunde, wie Schulte Nordholt betont, meist außerhalb der aristokratischen Welt,[110] sie waren jedoch gerade deshalb eine wichtige und unverdächtige Informationsquelle auch für Franklin, Gouverneur Trumbull von Connecticut, Arthur und William Lee sowie den ersten im Herbst 1781 berufenen amerikanischen Außenminister, *Secretary of State* Richard R. Livingston. Sie verkörperten z. T. die Patriotenbewegung, die sich im Laufe des Jahres 1780 als Reflex auf das desaströse niederländische Management im Zusammenhang mit dem 4. Englisch-Niederländischen Krieg gegen die Oranier und insbesondere gegen den englandfreundlich gesinnten Wilhem

---

105 Vgl. THEEUWEN, *Pieter 't Hoen*, S. 13. SAS, N.C.F. VAN, *De metamorfose van Nederland. Van oude orde naar moderniteit, 1750–1900*, Amsterdam 2004, S. 195. Zur politischen Ausrichtung der Zeitungen in den 1780er Jahren vgl. KLEIN, S.R.E., *Patriots Republikanisme. Politieke cultuur in Nederland (1766–1787)*, Amsterdam 1995, S. 92–109.
106 Vgl. THEEUWEN, *Pieter 't Hoen*, S. 580f. S. auch SCHAMA, *Patriotten en bevrijders*, S. 91f. Zur politischen Einordnung vgl. auch S. 112f. WIJK, *Republiek en Amerika*, S. XXIV ff. und ausführlicher S. 139 ff.
107 Vgl. WIJDEVEN, I. VAN DE, *Natuurlijke bondgenoten*, in: *Historisch Nieuwsblad* Oktober 2010, S. 40–47. So begann 't Hoen in seiner Zeitung neun Tage nachdem Adams am 19. April 1781 sein Memorandum in drei Sprachen veröffentlicht hatte seine Kampagne für die völkerrechtliche Anerkennung der USA. S. auch THEEUWEN, *Pieter 't Hoen*, S. 146.
108 Vgl. SCHULTE NORDHOLT, *Le troisième terme*, S. 177.
109 Vgl. zur politischen Einordnung der Bankiers: RILEY, J. C., *Foreign Credit and Fiscal Stability: Dutch Investment in the United States, 1781–1794*, in: *The Journal of American History* 3 (1978), S. 654–678, hier S. 658. RILEY, J.C., *Financial and Economic Ties*, S. 54.
110 Vgl. SCHAMA, *Patriotten en bevrijders*, S. 89–91. BRAKE, *Popular Politics*, S. 203, verweist auf SCHULTE NORDHOLT.

V. bildete, oder ihr zumindest nahestanden. Sie wollten mit ihren Forderungen die Ziele der europäischen Aufklärung und die nach der Revolution in Amerika bereits im Ansatz erkennbaren Regierungsstrukturen auch in der Republik erreichen und durchsetzen. Sie rezipierten die in Amerika viel diskutierten Schriften wie z. B. die von Richard Price (*Observations on the Nation of Civil Liberty, the Principles of Government, and the Justice and Policy of the War with America, 1776*) und Thomas Paine (*Common Sense, 1776*) sowie die Unabhängigkeitserklärung.

In diesem Sinne veröffentlichte Jean Luzac in seiner *Gazette de Leyde* im Oktober 1780 die erste europäische Übersetzung der Verfassung von Massachusetts.[111] Auch wenn Adams tiefe Sympathie für die Patriotenbewegung und deren Ziele hatte, so war er trotz intensiver Beschäftigung mit der niederländischen Geschichte und den politischen Strukturen immer wieder von deren Komplexität überrascht. In dieser Komplexität der Zuständigkeiten fand er auch die für die Außenstehenden so unbegreiflichen Ursachen für die mangelnde Entscheidungsfähigkeit, Verschleppung und den dauernden Streit um Besitzstände.[112]

---

111 Vgl. SCHAMA, *Patriotten en bevrijders*, S. 91.
112 Vgl. PALMER, R.R., *Two Americans in Two Dutch Republics. The Adamses, Father and Son*, in: SCHULTE NORDHOLT/SWIERENGA, *A Bicentennial, A History of Dutch-American Relations, 1782–1982*, Amsterdam 1982, S. 393–408, hier S. 397.

4 John Adams' Ringen um die staatliche Anerkennung der USA

4.1 John Adams irritiert die europäische Diplomatie

Der Kongress hatte Adams am 29. Dezember 1780 mit den entsprechenden Instruktionen[1] zum Botschafter in Den Haag berufen und Samuel Huntington, amtierender Präsident des Kongresses, teilte ihm das am 1. Januar 1781 mit: „You will receive herewith inclosed a commission as minister plenipotentiary to the United Provinces of the low countries, with instructions for your government on that important mission, as also a plan of a treaty with those States, and likewise a resolve of congress relative to the declaration of the Empress of Russia, respecting the protection of neutral ships, &c."[2] Dennoch sah sich Adams wegen des langen Postweges noch am 8. Februar gegenüber seinem Kollegen Francis Dana, Botschafter in Russland, gezwungen, auf seine eingeschränkten diplomatischen Möglichkeiten hinzuweisen: „If I had a commission as minister here, I verily believe I could borrow money. Without it, no man ever will, in any considerable quantity."[3] Dass es sich hierbei in einem monarchischen System um einen erheblichen Mangel für einen Diplomaten handelte, der seine Regierung und sein Land im Ausland vertreten sollte, dies jedoch ohne die entsprechenden Vollmachten nicht konnte, wurde durch die von Adams in alle Richtungen geäußerte Klage über die Langsamkeit der Berufungsverfahren deutlich. Bis dahin durfte er also den Titel des Botschafters nicht führen und die damit verbundenen protokollarischen Privilegien nicht nutzen.[4] Nach eigenem Bekunden war ihm lediglich zugestanden, den Abschluss von Finanzanleihen zu verhandeln.[5]

---

1 Vgl. Instructions Respecting a Treaty of Amity and Cemmerce with the Netherlands [29 December 1780] und Commission to Conclude a Treaty of Amity and Commerce with the Netherlands [29 December 1780], in: LINT, *Papers of John Adams*, Vol. 10, S. 447–449.
2 The President of Congress to John Adams, Philadelphia, 1 January, 1781, in: ADAMS, CH.F., *Works of John Adams*, Vol. VII, S. 349.
3 Adams to Francis Dana, Amsterdam, 8 February, 1781, in: ADAMS, CH.F., *Works of John Adams*, Vol. VII, S. 368.
4 Vgl. Adams to M. Bicker, Amsterdam, 20 February, 1781: „You see that I have not the title of ambassador nor of minister plenipotentiary by virtue of this commission, nor have I, in express words, power to make a treaty of amity and commerce, much less a treaty of alliance offensive and defensive. My power is to negotiate a loan [...]." In: ADAMS, CH.F., *Works of John Adams*, Vol. VII, S. 370. S. auch Adams to the President of Congress, Amsterdam, 19 September, 1780, in: ADAMS, CH.F., *Works of John Adams*, Vol. VII, S. 260, Anm. 1 zu Bickers Bedeutung.
5 Vgl. Adams to the Duc de La Vauguyon, Amsterdam Feb. 19. 1781: „Your Excellency will observe that in this Commission, I have not the Title <*of Ambassador, Envoy*> of Minister Plenipotentiary [Hervorhebung im Text – R.R.]: but only that of Agent

Erst am 1. März konnte Adams mit gewissem Stolz Hendrik Bicker, Abkömmling einer berühmten Amsterdamer Kaufmannsfamilie, endlich mitteilen: „I have now the honor to inform you that on my return to Amsterdam the 25th of February, I received a letter from congress inclosing another commission in proper form, containing full powers to treat with their High Mightinesses, and to conclude and sign a treaty. I received also authority to accede to the principles of the armed neutrality."[6]

Am 19. März 1781 bedankte Adams sich schließlich auch beim Präsidenten des Kongresses für das Berufungsschreiben vom 1. Januar 1781,[7] in dem es an die Generalstaaten und ähnlich an den Statthalter ausdrücklich hieß: „We beseech your High Mightinesses to give entire credit to every thing which our said Minister [Adams – R.R.] shall deliver on our part especially when he shall assure you of the sincerity or our friendship and regard."[8] Nun endlich im Besitz des Beglaubigungsschreibens, machte Adams sich sogleich daran, seinen neuen Auftrag bekannt zu machen und umzusetzen.

Noch am 1. März 1781 konnte Adams auch den französischen Botschafter de La Vauguyon offiziell über seinen Auftrag informieren, sowohl einen Vertrag zwischen den Vereinigten Staaten und der Republik abzuschließen als auch für die Dauer des Krieges mit England ein Bündnis zwischen Frankreich, den Niederlanden und den Vereinigten Staaten zustande zu bringen. Gleichzeitig gab er der Hoffnung Ausdruck, dass sich die schon jetzt bestehende positive Haltung der Provinz Friesland hinsichtlich der staatlichen Anerkennung der Vereinigten Staaten, der sich Holland bereits anzuschließen schien, auch in den anderen Provinzen verbreiten würde.[9] In diesem Sinne richtete Adams bereits am 8. März

---

to negotiate a Loan: Nevertheless, the Power is full to do every Thing necessary to effect the Loan; and to this Purpose to treat with any Body Politick [...]." In: LINT, *Papers of John Adams*, Vol. 11, S. 153.

6   Adams to M. Bicker, Arms of Amsterdam, 1 March, 1781, in: ADAMS, CH.F., *Works of John Adams*, Vol. VII, S. 371 f.

7   Vgl. Adams to the President of Congress, Leyden, 19 March, 1781. in: ADAMS, CH.F., *Works of John Adams*, Vol. VII, S. 380.

8   Letter of Credence to the States General of the Netherlands, [1 January 1781], in: LINT, *Papers of John Adams*, Vol. 11, S. 1. Vgl. Letter of Credence to William V, Prince of Orange, [1 January 1781], in: LINT, *Papers of John Adams*, Vol. 11, S. 2, diese beiden Beglaubigungsschreiben sandte Präsident Huntington allerdings erst am 09.01.1781 an Adams. The President of Congress to Adams, Philadelphia January 9. 1781, in: LINT, *Papers of John Adams*, Vol. 11, S. 27.

9   Vgl. Adams to Duc de La Vauguyon, Amsterdam, 1 March, 1781, in: SPARKS, J. (Ed.), *The Diplomatic Correspondence of the American Revolution*, Vol. III (John Adams) Washington 1857, S. 321 f. Am 16.04.1781 betonte Adams noch einmal gegenüber seinem französischen Kollegen die ihm vom Kongress übertragenen Verhandlungskompetenzen. S. auch Adams to Duc de La Vauguyon, Leyden, 16 April, 1781, in: ADAMS, CH.F., *Works of John Adams*, Vol. VII, S. 388.

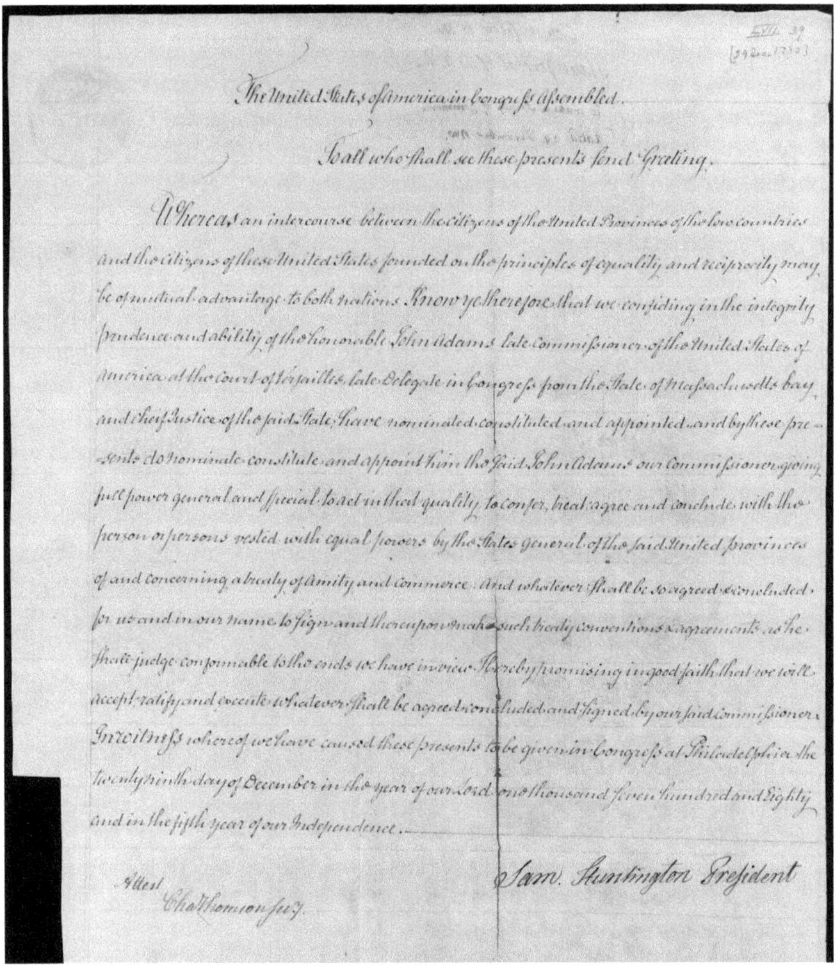
The United States of America in Congress Assembled.

To all who shall see these presents send Greeting.

Whereas an intercourse between the Citizens of the United Provinces of the low countries and the Citizens of these United States founded on the principles of equality and reciprocity may be of mutual advantage to both nations Know ye therefore that we confiding in the integrity prudence and ability of the honorable John Adams late Commissioner of the United States of America at the Court of Versailles, late Delegate in Congress from the State of Massachusetts bay and chief Justice of the said State Have nominated constituted and appointed and by these presents do nominate constitute and appoint him the said John Adams our Commissioner giving full power general and special to act in that quality to confer, treat agree and conclude with the person or persons vested with equal powers by the States General of the said United Provinces of and concerning a treaty of Amity and Commerce. And whatever shall be so agreed & concluded for us and in our name to sign and thereupon make such treaty conventions & agreements as he shall judge conformable to the ends we have in view. Hereby promising in good faith that we will accept ratify and execute whatever shall be agreed concluded and signed by our said Commissioner. In witness whereof we have caused these presents to be given in Congress at Philadelphia the twenty ninth day of December in the year of our Lord one thousand seven hundred and Eighty and in the fifth year of our Independence.

Sam. Huntington President

Attest Chas Thomson secy.

Abb. 15: John Adams' Beauftragung für den Abschluss eines Freundschafts- und Handelsvertrages mit den Niederlanden, 29. Dezember 1780, Collection of Massachusetts Historical Society, Boston, MA

ein Memorandum an die Generalstaaten, in dem er den vom Kongress in einer älteren Erklärung vom 5. Oktober 1780[10] formulierten Anspruch der Vereinigten Staaten vortrug, das Bündnis der *Bewaffneten Neutralität* zum Schutze des

10 Vgl. Erklärung des Kongresses vom 05.10.1780, in: Nationaal Archief, Den Haag, Pieter van Bleiswijk, 1772–1787, nummer toegang 3.01.25, Verzoek van Groot-Brittannië om steun aan de Republiek in de oorlog tegen Noord-Amerika. Inventarisnummer 484, im Folgenden: NL-HaNA, Den Haag, Raadpensionaris Van Bleiswijk, 3.01.25, inv.nr. 484.

gleichberechtigten Welthandels der souveränen Staaten zu unterstützen.[11] Die Tatsache, dass der 8. März zugleich der Geburtstag des Statthalters war, wertete er als gutes Omen.[12] Das Memorandum, das er in Kopie auch an van Berckel, de La Vauguyon und Gallitzen, Botschafter Russlands in Den Haag, sandte,[13] wurde sogleich von Baron van Waldraven, Mitglied der Generalstaaten und an den Statthalter weitergeleitet, – als „ein Memorandum in englischer Sprache von einem gewissen John Adams, sich selbst qualifizierend als Botschafter der sogenannten vereinigten Staaten",[14] wie Wilhelm V. am 12. März an den Ratspensionär van Bleiswijk schrieb. Da „diese Person mit dieser Kompetenz nicht anerkannt sei" („die persoon niet erkent zijnde in die qualiteit"), dürften aus diplomatischen Gründen – so der Statthalter weiter – jedoch keine Denkschriften angenommen werden. Um anerkannt zu werden, müsse die Person – d.h. Adams – die entsprechenden Beglaubigungsschreiben beibringen. Verfassungsgemäß dürften diese allein von den Generalstaaten und ggf. den Provinzen anerkannt werden; jedenfalls dürfe niemand – d.h. vor allem keine Städte – eine Person als Botschafter akzeptieren, „die nicht durch den Souverän anerkannt ist".[15] Nicht ohne Grund war Adams deshalb gegenüber Dumas in Sorge, ob sein Memorandum tatsächlich den Weg zu den Adressaten finden würde. In quälender Ungewissheit befragte er Dumas: „Has it been laid before their High Mightinesses, or not? and what was done with it? Pray, has the president [of the States General – R.R.], by the constitution of this country, a right to pocket, suppress, or deliver to the stadtholder papers addressed to their High Mightinesses?"[16]

---

11 Vgl. Protokolleintrag zum 05.10.1780, in: CONGRESS, *Journals*, Vol. XVIII, S. 905f. John Adams, A Memorial to the States General. To their High Mightinesses, the States-General of the United Provinces of the Low Countries, The Hague, 8 March, 1781, in: ADAMS, CH.F., *Works of John Adams*, Vol. VII, S. 373. SCHULTE NORDHOLT, *Voorbeeld*, S. 148. S. auch die niederländische Fassung, in: NL-HaNA, Den Haag, Raadpensionaris Van Bleiswijk, 3.01.25, inv.nr. 484.
12 Vgl. Adams to M. Dumas, Leyden, 8 March, 1781, in: ADAMS, CH.F., *Works of John Adams*, Vol. VII, S. 372.
13 Vgl. Adams to M. Van Berckel, First Councellor of the City of Amsterdam, Leyden, March 8th, 1781,: SPARKS, J., *Diplomatic Correspondence*, Vol. III, S. 323f. J. Adams to Vauguyon, Ambassador of France at The Hague. Leyden, March 8, 1781. J. Adams to Gallitzen, Minister of the Empress of Russia, Leyden, March 8, 1781, in: WHARTON, *Revolutionary Diplomatic Correspondence*, Vol. IV., S. 275f.
14 Le prince d'Orange au conseiller-pensionnaire, Hage, den 12 Maert 1781: „eene memorie in de Engelsche tael van zekeren John Adams, zich qualiticeerende Minister Plenipotentiaris der zoogenaemde geunieerde Staeten", in: KRÄMER, *Archives*, Tome II, S. 404.
15 Le prince d'Orange au conseiller-pensionnaire, Hage, den 12 Maert 1781, „die niet door den souverain is erkent", in: KRÄMER, *Archives,* Tome II, S. 404.
16 Adams to M. Dumas, Leyden, 17 March, 1781, in: ADAMS, CH.F., *Works of John Adams*, Vol. VII, S. 379.

Auch de La Vauguyon, der Vertreter des eigentlich doch befreundeten Frankreich in Den Haag, wollte Adams zunächst nicht ohne die Zustimmung des französischen Königs Rückendeckung für seine diplomatische Initiative bezüglich der von ihm vorgeschlagenen Bündnisse geben.[17] Er war auch sonst in Bezug auf dessen Wunsch, möglichst bald die Vereinigten Staaten von den Niederlanden anerkennen zu lassen und sich am Hofe in Den Haag akkreditieren zu können, sehr zurückhaltend.[18] Vielmehr wollte er Adams entsprechend den französischen außenpolitischen Zielen lenken und zu diesem Zwecke zum „wechselseitigen" Nutzen in die örtlichen diplomatischen Gepflogenheiten einstimmen.[19] Das hinderte Adams allerdings nicht, seit März die Frage der staatlichen Anerkennung der Vereinigen Staaten und damit auch seiner eigenen als Botschafter eines neu gegründeten Staates auf seine Weise voranzutreiben. Bereits am 19. April 1781 sandte er – alsbald auch von der Presse in die Öffentlichkeit getragen[20] – sowohl an die Generalstaaten als auch an den Statthalter jeweils ein umfängliches Memorandum und setzte darüber mit paralleler Post den Ratspensionär van Bleiswijk und den Sekretär der Generalstaaten, Griffier Fagel, in Kenntnis.[21]

Im Memorandum für die Generalstaaten wies Adams eingangs noch einmal darauf hin, dass der Kongress der Vereinigten Staaten ihn entsandt habe, „to

---

17 Vgl. Vauguyon to J. Adams, Hague, March 14, 1781, in: WHARTON, *Revolutionary Diplomatic Correspondence*, Vol. IV., S. 300.
18 Vgl. SCHULTE NORDHOLT, *Voorbeeld*, S. 150.
19 Vgl. Duc de La Vauguyon to John Adams, La Haie, ce 17 Avril, 1781, in: ADAMS, CH.F., *Works of John Adams*, Vol. VII, S. 390. S. auch JOHNSON, *America's Foreign Relations*, Vol. I, S. 117: „The French minister at The Hague not only refrained from giving Adams the slightest aid, but actually used his influence against him, to prevent his recognition by the Government. Vergennes also exerted himself to the same end. So strong was French influence in Holland at that time that Adams was thus held all of for a considerable period."
20 Am Dienstag den 08.05.1781 berichtete z. B. der HOLLANDSCHE HISTORISCHE COURANT in seiner 55. Ausgabe über Adams' Initiative und deren zurückhaltende Aufnahme (s. auch HOLLANDSCHE HISTORISCHE COURANT No. 60, Zaturdag den 19 Mey 1781) und druckte in seiner 57. Nummer vom Sonnabend den 12. Mai den vollständigen Text seines Memorandums an die Generalstaaten ab, wenig später brachte LE POLITIQUE HOLLANDAIS, Amsterdam, Tome I, Chap. XVI, No. XIV, Lundi, ce 14. Mai 1781, S. 216–228 eine französische Übersetzung.
21 Adams schrieb gleichlautend an Pieter van Bleiswijk und M. Fagel, Leyden, 19. April 1781, in: ADAMS, CH.F., *Works of John Adams*, Vol. VII, S. 395 und S. 396. S. auch A Memorial to Their High Mightinesses the General States of the United Provinces of the Low Countries, Leyden April 19. 1781, in: Nationaal Archief, Den Haag, Collectie C.W.F. Dumas, 1700–1796, nummer toegang 1.10.26, Stukken aangaande Amerikaansche aangelegenheden. 1775–1790, inventarisnummer 82, im Folgenden: NL-HaNA, Den Haag, Dumas, 1.10.26, inv.nr 82. Vgl. SCHULTE NORDHOLT, *Voorbeeld*, S. 153 ff. SCHULTE NORDHOLT, *Tot ik John Adams leerde kennen*, S. 28 spricht vom einem feurigen Plädoyer für Zusammenarbeit („een vurig pleidooi voor samenwerking").

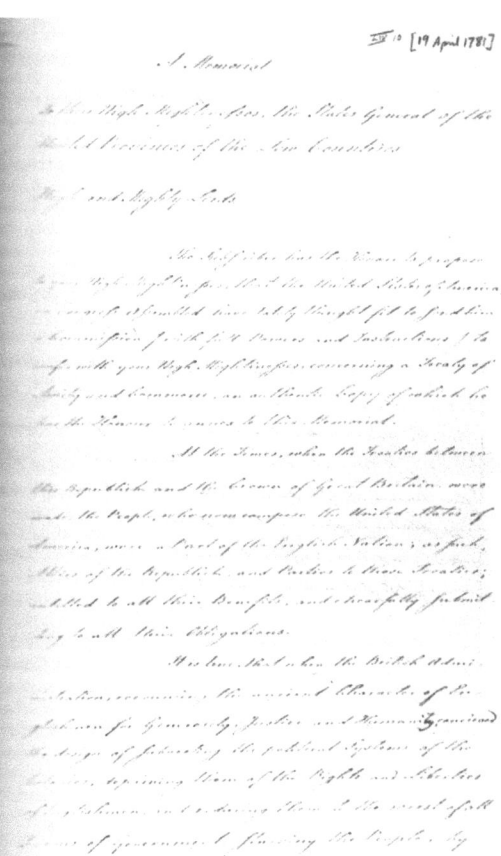

Abb. 16:
A Memorial to Their High Mightinesses the General States of the United Provinces of the Low Countries, Leyden April 19,1781, erste Seite, Nationaal Archief, Den Haag (Foto: Roland Richter)

confer with your High Mightinesses concerning a treaty of amity and commerce [...]",[22] um dann die Gründe für den von den 13 nordamerikanischen Staaten nach langer Diskussion des Volkes schließlich vollzogenen Abfall von Großbritannien zu benennen und nachdrücklich festzustellen, „that they are unalterably determined to maintain their independence".[23] Dies bedeute – so Adams – keineswegs, dass sich das amerikanische Volk von seinen Alliierten, insbesondere den Vereinten Provinzen distanziere. Vielmehr sei diese Verbindung seit dem Asyl der ersten englisch-amerikanischen Pflanzer in der Republik vor fast 200 Jahre und durch viele Ähnlichkeiten quasi naturgegeben, denn: „if, therefore, an analogy of

---

22 Memorial to their High Mightinesses, the States-General of the United Provinces of the Low Countries, Leyden, 1781, in: ADAMS, CH.F., *Works of John Adams*, Vol. VII, S. 396–404, hier S. 396. Vgl. die niederländsiche Fassung z. B. in: ZAAKEN VAN STAAT EN OORLOG, betreffende de Vereenigde Nederlanden zedert het Begin van het Jaar 1780, Tweede Deel, Amsterdam 1789, S. 282–295.
23 Memorial, ADAMS, CH.F., *Works of John Adams*, Vol. VII, S. 398.

religion, government, original, manners, and the most extensive and lasting commercial interests can form a ground and an invitation to political connections, the subscriber flatters himself that in all these praticulars the union is so obviously natural, that there has seldom been a more distinct designation of Providence to any two distant nations to unite themselves together".[24] Im Anschluss daran erscheine es doch offensichtlich „for the good of mankind", dass die Mächte Europas, die von der Richtigkeit der amerikanischen Sache überzeugt sind, „should make haste to acknowledge the independence of the United States" und dass sie mit Amerika Verträge schließen, um dadurch auch Großbritannien von der fehlenden Zweckdienlichkeit seines Verhaltens zu überzeugen.[25] Wenn also – so Adams – die Vereinigten Staaten einerseits sicherlich nicht in die Abhängigkeit zu England zurückkehrten und andererseits die europäischen Mächte sich schließlich damit einverstanden zeigten, „why should a source of contention be left open for future contingencies to involve the nations of Europe in still more bloodshed, when, by one decisive step of the maritime powers, in making treaties with a nation long in possession of sovereignty, by right, and in fact, it might be closed?"[26] Und weiter: „If this idea is just, it follows that it is the interest of every State in Europe to acknowledge American independency immediately. If such benevolent policy should be adopted, the new world will be a proportional blessing to every part of the old."[27] Mit diesem eindrücklichen Appell, verbunden mit einigen diplomatischen Verbeugungen, suchte Adams nicht nur die Generalstaaten, bei deren Präsidenten van Lynden tot Hemmen das Memorandum am 2. Mai einging, sondern auch den Statthalter für die Anerkennung der Souveränität Amerikas zu gewinnen.[28]

Diese historisch und völkerrechtlich begründete Initiative wurde von der amerikafreundlichen Presse wohlwollend aufgenommen und vielfältig kommentiert: Der *Vaderlandsche Historie* von 1790 z. B. folgend „(darf) die Abhandlung von Herrn ADAMS [...] ein Meisterstück genannt werden, hinsichtlich der Anordnung, des Stils und der Betonung der Hauptgründe".[29] Die *Gazette de Leyde*, berichtete in ihrer 39. Ausgabe im Mai 1781 darüber und druckte seitenweise den ge-

---

24 Memorial, ADAMS, CH.F., *Works of John Adams*, Vol. VII, S. 401.
25 Vgl. Memorial, ADAMS, CH.F., *Works of John Adams*, Vol. VII, S. 401 f.
26 Memorial, ADAMS, CH.F., *Works of John Adams*, Vol. VII, S. 402.
27 Memorial, ADAMS, CH.F., *Works of John Adams*, Vol. VII, S. 403. Vgl. BUTTERFIELD, *John Adams*, S. 17, der in dem Memorandum einen Appel an die niederländische Kaufmannschaft sieht, die Möglichkeiten zu erkennen, die sich zwangsläufig ergeben, wenn das englische Monopol gebrochen sein wird.
28 Vgl. Memorial to the Prince of Orange, Leyden, 19 April, 1781, in: ADAMS, CH.F., *Works of John Adams*, Vol. VII, S. 405–407. S. hierzu auch SLOTHOUWER, *Erkenning*, S. 172 f.: eine schnelle Antwort war nicht zu erwarten.
29 *Vaderlandsche Historie, vervattende de Geschiedenissen der Vereenigde Nederlanden,* ten vervolge van Wagenaars Vaderlandsche Historie, Vierde Deel, Amsterdam, 1790, S. 33: „(mag) het Vertoog door den Heer ADAMS [...] een meesterstuk heeten, in schikking, styl, en klem van drangredenen".

samten Text des Memorandums in Französisch ab.[30] Das *Nieuwe Nederlandsche Jaarboek* von 1781 wusste mit einigem Wohlwollen zu berichten, dass Adams zur Beförderung seines Anliegens um die Monatswende April/Mai dem Freiherrn van Lynden tot Hemmen aus Gelderland und zugleich Präsident der Generalstaaten in einem Gespräch „den Wunsch der vorgenannten Amerikanischen Territorien vorgestellt hat, um einen Freundschafts- und Handelsvertrag mit unserer Republik in Angriff zu nehmen und bei dieser Gelegenheit ein Memorandum übergeben hat".[31] Die *Vaderlandsche Historie* lieferte dazu die Begründung: „Die Kaufleute im Allgemeinen, die in kurzer Zeit durch den Raubzug *Englands* [Hervorhebung im Text – R.R.] so viele Nachteile erlitten hatten, meinten ein Heilsgestirn aufgehen zu sehen in dem Vorschlag eines Bündnisses für Freundschaft und Handel mit einer Republik, mit deren Staaten *England* [Hervorhebung im Text – R.R.] einen alleinigen Handel mit riesigem Gewinn betrieben hatte."[32] *De Post van den Neder-Rhijn* sprach sich 1781 in ihrer 16. Nummer ebenfalls nachdrücklich für die Anerkennung der Vereinigten Staaten aus, denn anders würden die Holländer sogar die Gewalttaten Englands noch legitimieren.[33]

Mit seiner Initiative wollte Adams zweifellos an den Autoritäten vorbei auf dem Umweg über die Öffentlichkeit Druck auf die niederländischen Institutionen ausüben. Auf viel Gegenliebe stieß Adams mit dieser diplomatisch ungewöhnlichen Aktion weder bei seinen niederländischen Adressaten, dem Statthalter bzw. den Generalstaaten, noch bei den französischen Verbündeten und selbstverständlich nicht bei der anglophilen Publizistik.[34] Während letztere z.B. in Gestalt des Utrechter Stadtpolitikers Rijklof Michaël van Goens, der politisch den Statthalter unterstützte, heftig gegen ein Zusammengehen mit den Amerikanern argumentierte, weil die Vorteile des angestrebten Vertrages von den Nach-

---

30 Vgl. GAZETTE DE LEYDE, Numero XXXIX, 15.05.1781.
31 NIEUWE NEDERLANDSCHE JAARBOEKEN of Vervolg der merkwaerdigste Geschiedenissen, Zestiende Deels Tweede Stuk, Amsterdam, Leiden 1781, S. 993 (May 1781): „het verlangen van voornoemde Amerikaensche Gewesten (heeft) voorgesteld, om een verbond van Vriendschap en Koophandel met onze Republiek aen te gaen en by die gelegenheid eene Memorie of Vertoog (heeft) overgegeven".
32 *Vaderlandsche Historie*, Vierde Deel, Amsterdam, 1790, S. 41: „De Kooplieden in 't algemeen, die, in korten tyd, door *Engelands* [Hervorhebung im Text – R.R.] Roofzugt, zo veel nadeels geleeden hadden, meenden een Heilgestarnte te zien opgaan in den Voorslag eens Verbonds van Vriendschap en Koophandel met een Gemeenebest, op welks Staaten *Engeland* [Hervorhebung im Text – R.R.] een uitsluitenden Handel, met schreeuwend gewin, gedreeven hadt."
33 Vgl. DE POST VAN DEN NEDER-RHIJN, 1. Deel, No. 16, Utrecht 1781, S. 130.
34 Vgl. WIJK, *Republiek en Amerika*, S. 137, sieht die Neuartigkeit des Vorgehens darin, dass Adams seine Initiative frühzeitig, allgemein dem großen Publikum und in drei Sprachen bekannt machte. BRAKE, *Popular Politics*, S. 203 f. hält das Memorandum in seiner politischen Bedeutung für vergleichbar mit der von van der Capellen anonym veröffentlichten Schrift „Aan het Volk van Nederland".

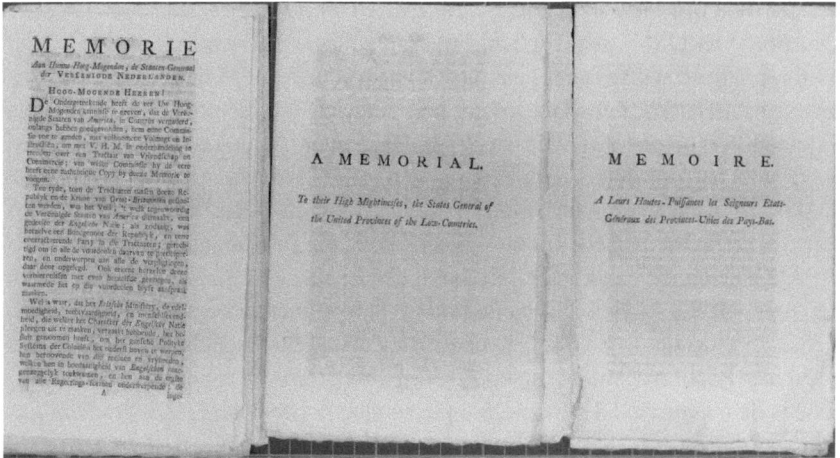

Abb. 17: Titelblätter der Publikation A Memorial to Their High Mightinesses the General States of the United Provinces of the Low Countries, Leyden April 19, 1781, in Niederländisch, Englisch und Französisch, Nationaal Archief, Den Haag (Foto: Roland Richter)

teilen mehr als aufgewogen würden,[35] so bedrängten den Prinzen ganz andere Sorgen: Am 2. Mai 1781 schrieb er in dieser Angelegenheit an van Lijnden van Blitterswijk, Edler aus Zeeland: „Der H^r Adams ist hier, der als Boschafter des Kongresses anerkannt werden will. Wenn das geschieht, gibt es Krieg ohne die Hoffnung auf Frieden und das wird einen unversöhnlichen Haß zwischen den Nationen produzieren, den ich vermeiden möchte."[36]

Der Statthalter schrieb am gleichen Tage an den Ratspensionär van Bleiswijk und sprach sich dafür aus, dem amtierenden Präsidenten der Generalstaaten, van Lynden van Hemmen, zu raten, Adams mitzuteilen, zur Annahme des Memorandums nicht befugt zu sein, jedoch den Generalstaaten von dessen Besuch zu berichten.[37] Diese Meinung vertrat tatsächlich auch der angesprochene van Lynden van Hemmen selbst. Das *Nieuwe Nederlandsche Jaarboek* von 1781 zitierte aus dem *Register der Resolutien*, dass dieser am 4. Mai 1781 in den Generalstaaten von der Begegnung mit Adams berichtet und die Annahme seiner Dokumente jedoch verweigert hatte, was im Sinne der diplomatischen Gepflogenheiten von

---

35 Vgl. Consideratien op de Memorie aan H.H.M.M. geaddesseerd door John Adams, en geteekend Leiden, den 19 April 1781 in: NL-HaNA, Den Haag, Collectie Fagel, 1.10.29, inv.nr. 1465.

36 Willem V an Lijnden van Blitterswijk, La Haye ce 2 Mai 1781: „Le Sr Adams est ici, qui veut être reconnu Ministre du Congrès. Si cela Se fait, la Guerre est Sans espérance de Paix, et cela produira Une Haine irréconciliable entre les Nations, ce que je voudrois éviter." In: BAS, *Brieven*, S. 51.

37 Vgl. Le prince d'Orange au conseiller-pensionnaire, Hage, den 2 Mey, 1781, in: KRÄMER, *Archives*, Tome I, S. 454. S. auch SCHULTE NORDHOLT, *Voorbeeld*, S. 155.

Seiten der Deputierten mit Dank quittiert worden sei.[38] Auch der von Adams immer gut über dessen Absichten unterrichtete Duc de La Vauguyon meldete seinem Außenminister Comte de Vergennes am 11. Mai nach Paris, dass er davon überzeugt sei, Widerstand gegen Adams' Projekt der Publikation des Memorandums leisten zu müssen.[39] Dies war auch ganz im Sinne der französischen Position, wonach die durch Frankreich auf dem europäischen Parkett „eingeführten" Amerikaner sich künftig enger mit der französischen Regierung abstimmen sollten.[40] Am 15. Mai ergänzte de La Vauguyon noch deutlicher, da de Vergennes offenbar inzwischen Zustimmung signalisiert hatte: „Er [Adams – R.R.] hat meinen Ratschlägen wie denjenigen aller guten Patrioten beständig widerstanden, und die Veröffentlichung seines Memorandums ist ein neuer Beweis der Halsstarrigkeit seines Charakters."[41]

Gemessen an den diplomatischen Gepflogenheiten an europäischen Höfen, wie sie sich im 17. Jahrhundert in „einer Sphäre struktureller Konkurrenz und Kooperation einer Pluralität von Akteuren"[42] herausgebildet hatten, war das Auftreten von Adams tatsächlich außergewöhnlich, da sich hier ein noch nicht

---

38 Vgl. ZAAKEN VAN STAAT EN OORLOG, Tweede Deel, 1789, S. 296, hier allerdings „in dato 3 May 1781". NIEUWE NEDERLANDSCHE JAARBOEKEN, S. 1011f. (May 1781) das Jahrbuch selbst sprach sich dagegen für entsprechende Verhandlungen mit den Amerikanern aus. S. auch handschriftl. *Extract uit het Register der Resolutien van de Hoog Mog. Staaten Generaal der Vereenigte Nederlanden*, Veneris den 4 mey 178, in: NL-HaNA, Den Haag, Collectie Fagel, 1.10.29, inv.nr. 1465.
39 Vgl. Le duc de La Vauguyon au comte de Vergennes, Le 11 Mai 1781, in: KRÄMER, *Archives*, Tome II, S. 468f. S. auch DONIOL, *Histoire de la participation de la France à l'établissement des Etats-Unis d'Amérique*, Tome cinquième, Paris 1890, S. 48f. Über de Vergennes schrieb Thomas Jefferson später ganz anders als Adams, der ihm tief misstraute, einmal an James Madison: „It is impossible to have a clearer, better organized head." Zitiert in: MURPHY, O.T., *Charles Gravier de Vergennes: Profile of an Old Regime Diplomat*, in: *Political Science Quarterly* 83/3 (1968), S. 400–418, hier S. 406.
40 Vgl. DONIOL, *Histoire de la participation*, Tome Quatrième, S. 563f., er zitiert de Vergennes aus einer Depesche vom 11.05.1781. Der Inhalt dieser Depesche wird später noch einmal Gegenstand der Verhandlungen im Kongress-Ausschuss für auswärtige Angelegenheiten, vgl. den Protokolleintrag zum 21.09.1781, in: CONGRESS, *Secret Journals of the Acts and Proceedings of Congress*, Secret Journals of the Congress of the Confederation, Foreign Affairs, Vol. III, Boston 1820, S. 33f.
41 Vgl. Le duc de la Vauguyon au comte de Vergennes, Du 15 Mai 1781: „Il [Adams – R.R.] a constamment résisté à mes avis et à ceux de tous les bons patriotes, et la publication de son mémoire est une nouvelle preuve de l'obstination de son caractère." In: KRÄMER, *Archives*, Tome II, S. 478.
42 ASBACH, O., *Politik, Handel und interationale Ordnung im Denken der Aufklärung*, in: ASBACH, O. (Hrsg.), *Der moderne Staat und ‚le doux commerce'. Politik, Ökonomie und internationale Beziehungen im politischen Denken der Aufklärung*, Baden-Baden 2014, S. 13–36, hier S. 23.

akkreditierter Vertreter einer bisher nur von Frankreich anerkannten Macht, ein bürgerlicher Vertreter eines bisher unbekannten, demokratischen Staatswesens Zugang zu einer auf der außenpolitischen Ebene überwiegend von Aristokraten repräsentierten Gemeinschaft der europäischen Fürsten und Monarchien verschaffen wollte. Auch das Ausland nahm, wie z. B. der Preuße Thulemeyer, diese diplomatischen Schwierigkeiten zwischen dem völkerrechtlich nicht anerkannten, um Akkreditierung nachsuchenden Adams und den diese noch verweigernden niederländischen Institutionen zur Kenntnis.[43]

Das Benehmen von Adams wurde von den Franzosen offenbar als sehr eigenmächtig empfunden. Deshalb wies der französische Außenminister den französischen Botschafter in Philadelphia, Chevalier de la Luzerne, Nachfolger von Gérard de Rayneval, an, beim Kongress vorstellig zu werden und in Verhandlungen mit einem eigens eingerichteten Kongressausschuss neue diplomatische Verhaltensregeln für die amerikanischen Botschafter in Europa einzufordern.[44] Deutlich erkennbar ist im Kongressbericht vom 28. Mai 1781 auch die französische Androhung von Sanktionen: „[...] that Congress should draw a line of conduct to that Minister, of which he might not be allowed to lose sight".[45]

Kurze Zeit darauf versicherte der amtierende Präsident des Kongresses, Samuel Huntington, dem französischen König, dass der Kongress die französischen Anregungen „with the greatest attention" behandelt habe.[46] Nur zwei Tage später findet sich in den *Secret Journals* des auswärtigen Ausschusses ein Eintrag, der sich auf die Instruktionen für die fünf amerikanischen Botschafter – Adams, Franklin, Jay, Laurens und Jefferson – bezieht: „[...] we think it unsafe, at this

---

43 Vgl. Thulemeyer, Bericht vom 11.05.1781, in: THULEMEYER, F.W. VON, *Dépêches van Thulemeyer 1763–1788*, bearbeitet von Fruin, R. und eingeleitet und ergänzt von Colenbrander, H.T., Amsterdam 1912, S. 257. S. auch KRISCHER, A., *Souveränität als sozialer Status: Zur Funktion des diplomatischen Zeremoniells in der Frühen Neuzeit*, in: KAUZ, RALF/KAUZ, ROTA, GIORIO/NIEDERKORN, JAN-PAUL (Hrsg.), *Diplomatische Praxis und Zeremoniell in Europa und dem Mittleren Osten in der Frühen Neuzeit*, Wien 2009, S. 1–32. BELISSA, M., *Diplomatie der Könige, Diplomatie der Völker 1770–1800*, Köln, Weimar, Wien 2010, S. 403–426.

44 Vgl. DONIOL, *Histoire de la participation*, Tome Cinquième, S. 48 f. S. auch DULL, *Franklin the Diplomat*, S. 47: „Vergennes had been so appelled at Adams's temperamental instability that he ordered his new minister in the United States, the chevalier de la Luzerne, to lobby for the change."

45 Report of a Conference with the French Minister, in Congress, May 28th, 1781, in: SPARKS, JARED (Ed.), *The Diplomatic Correspondence of the American Revolution*, Vol. X, Boston 1830, S. 475–483, hier S. 476 bzw. S. 477. Vgl. über de La Luzernes Verhandlungen in Philadelphia, s. SCHULTE NORDHOLT, *Voorbeeld*, S. 174 f.

46 Congress to the King of France by President Samuel Huntington, Philadelphia, 13th June, 1781, in: SPARKS, *Diplomatic Correspondence*, Vol. X, S. 483–484, hier S. 484. Vgl. auch den Protokolleintrag zum 13.06.1781, in: CONGRESS, *Secret Journals*, Vol. II, S. 442. S. auch Commissions and Instructions for Mediation and Peace, I. – III., 15 June 1781, in: LINT, *Papers of John Adams*, Vol. 11, S. 368–376.

distance, to tie you up by absolute and peremptory directions upon any other subject than the two essential articles above mentioned. [Sicherung der Souveränität der 13 Staaten, uneingeschränkte Vertragsgültigkeit – R.R.] You are therefore at liberty to secure the interest of the United States in such manner as circumstances may direct, and as the state of the belligerent and disposition of the mediating powers may require."[47]

Insgesamt betrachtet, hatte die Intervention Frankreichs beim Kongress mit dem Ziel, die amerikanischen Botschafter in Europa stärker unter französischen Einfluss zu bringen, offenbar weniger Erfolg als Schulte Nordholt annimmt. Dieser verweist auf das starke Plädoyer des ersten amerikanischen, frankophil eingestellten Außenministers Livingston vom 23. Oktober 1781, Adams möge behutsam zu Werke gehen und die niederländische Republik durch seine drängenden Initiativen nicht an die Seite Englands treiben.[48] In diesem Sinne distanzierte sich Livingston – nach Meinung des Literaturwissenschaftlers Chinards „unnecessarily harsh and, it seems, somewhat unjust"[49] – scharf von Adams, wenn er zur gleichen Zeit über dessen Memorandum vom April an John Jay schrieb: „Holland claims your particular attention. Our minister there is zealous and laborious but I will not answer for his prudence. His memorial, his ridiculous display of his public character when everything was against it cannot be accounted for on priples that will do him honor."[50]

Zu Adams' Reputation im Kongress kann festgestellt werden, dass diese – entgegen allen Annahmen – nicht so schlecht sein konnte, denn bereits mit Datum vom 16. August 1781 hatte das *Committee for Foreign Affairs* seinem *Minister Plenipotentiary* in Den Haag ausdrücklich und mit „further powers" den Auftrag zur Bildung einer Dreier-Allianz mit Frankreich und den Niederlanden für die Dauer des Krieges mit England erteilt. Dies sollte analog zum französisch-amerikanischen Vertrag von 1778 und unter der Bedingung der vollen Anerkennung der Vereinigten Staaten durch die Generalstaaten geschehen.[51] Die Nachricht über diesen Beschluss konnte Adams dem französischen Botschafter allerdings erst am

---

47 Protokolleintrag zum 15.06.1781, in: CONGRESS, *Secret Journals*, Vol. II, S. 446. FERLING, *John Adams,* S. 245f., sieht hierin eine Einhegung der Aktivitäten Adams' und einen Erfolg de Vergennes für die politischen Ziele Frankreichs.
48 Vgl. SCHULTE NORDHOLT, *Voorbeeld,* S. 156. S. auch Robert R. Livingston to John Adams, Philadelphia, October 23d, 1781, in: SPARKS, *Diplomatic Correspondence,* Vol. III, S. 498 ff., hier S. 490.
49 CHINARD, *John Adams,* S. 162.
50 Livingston an John Jay in einem Brief vom 21.10.1781, zitiert in: SCHULTE NORDHOLT, *Voorbeeld,* S. 156.
51 Vgl. Instructions to Conclude a Tripartite Alliance with France and the Netherlands, August 16th 1781, in: LINT, *Papers of John Adams,* Vol. 11, S. 454–456, hier S. 455. Vgl. Commission to Conclude a Tripartite Alliance with France and the Netherlands, in: LINT, *Papers of John Adams,* Vol. 11, S. 453 f.

Abb. 18:
Portrait von Robert R. Livingston, Außenminister des Kongresses, USA, von Gilbert Stuart, 1793–1794, Wikimedia commons

24. November 1781 mitteilen.[52] Die französische Unterstützung sollte wohl auch im kongressinitiierten Dreier-Bündnis tatsächlich eher Frankreichs machtstrategischem Kampf gegen England dienen als der von allgemeinpolitischen Zielen bestimmten Verbreiterung der Akzeptanz des Souveränitätsanspruches der Vereinigten Staaten in Europa und hier zunächst in den Niederlanden.[53]

Aus der Rückschau von 28 Jahren beleuchtete Adams 1809 gerade diese Unterschiede in der Zielbestimmung: Der damalige Stand der amerikanisch-französischen Zusammenarbeit ließ es Adams einerseits vernünftig erscheinen, den französischen Botschafter über sein politisches Design zu informieren. Andererseits hatte Adams stets den Eindruck, dass Frankreich in Gestalt von Außenminister und Botschafter, die zudem einen Verbündeten in Außenminister Livingston hatten, gegen ihn arbeitete.[54] Adams berichtete retrospektiv weiter, dass de La Vauguyon ihn im Zusammenhang mit der damals bevorstehenden Weiterleitung des Memorandums und Adams' persönlichem Akkreditierungsersuchen bei

---

52 Vgl. Adams to the Duc de La Vauguyon, with a Letterbook Memorandum, Amsterdam November 24. 1781, in: LINT, *Papers of John Adams*, Vol. 12, S. 81 f.
53 Vgl. SCHULTE NORDHOLT, *Voorbeeld,* S. 158 und S. 169 ff.
54 Vgl. ADAMS, J., *Letter LI*, in: *Correspondence of the late President Adams.* Originally published in the Boston Patriot. In series of letters, Number 7, Boston 1809, S. 430–439, hier S. 431 f. S. auch Anm. 1 zu Memorial to their High Mightinesses, Leyden 19.04.1781, in: ADAMS, CH.F., *Works of John Adams*, Vol. VII, S. 404 f.

den Generalstaaten mehrmals in Den Haag kontaktiert hatte, um ihn von seinem Vorhaben abzuhalten. Dies verfing jedoch nicht, da Adams entschlossen war, die amerikanisch-niederländische Zusammenarbeit in jedem Fall voranzubringen, so dass de La Vauguyon – wie Adams später berichtete – resigniert äußerte: „If you are determined, and actually go to the states-general, though it will be against my opinion and advice, and although I can give you no assistance in my official capacity, yet, as a man and an individual, I will give you all the countenance in my power."[55]

Frankreich schien sich 1781 mit Adams Demarche letztlich abzufinden. Besonderes Aufsehen erregte die Tatsache, dass Adams mit den durch Luzac und Dumas angefertigten Übersetzungen ins Französische und Niederländische den Weg in die Öffentlichkeit suchte, weil dadurch selbstverständlich in der europaweiten Resonanz der Druck auf die Handelnden erhöht wurde.[56] Der französische Botschafter war schon am 15. Mai der Meinung, dass die Veröffentlichung Adams' Halsstarrigkeit demonstriere, und widersprach dem möglicherweise entstehenden Eindruck, „dass die Vorstöße dieses amerikanischen Bevollmächtigten vom Botschafter des Königs nicht zur Kenntnis genommen worden wären".[57] Auch der frankreichfreundlich orientierte Livingston brachte noch im November sein Erstaunen über den frühen Zeitpunkt zum Ausdruck, zu dem Adams sich verleiten ließ, eine öffentliche Erklärung vor den Generalstaaten abzugeben.[58]

Auf diesen impliziten, die Veröffentlichung einschließenden Vorwurf seines Außenministers, von dem er erst am 19. Februar 1782 Kenntnis erhielt, antwortete Adams ganz selbstbewusst mit dem Hinweis auf die schon erwähnten komplizierten Entscheidungsstrukturen: „My motives for printing the memorial were, that I had no other way to communicate my proposition to the sovereign of the country. […] When the president said, 'Sir, we have no authority to receive your memorial, until your title and character are acknowledged by our constituents and sovereigns; we are not the sovereign;' I answered, 'In that case, sir, it will be my duty to make the memorial public in print, because I have no other possible way of addressing myself to the sovereign, your constituents.'"[59] Dass

---

55 ADAMS, *Correspondence of the late President Adams, Number 7, Letter LI*, S. 434. Vgl. auch ADAMS, CH.F., *Works of John Adams*, Vol. VII, S. 406, Anm. 1 zum Memorial to the Prince of Orange, Leyden, 19 April, 1781.
56 Vgl. ADAMS, *Correspondence of the late President Adams*, Number 7, Letter LI, S. 430. S. auch ADAMS, CH.F., *Works of John Adams*, Vol. VII, S. 404, Anm. 1 zum Memorial to the Prince of Orange, Leyden, 19 April, 1781.
57 Le duc de la Vauguyon au comte de Vergennes, Du 15 Mai 1781: „que les démarches de ce Plénipotentiaire Américain n'avoient été ne connues par le Ministre du Roi". In: KRÄMER, *Archives*, Tome II, S. 478. Vgl. SCHULTE NORDHOLT, *Voorbeeld*, S. 152.
58 Vgl. Robert R. Livingston to John Adams, Philadelphia, November 20th, 1781, in: SPARKS, *Diplomatic Correspondence*, Vol. III, S. 497.
59 Adams to Secretary Livingston, Amsterdam, 19 February, 1782, in: ADAMS, CH.F., *Works of John Adams*, Vol. VII, S. 515 f. Vgl. NICOLAISEN, *John Adams*, S. 110.

diese ganz offensichtlich unorthodoxe Verfahrensweise aus Adams' Sicht – das Ziel der staatlichen Anerkennung der Vereinigten Staaten stets im Auge – eine den Umständen entsprechend angemessene war, wird erst deutlich, wenn die vielen Bemühungen Adams vor und nach dem 19. April im ganzen Jahr 1781 bei den offiziellen Stellen und zuständigen Personen vorgelassen zu werden, in den Blick genommen werden. Adams schlug damit deutlicher als Franklin einen neuen Ton in der europäischen Diplomatie an, wenn er in einem späteren Brief an de Vergennes vom 18. Juli 1781 betonte: „[...] the dignity of North America does not consists in diplomatic ceremonials or any subtleties of etiquette; it consists solely in reason, justice, truth, the right of mankind, and the interests of the nations of Europe".[60]

Aufgrund der oben bereits erwähnten am 2. Mai 1781 vom Statthalter unterstützten Position vom Ratspensionär van Bleiswijk, das Memorandum nicht anzunehmen, konnte Adams dem Präsidenten Huntington keinen wirklichen Erfolg von seinem Besuch bei van Bleiswijk am 1. Mai mitteilen, mit dem er eigentlich die Absicht verfolgte, „to communicate those powers and letters to their High Mightinesses and to his Most Serene Highness on Friday next, the 4th of May".[61] Van Bleiswijk sei zwar – so Adams – zuvorkommend gewesen, hätte aber die Annahme der Beglaubigungsschreiben aus diplomatischen Gründen abgelehnt und stattdessen versprochen, die Dokumente an die Gremien weiterzuleiten. Schon ein paar Tage später konnte Adams dem Präsidenten von einem zweiten Besuch am 4. Mai bei van Bleiswijk berichten, bei dem er darüber aufgeklärt worden sei, dass es nicht üblich sei, sich direkt an die Generalstaaten und den Prinzen zu wenden und dass der Präsident der Generalstaaten das Memorandum zurückgewiesen habe, weil die USA völkerrechtlich noch nicht anerkannt seien. Dennoch seien verschiedene Ansprechpartner freundlich, jedoch zurückhaltend gewesen.[62] Auch Duc de La Vauguyon halte den Zeitpunkt weiterhin nicht für richtig gewählt.[63]

---

60 John Adams to Vergennes, Paris July 18, 1781, in: WHARTON, *Revolutionary Diplomatic Correspondence,* Vol. IV, S. 590.
61 Adams to the President of Congress, Leyden, 3 May 1781, in: ADAMS, CH.F., *Works of John Adams*, Vol. VII, S. 410.
62 Vgl. auch Dumas to the President of Congress, The Hague, 1, 2 und 4 May 1781, in: WHARTON, *Revolutionary Diplomatic Correspondence*, Vol. IV, S. 393 f., Wharton zitiert hier die entsprechenden Passagen aus Dumas' Briefen an Präsidenten Huntington. Dumas schilderte den Hergang am 4. Mai ziemlich genau: „[...] two hours after, when we were ready to dine, the baron came at the inn with the letter unopened, and a polite excuse from the Prince that he could not receive it till after their high mightinesses should have resolved if, and when, he was to be admitted in the character which he had set forth with them." In: WHARTON, *Revolutionary Diplomatic Correspondence*, Vol. IV, S. 394.
63 Vgl. Adams to the President of Congress, Amsterdam, 7 May 1781, in: ADAMS, CH.F., *Works of John Adams*, Vol. VII, S. 414.

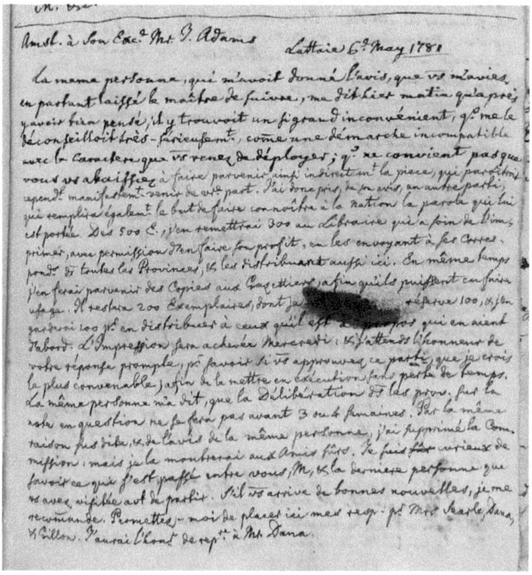
Amst. à Son Exc. Mr. J. Adams La Haie 6e May 1781

Abb. 19:
Briefbuch von Dumas: Amst. à Son Exc. Mr. J. Adams, La Haie 6e. May 1781, Nationaal Archief, Den Haag (Foto: Roland Richter)

Dennoch war mit der Veröffentlichung des Memorandums ein Stein ins Wasser geworfen, der seine Kreise zog, wie Dumas erklärte, der auch die Zeitungen informierte und die Kopien entsprechend verteilte. In seinem Brief an Adams vom 6. Mai konstatierte er: „Zur gleichen Zeit ließ ich die Kopien den Journalisten zukommen, damit sie davon Gebrauch machen könnten. […] Dieselbe Person sagte mir, dass die Beratungen in den Provinzen über die in Frage stehende Note nicht vor drei oder vier Wochen beendet sein wird.“[64]

4.2 Der Sieg von Yorktown und die Erfolge Adams' in der europäischen Diplomatie

Adams selbst hatte seine Zweifel, ob die Beschlüsse der Provinzen in diesem kurzen Zeitraum von drei bis vier Wochen entscheidungsreif sein würden.[65] Gerade deshalb ließ er auch nicht nach in seinem Werben für die amerikanische Sache, wie er wenige Tage später an seinen Kollegen Franklin nach Paris berichtete:

64 M. Dumas to Adams, La Haie, 6 May 1781: „En même temps j'en ferai parvenir des copies aux Gazetiers, afin qu'ils puissent en faire usage. […] La même personne m'a dit, que la délibération dans les provinces sur la note en question ne se fera pas avant trois ou quatre semaines.“ In: Adams, Ch.F., *Works of John Adams*, Vol. VII, S. 411.

65 Vgl. Adams to M. Dumas, Amsterdam, 7 May 1781, in: Adams, Ch.F., *Works of John Adams*, Vol. VII, S. 412. S. auch Adams to the President of Congress, Amsterdam 16. May 1781, in: Adans, Ch.F.: *Works of John Adams*, Vol. VII, S. 417.

„My mission is now a subject of deliberation among the regencies of the several cities and the bodies of nobles who compose the sovereignity of this country."[66] Dafür musste er immer wieder Beweise der Nützlichkeit eines Bündnisses mit den sich festigenden Vereinigten Staaten und seiner Bevollmächtigung durch den Kongress erbringen.[67] Um sicherzustellen, dass diese Mitteilung auch ihren Adressaten erreicht, beauftragte Adams Dumas, sie parallel[68] an den Präsidenten der Generalstaaten zu überbringen und einen Brief ähnlichen Inhalts dem Sekretär des Statthalters, Baron de Larrey, zugänglich zu machen.[69] Dumas stieß allerdings bei Überreichung der Briefe bei beiden Adressaten – wie Adams auch bei anderer Gelegenheit zuvor – auf Probleme der diplomatischen Etikette („pure étiquette"), da Adams zwar in seiner Eigenschaft als Botschafter der Vereinigten Staaten auftrat, diese jedoch bei den Generalstaaten noch nicht anerkannt war und insofern noch in der Diskussion stand.[70]

Inhaltlich musste mit Adams' Initiative allen europäischen Mächten klar sein, dass die 13 Staaten den nächsten Schritt in eine irreversible Entwicklung zur Schaffung eines neuen Staatswesens gemacht hatten, das künftig auch eine internationale Rolle spielen wollte. Deshalb schrieb Adams am 19. Juli aus Paris[71] etwas trotzig an den französischen Außenminister über die neue völkerrechtliche Rolle, die die Vereinigten Staaten künftig zu spielen gedenken: „The United States have assumed their equal station among the nations. They have assumed

---

66 Adams to Benjamin Franklin, Amsterdam, 23 May, 1781, in: ADAMS, CH.F., *Works of John Adams*, Vol. VII, S. 422. Vgl. SCHULTE NORDHOLT, *Tot ik John Adams leered kennen*, S. 30, verweist darauf, dass hier das bekannte aristokratische Abstimmungsverfahren durchbrochen wurde und die Wünsche des Volkes kenntlich gemacht wurden.
67 Vgl. Adams to Benjamin Franklin, Amsterdam, 23 May, 1781, in: ADAMS, CH.F., *Works of John Adams*, Vol. VII, S. 422.
68 Vgl. C.W.F. Dumas to Adams Lahaie 3e. Juin, [1781], in: LINT, *Papers of John Adams*, Vol. 11, S. 351 f.
69 Vgl. Anm. 4 zum Brief Adams to the President of the States General, Amsterdam June 1. 1781, in: LINT, *Papers of John Adams*, Vol. 11, S. 349 f.
70 Vgl. C.W.F. Dumas to Adams Lahaie 6e. Juin, in: LINT, *Papers of John Adams*, Vol. 11, S. 360.
71 Vgl. CHINARD, *John Adams*, S. 161. S. auch Laurent Bérenger, Sekretär des französischen Botschafters in Den Haag, an Adams, à la Haye le 5 juin 1781, in: LINT, *Papers of John Adams*, Vol. 11, S. 353 f. Adams to the President of Congress, Amsterdam October 15th. 1781, in: LINT, *Papers of John Adams*, Vol. 12, S. 15: etwas despektierlich resumierte Adams: „On the second of July I left Amsterdam at the Invitation of M. the Comte de Vergennes for Paris, for a Conference upon the subject of Peace, the Mediation of the two Imperial Courts and the Congress at Vienna. After dispatching all that was necessary relative to these sublime Bubbels, I returned to Amsterdam." D. h. am 23.07.1781. Dieser Kongress kam denn auch wegen der höchst unterschiedlichen Vorstellungen der möglichen Beteiligten nicht zustande, vgl. Adams to Benjamin Franklin, Amsterdam Feby. 4th 1782, in: LINT, *Papers of John Adams*, Vol. 12, S. 224.

a sovereignty which they acknowledge to hold only from God and their own swords. They can be represented only as a sovereign; and, therefore, although they might not be able to prevent it, they can never consent that any of these things shall be made questions. To give their consent, would be to make the surrender of their sovereignty their own act. France has acknowledged all these things, and bound her honor and faith to the support of them, and, therefore, although she might not be able to prevent it, she can never consent that they should be disputed. Her consent would make the surrender of the American sovereignty her act."[72]

Gerade im Zusammenhang mit internationalen Verhandlungen war es für Adams wichtig, deutlich zu machen, dass die verfassungsrechtliche Diskussion zwischen den 13 sich noch als selbstständig begreifenden Staaten in Fragen der Außenpolitik inzwischen soweit gekommen war, dass sich die Vereinigten Staaten als eine neue Nation verstanden und die Zuständigkeiten für die Außenpolitik schon seit den *Articles* auf den Kongress übertragen hatten.[73] Der hier von Adams machtpolitisch und völkerrechtlich behauptete Anspruch auf Mitwirkung war bisher nur Frankreich – mit den engen Grenzen französischer Außenpolitik[74] – Spanien und der Republik angezeigt worden. Adams' Aufgabe war es, die amerikanische Sache in den Niederlanden weiter voranzubringen, was bei ihrer geographisch-politischen „Verzweigtheit" schwer genug war, so dass er im Oktober wieder einmal nach Philadelphia berichtete: „My letters of credence to their High Mightinesses have been taken *ad referendum* [Hervorhebung im Text – R.R.] by the several Provinces, and are now under consideration of the several branches of the sovereignty of this country; but no one city or body of nobles has as yet determined upon them. None have declared themselves in favor of my admission to an audience, and none have decided against it; and it is much to be questioned whether anyone will determine soon."[75]

Adams konnte zu diesem Zeitpunkt noch nicht ahnen, dass sich gerade die Verhältnisse in seinem Heimatland und damit auch in den transatlantischen Beziehungen zu Europa grundlegend veränderten. Denn inzwischen war der Krieg mit den Engländern in eine entscheidende Phase getreten: Nachdem noch im August der britische General Cornwallis in Virginia erfolgreich gegen die amerika-

---

72 Adams to the Count de Vergennes, Paris, 19 July, 1781, in: ADAMS, CH.F., *Works of John Adams*, Vol. VII, S. 448. Vgl. Adams to the Comte de Vergennes, Paris July 19. 1781, in: LINT, *Papers of John Adams*, Vol. 11, S. 428f.
73 Vgl. Adams to Vergennes, Paris, 21 July, 1781, in: WHARTON, *Revolutionary Diplomatic Correspondence*, Vol. IV, S. 595.
74 Vgl. FERLING, *John Adams*, S. 241 vertritt die Meinung, dass „France would not fight to secure America's territorial and economic objectives. Indeed, a weak postwar United States would best serve the ends of France, for America would be the more reliant on its European ally".
75 Adams to the President of Congress, Amsterdam, 15 October, 1781, in: ADAMS, CH.F., *Works of John Adams*, Vol. VII, S. 473.

Abb. 20: Kapitulation von Lord Cornwallis bei Yorktown, John Trumbull, 1797, Wikimedia commons

nischen Truppen gekämpft hatte, war er ab September u. a. von George Washington zurückgedrängt und durch die nachhaltige Unterstützung der französischen Flotte im Chesapeake Bay in Virginia schließlich bei Yorktown eingeschlossen worden. Am 19. Oktober 1781 musste er mit 8.000 Mann kapitulieren, was in Europa erst Ende November bekannt wurde.[76]

Damit[77] erhielten die noch am 16. August in einer für die Amerikaner kritischen Zeit vom Kongress beschlossenen neuen Instruktionen für die europäischen Botschafter für eine Dreier-Allianz mit Frankreich und den Niederlanden,[78] die Adams dem französischen Botschafter in Den Haag erst am 24. November mitteilen konnte, eine viel größere Bedeutung. Denn nachdem sich eine Niederlage der Engländer am Horizont abzuzeichnen begann, eröffneten sich für die Erweiterung der diplomatischen Befugnisse neue Perspektiven.[79] Seinen Kolle-

---

76 Vgl. Duchhardt, *Balance of Power*, S. 356.
77 Vgl. Adams to the President of Congress, Amsterdam, 23 June, 1781, in: Wharton, *Revolutionary Diplomatic Correspondence*, Vol. IV., S. 516 f.: Adams hatte schon zu einem frühen Zeitpunkt erklärt, dass der Erfolg der Amerikaner nur über die Niederlage der Truppen von Clinton und Cornwallis führt.
78 Vgl. Commission bzw. Instructions to Conclude a Tripartite Alliance with France yand the Netherlands [16 August 1781], in: Lint, *Papers of John Adams*, Vol. 11, S. 453–456.
79 Vgl. Adams to the Duc de la Vauguyon, 24 November, 1781, in: Adams, Ch.F., *Works of John Adams*, Vol. VII, S. 481. Der Kongress hatte bereits im August

gen John Jay und Benjamin Franklin sowie dem Präsidenten des Kongresses, John Hanson (Nov. 1781–Nov. 1782), erklärte Adams etwas hoffnungsvoller und bezugnehmend auf die von ihm begrüßten neuen Instruktionen in ähnlich lautenden Briefen wenig später: „The Dutch have an inclination to ally themselves to France and America, but they have many whimsical fears, and are much embarrassed with party quarrels. In time, I hope, they will agree better with one another, and see their true interests more clearly. This measure of congress is very well timed."[80]

Nun, am Ende des Jahres, nachdem sich die Dinge in Übersee zugunsten der Amerikaner entwickelt hatten, veränderte auch der französische Außenminister die Strategie und schlug dem amerikanischen Botschafter in Den Haag nun eine umfassende Initiative bei den niederländischen Entscheidungsträgern vor. Danach sollte sich Adams in Den Haag wieder in Erinnerung bringen und eine kategorische Antwort auf sein Memorandum vom 19. April verlangen, um danach eine Reise durch die Städte der Provinz Holland zu unternehmen, um zu werben und deren Regenten zu mobilisieren.[81]

Interessanterweise reagierte der französische Botschafter auf den Ratschlag seines Außenministers, von dem Adams dem Kongresspräsidenten im Schrei-

---

1781 beschlossen, „that the minister plenipotentiary of these United States at the Hague be, and he is hereby instructed to propose a treaty of alliance between his Most Christian Majesty, the United Provinces of the Netherlands, and the United States of America, having for its object, and limited in its duration to the present war with Great Britain, and conformed to the treaties subsisting between his Most Christian Majesty and the United States. That the indispensable conditions of the alliance be, that their High Mightinesses, the states-general of the United Provinces of the Netherlands, shall expressly recognize the sovereignty and independence of the United States of America, absolute and unlimited, as well in matters of government as of commerce; that the war with Great Britain shall be made a common cause, each party exerting itself according to its discretion in the most effectual hostility against the common enemy; and that no party shall conclude either truce or peace with Great Britain, without the formal consent of the whole first obtained; nor lay down their arms until the sovereignty and independence of these United States shall be formally or tacitly assured by Great Britain in a treaty which shall terminate the war." S. auch Protokolleintrag zum 16.08.1781, in: CONGRESS, *Journals*, Vol. XXI, S. 876f. Interessant ist, dass der Name „Adams" im Entwurf später im Beschluss durch eine unpersönliche Formulierung ersetzt wurde, vgl. WIJK, *Republiek en Amerika*, S. 154f.

80 Adams to John Jay, Amsterdam, 26 November, 1781, in: ADAMS, CH.F., *Works of John Adams*, Vol. VII, S. 484. Vgl. Adams to Benjamin Franklin, Amsterdam, 26 November, 1781, in: ADAMS, CH.F., *Works of John Adams*, Vol. VII, S. 485f. Adams to the President of Congress, Amsterdam, 4 December, 1781, in: ADAMS, CH.F., *Works of John Adams*, Vol. VII, S. 487f.

81 Vgl. Adams to the President of Congress, Amsterdam, 18 December, 1781, in: ADAMS, CH.F., *Works of John Adams*, Vol. VII, S. 497f.

ben vom 19. Dezember 1781 ausführlich berichtete,[82] eher mit Zurückhaltung und bat um ein klärendes Gespräch schon am 21. Dezember.[83] Erst nach einer Unterredung mit dem Außenminister Comte de Vergennes selbst während eines Weihnachtsaufenthaltes in Frankreich bestätigte de La Vauguyon die neue französische Position, als er Adams am 30. Dezember aus Versailles schrieb: „The minister directs me to inform you, that he sees no objection to the visit which you wish to make to the president of the assembly of the states-general, to the ministers of the republic, and to the deputies of the principal cities of the Province of Holland, provided that, without leaving with either of them any official writing, you limit yourself to the inquiry, whether the memorial which you transmitted to them several months since has been made the subject of deliberation by their High-Mightinesses, and what answer you may communicate to the congress of the United States of North America."[84]

Auch die von Adams sehr geförderte und ihn im Gegenzug unterstützende Zeitschrift Le Politique Hollandais widmete sich ab November 1781 sehr intensiv und in seitenlangen Ausführungen der von ihr letzten Endes positiv beantworteten Frage: „Ist es unter den gegenwärtigen Umständen vorteilhaft für die Republik, in Verhandlungen einzutreten, einen Vertrag mit dem amerikanischen Kongress abzuschließen; als Konsequenz die Unabhängigkeit der englischen Kolonien anzuerkennen und zu bestätigen, die der Kongress behauptet zu repräsentierten? "[85] Diese Frage war von Seiten der niederländischen Offiziellen

---

82 Vgl. Adams to the President of Congress, Amsterdam, 19 December, 1781, in: ADAMS, CH.F., Works of John Adams, Vol. VII, S. 499: „I am advised here to wait on the president of their High Mightinesses as soon as possible, and demand a categorical answer to my former proposition, and then to wait on the grand pensionary and Mr. Secretary Fagel, and, in turn, upon the pensionaries of all the cities of Holland, to inform them of the demand made to the president. But I submit to your consideration, whether it will not be expedient to communicate the project of a triple or quadruple alliance, to some confidential members of the States, as to the pensionaries of Dort, Haerlem, and Amsterdam, for example, with permission to them to communicate it, where they shall think it necessary, in order to give more weight to my demand." Lint datiert den Brief an de La Vauguyon auf den 20.12.1781, in: LINT, Papers of John Adams, Vol. 12, S. 153f.
83 Vgl. The Duc de La Vauguyon to John Adams, The Hague, 20 December, 1781, in: ADAMS, CH.F., Works of John Adams, Vol. VII, S. 500.
84 The Duc de La Vauguyon to John Adams, The Hague, 30 December, 1781, in: ADAMS, CH.F., Works of John Adams, Vol. VII, S. 500f.
85 Sur les moyens de tirer la République de la crise dangereuse où elle se trouve: & particulièrement sur les avantage d'une Alliance avec les Etats-Unis de l'Amérique, in: LE POLITIQUE HOLLANDAIS, Amsterdam, Tome II, Chapitre XXXIV, No. LX Lundi, ce 12 Novembre 1781, S. 221 ff.: „Est-il avantageux à la République, dans les circonstances présentes, d'entrer en négociation, de faire un Traité avec le Congrès Américain; par conséquent de reconnaître & déclarer l'indépendance des Colonies Anglaises, que ce Congrès prétend représenter?"

immer noch nicht zufriedenstellend beantwortet, was van der Capellen Anfang 1782 Adams gegenüber schlechterdings als Skandal bezeichnete.[86] Adams gab in seinem Antwortschreiben vom 14. Januar 1782 der Hoffnung Ausdruck, dass trotz der Verzögerungen schließlich doch noch eine für beide Seiten gute Lösung zustande kommen werde und deren Feinde jeden Tag schwächer würden.[87]

Am gleichen Tag schrieb Adams auch an den Kongresspräsidenten, der nach der Installierung eines eigenen Außenministers im Oktober 1781 eigentlich nicht mehr zuständig war, dass er auf Anraten einiger Mitglieder der Generalstaaten sowie des Außenministers und des Botschafters Frankreichs am 9. Januar beim Präsidenten der Generalstaaten, Bartholomeus van den Santheuvel, vorgesprochen habe. Hier habe er eine – kurz darauf auch in der *Gazette de Leyde* und *Le Politique Hollandais* sowie Londoner Blättern veröffentlichte[88] – Erklärung abgegeben,[89] in der er an sein Memorandum vom 4. Mai des vorangegangenen Jahres und daran erinnerte, dass er immer noch keine kategorische Antwort[90] erhalten habe.

Danach sei er – so berichtet Adams weiter – zum Ratspensionär van Bleiswijk gegangen, der ihn wegen Krankheit an den Kanzleileiter der Generalstaaten Fagel verwiesen habe, welcher ihn sehr zuvorkommend behandelt habe. Schließlich berichtete Adams auch ausführlich, dass er die Vertreter der verschiedenen Städte der Provinz Holland in Den Haag aufgesucht habe, was – wie er zur Erläuterung weiter ausführte – wegen der komplizierten Beteiligungsverfahren auch erforderlich gewesen sei.[91] Noch ein halbes Jahr später fasste *Le Politique*

---

86 Vgl. Baron van der Capellen to John Adams, Zwol, 6 Janvier, 1782, in: ADAMS, CH.F., *Works of John Adams*, Vol. VII, S. 502.
87 Vgl. Adams to the Baron van der Capellen, Amsterdam, 14 January, 1782, in: ADAMS, CH.F., *Works of John Adams*, Vol. VII, S. 502f.
88 Vgl. Anm. 1 zum Brief Adams to the President of Congress, Amsterdam, Jany. 14th 1782, in: LINT, *Papers of John Adams*, Vol. 12, S. 190.
89 Vgl. Address to the President of the States General, [ante 9 January 1782], in: LINT, *Papers of John Adams*, Vol. 12, S. 175. *Extract uit het Register van de Hoog Mog. Heeren Staaten General der Verenigden Nederlanden,* Mercurii den 9 Januar 1782, in: NL-HaNA, Collectie Fagel, 1.10.29, inv.nr. 1465.
90 Vgl. Adams to the President of Congress, Amsterdam, 14 January, 1782, in: ADAMS, CH.F., *Works of John Adams*, Vol.VII, S. 504. S. auch den Bericht von van Sandheuvel im *Extract uit het Register der Resolutien van de Hoog Mog. Heeren Staaten Generaal der Vereinigde Nederlanden* Mercurii 9 Januari 1782, in: NL-HaNA, Den Haag, Dumas, 1.10.26, inv.nr. 82. SLOTHOUWER, *Erkenning,* S. 177. WIJK, *Republiek en Amerika,* S. 156ff.
91 Vgl. Adams to the President of Congress, Amsterdam, 14 January, 1782: „It may not be amiss to conclude this letter by observing, that every city is considered as an independent republic. The burgomasters have the administration of the executive, like little kings. There is in the great council, consisting of the burgomasters and counsellors, a limited legislative authority. The schepens are the judges. The deputies are appointed by the regency, which consists of the burgomasters, counsellors, and sche-

Hollandais die zunächst gegenläufigen Positionen in der Diskussion um die Annäherung an die Vereinigten Staaten noch einmal zusammen: „[...] in seinem den Generalstaaten vorgelegten Memorandum finden sich alle Gründe, die am überzeugendsten & am geeignetsten sind, um die Notwendigkeit & die Vorzüge einer Allianz zwischen den Staaten Amerikas & den Vereinigten Niederlanden zu zeigen. Die Parteigänger Englands & die an den Feind verkauften Menschen finden dieses Memorandum diffus & langweilig [...]."[92]

Erst am 13. Februar 1782 erfuhr Adams davon, dass künftig Außenminister Livingston die Richtlinien für die Außenpolitik wesentlich mitbestimmen würde, weshalb Adams ihn – wie gerade noch den Kongresspräsidenten Hanson – auf den aktuellen Informationsstand brachte und sich eigentlich recht zufrieden darüber zeigte: „I stand now in an honorable light, openly and candidly demanding an answer in my public character. But it is the republic that stands in a less respectable situation, not one member of the sovereignty having yet ventured to give an answer in the negative."[93] Fünf Tage später verstieg sich Adams bereits zu der These, dass die Vereinigten Staaten, schon vor ihrer staatlichen Anerkennung, eine bedeutende internationale Rolle spielen könnten; immerhin scheine Friesland – wie auch schon für November und Dezember 1781 berichtet[94] – die erste der sieben Provinzen zu sein, die bereit sei, ihre Zurückhaltung aufzugeben und sich für die Anerkennung der Vereinigten Staaten einzusetzen: „We must wait, however, with patience. [...] I had a week ago a visit from one of the first personages in Friesland, who promised me that in three weeks I should have

---

    pens; and in the large cities, the deputies consist of two burgomasters, two schepens or counsellors, and one pensionary. The pensionary is the secretary of state, or the minister of the city. The pensionaries are generally the speakers upon alloccasions, even in the assembly of the States of the Province." In: ADAMS, CH.F., *Works of John Adams*, Vol. VII, S. 507.

92 Sur l'Indépendance Américaine & sur Mr. Adams, actuellement reconnu & reçu pour Ministre-Plénipotentiaire des Etats-Unis de l'Amérique auprès des Etats-Généraux, in: LE POLITIQUE HOLLANDAIS, Amsterdam, Tome III, Chapitre XXXXI, No. LXII Lundi, ce 22 Avril 1782, S. 168: „[...] dans son Mémoire présenté aux Etats-Généraux., toutes les raisons les plus frappantes & les plus propres à montrer la nécessité & les avantages d'une alliance entre les Etats de l'Amérique & les Pays-bas-Unis. Les partisans de l'Angleterre & les créatures du parti vendue à l'Ennemi, trouvent ce Mémoire diffus & fastidieux [...]."

93 Adams to Secretary Livingston, Amsterdam, 14 January, 1782, in: ADAMS, CH.F., *Works of John Adams*, Vol. VII, S. 511.

94 Vgl. Adams to Secretary Livingston, Amsterdam, November 1st 1781, bzw. Amsterdam Decr. 14th 1781, in: LINT, *Papers of John Adams*, Vol. 12, S. 58 f. bzw. S. 131 ff. in beiden Briefen verweist Adams auf die bedeutende Rolle des Cousins von Derk van der Capellen tot den Pol, Robert Jasper van der Capellen van der Marsch, in der Diskussion in Friesland um die staatliche Anerkennung der Vereinigten Staaten sowie dem Abschluss eines Vertrages.

an answer from that Province."[95] Machen diese Aussagen insgesamt einen zurückhaltend zufriedenen Eindruck, so zeichnete Adams gleichzeitig gegenüber Franklin und Lafayette ein eher deprimierendes Bild: Franklin gegenüber äußerte er den Wunsch, nach Hause zurückkehren zu können, und Lafayette schrieb er, dass bei seiner möglichen Abberufung jemand mit gleichen Rechten nach Europa geschickt werden sollte.[96] Diese Äußerungen scheinen jedoch nur situativ bedingter oder strategischer Art gewesen zu sein, denn schon einen Monat später konnte Dumas Adams melden, dass in Friesland die staatliche Anerkennung in Sicht und in Holland eine entsprechende Resolution in Vorbereitung seien.[97]

Auch Adams nahm wenig später eine deutliche Veränderung des Klimas zum Positiven wahr, an dem selbst die von van Goens, dem Utrechter Oranier, vorgetragene Kritik an der amerikanischen Initiative für einen Handelsvertrag nichts zu ändern vermochte: „The People, who are generally eager for a Connection with America, began to talk, and Paragraphs appeared in all the Gazettes in Dutch and French and German, containing a thousand ridiculous Conjectures about the American Ambassador and his Errand. [...] There was immediately the most universal and unanimous Approbation of it expressed in all Companies and Pamphlets and Newspapers, and no Criticism ever appeared against it. Six or seven months afterwards a Pamphlet appeared in Dutch [von van Goens – R.R.], which was afterwards translated into French, called Considerations on the Memorial [von Adams – R.R.]: but it has been read by very few, and is indeed not worth reading."[98]

Wenig später konnte Adams selbstbewusst seinem Außenminister schreiben: „Friesland has at last taken the Provincial Resolution to acknowledge the Independence, of which United America is in full Possession".[99] In den folgenden Tagen leitete Adams diese gute Nachricht u. a. auch an John Jay (28. Februar), de La Vauguyon (01. März), Lafayette (10. März), Dana (15. März) und noch einmal bestätigend und die Debatte in den Provinzen ausführlich darstellend an

---

95 Adams to Secretary Livingston, Amsterdam, 19 January, 1782, in: ADAMS, CH.F., *Works of John Adams*, Vol. VII, S. 517 f.
96 Vgl. Adams to B. Franklin, Amsterdam, 20 January, 1782, in: ADAMS, CH.F., *Works of John Adams*, Vol. VII, S. 519 f. Adams to M. de Lafayette, Amsterdam, 20 January, 1782, in: ADAMS, CH.F., *Works of John Adams*, Vol. VII, S. 520 f.
97 Vgl. M. Dumas to John Adams, La Haie, 24 Février, 1782, in: ADAMS, CH.F., *Works of John Adams*, Vol. VII, S. 530. M. Dumas to John Adams, La Haie, 26 Février, 1782, in: ADAMS, CH.F., *Works of John Adams*, Vol. VII, S. 531.
98 Vgl. Adams to Robert R. Livingston, Amsterdam Feby. 21st 1782, in: LINT, *Papers of John Adams*, Vol. 12, S. 252. S. auch Consideratien op de Memorie aan H.H.M.M. geaddesseerd door John Adams, en geteekend Leiden, den 19 April 1781 in: NL-HaNA, Den Haag, Collectie Fagel, 1.10.29, inv.nr. 1465.
99 Adams to Secretary Livingston, Amsterdam, Feby. 27th 1782, in: LINT, *Papers of John Adams*, Vol. 12, S. 274.

Außenminister Livingston (11. März) weiter.[100] Dem Botschafter in Rußland, Francis Dana, schrieb er am 15. März: „The Dutch are now occupied in very serious thoughts of acknowledging American independence. Friesland has already done it. This is the second sovereign state in Europe that has done it."[101]

Die Öffentlichkeit wurde zeitnah von der Presse, wie z.B. vom *Hollandsche Historische Courant* oder der *Gazette de Leyde* Anfang März 1782 über die Verabschiedung der Resolution der Staaten von Friesland am 26. Februar informiert.[102]

Diese friesische Resolution zur Anerkennung John Adams' als Botschafter der ebenfalls anzuerkennenden Vereinigten Staaten von Amerika[103] vom 28. Februar wurde – wie Adams Livingston berichtete – zwar auch von den anderen Provinzen verhandelt, dennoch ist er hier mit Blick auf die Diskussionen hinter den Kulissen – was die Zukunft angeht – wieder eher zurückhaltend: „[...] I have no expectations of any thing very soon, because I have much better information than the public, of the secret intrigues both at the Hague and Amsterdam. Patience, however. We have nothing to fear. Courtiers and aristocrats, as well as the people, all say, ‚you know very well we love the Americans, and will ever be their good friends.'"[104]

4.3 Adams' Durchbruch zur staatlichen Anerkennung der USA

Der Bann schien nun jedoch tatsächlich gebrochen zu sein: Immer mehr Städte sprachen sich für die amerikanische Unabhängigkeit aus und der französische Botschafter agierte wohlwollend, so dass offenbar auch Statthalter Wilhelm einsehen musste, dass er den politischen Erdrutsch nicht mehr aufhalten konnte.[105] Von Dumas hörte Adams am 28. März von der zunehmenden Dynamik auf dem diplomatischen Parkett, die ihm nun auch durch die oben zitierte Er-

---

100 Vgl. Adams to John Jay, Amsterdam, 28 February, 1782. Adams to the Duc de la Vauguyon, Amsterdam, 1 March, 1782. Adams to Secretary Livingston, Amsterdam, 11 March, 1782, in: ADAMS, CH.F., *Works of John Adams*, Vol. VII, S. 531 ff.
101 Adams to Francis Dana, Amsterdam, 15 March, 1782, in: ADAMS, CH.F., *Works of John Adams*, Vol. VII, S. 543.
102 Zum Diskussionsverlauf in den Provinzen, vgl. WIJK, *Republiek en Amerika*, S. 160 ff.
103 Vgl. HOLLANDSCHE HISTORISCHE COURANT, No. 30, Zaturdag den 9 Maart 1782. S. auch OPRECHTE HAARLEMSE COURANT No. 38 van den 28 Maart 1782. GAZETTE DE LEYDE, Numero XX, 08.03.1782, S. 4 und S. 8.
104 Adams to Secretary Livingston, Amsterdam, 11 March, 1782, in: ADAMS, CH.F., *Works of John Adams*, Vol. VII, S. 539.
105 Vgl. Adams to B. Franklin, Hague, 26 March, 1782, in: ADAMS, CH.F., *Works of John Adams*, Vol. VII, S. 555.

klärung Frieslands den Zugang erleichtern sollte.[106] Ähnliche Entwicklungen wurden von van Bleiswijk am 30. März 1782 für die Staaten von Holland und West-Friesland bestätigt.[107] Van der Capellen brachte Adams am 31. März aus der Provinz Overijssel ebenfalls gute Nachrichten.[108] Der patriotisch gestimmte Pensionär De Gyselaer aus Geldern und das Magistratsmitglied Abbema aus Utrecht unterrichteten Adams Anfang April darüber, dass die entsprechenden Provinzialstaaten mit Hollands Resolution vergleichbare Texte verabschiedet haben oder dabei sind, dies zu tun, die dann auch in den städtischen Presseorganen veröffentlicht wurden.[109] Die *Gazette de Leyde* berichtete am 26. März: „Die verschiedenen Eingaben, präsentiert von den Händlern & Fabrikanten aus *Haarlem, Leiden, Amsterdam, Rotterdam, & Schiedam* wurden vor die *Generalstaaten* gebracht; man erfuhr, dass sie dort bereits debattiert wurden & dass die Abgeordneten aller Provinzen, die noch keine Resolution verabschiedet hatten, um mit Mr. *Jean Adams*, Botschafter des *Vereinigten Amerika* [Hervorhebungen im Text – R.R.] in Verhandlungen einzutreten, eine Kopie dieser Eingaben mitgenommen haben, um sich anschließend zu diesem Thema zu erklären."[110] Auch die *Vaderlandsche Historie* berichtete rückblickend sehr eindrücklich, wie Adams' neuerliche Initiative vom 9. Januar 1782 um eine entschiedene (kategorische) Antwort („om een beslissend Antwoord") beim Präsidenten der Generalstaaten alles in Bewegung brachte. Insbesondere die Kaufleute in den Provinzen drängten seit Mitte März

---

106 Vgl. Dumas to Adams, La Haie, 28 Mars, 1782, in: ADAMS, CH.F., *Works of John Adams*, Vol. VII, S. 557.

107 Vgl. Pieter van Bleiswyck to Adams, La Haye 30e Mars 1782, in: LINT, *Papers of John Adams*, Vol. 12, S. 360.

108 Vgl. Baron van der Capellen to John Adams, Zwol, ce 31 Mars, 1782, in: ADAMS, CH.F., *Works of John Adams*, Vol. VII, S. 560. S auch die Bestätigung von Joan Derk van der Capellen tot den Pol to Adams, Zwol le 6 Avril 1782, in: LINT, *Papers of John Adams*, Vol. 12, S. 391.

109 Vgl. C. de Gyselaer to John Adams, 6 April, 1782, in: ADAMS, CH.F., *Works of John Adams*, Vol. VII, S. 565. B.E. Abbema to John Adams, Amsterdam, 11 Avril 1782, in: ADAMS, CH.F., *Works of John Adams*, Vol. VII, S. 567f. SLOTHOUWER, *Erkenning*, S. 178ff.

110 GAZETTE DE LEYDE, Numero XV, 26.03.1782, S. 4: „Les différentes Requêtes, présentées par les Négocians & Fabriquans de *Haerlem, Leide, Amsterdam, Rotterdam, & Schiedam* aïant été portés aux *Etats-Géneraux*, l'on apprend, qu'elles y ont déjà été mises en délibération, & que les Députés de toutes les Provinces, qui n'avoient pas encore pris de Résolution pour entrer en Négociation avec Mr. *Jean Adams*, Ministre Plénipotentiaire de *l'Amérique-Uni* [Hervorhebungen im Text – R.R.], ont pris Copie de ces Requêtes, pour se déclarer ultérieurement à ce sujet." Die GAZETTE DE FRANCE berichtete am 12.04.1782 in ihrer 30. Nummer, S. 147 ebenfalls über die landesweiten Kaufmannsinitiativen.

verstärkt darauf,[111] die Vereinigten Staaten und ihre Botschafter anzuerkennen, um damit nicht zuletzt neue Märkte für den Handel zu erschließen.[112]

Auf der diplomatischen Ebene wurde seit Mitte März 1782 der Informationsaustausch zwischen dem Statthalter und dem französischen Botschafter sowie zwischen diesem und dem französischen Außenminister über die Diskussionen in den einzelnen Provinzen, aber auch in den Generalstaaten intensiver. Allen Beteiligten wurde trotz der anhaltenden, in Europa nach der Seeschlacht auf der Doggerbank im Herbst 1781 letztlich kraftlosen kriegerischen Aktivitäten immer deutlicher, dass mit den amerikanischen Erfolgen gegen die Engländer bei Yorktown im Oktober 1781 eine Anerkennung der Vereinigten Staaten von Amerika als selbstständiger Staat durch die Vereinigte Republik der Niederlande unausweichlich wurde.

Am 22. März 1782 und im darauf folgenden Monat berichtete de La Vauguyon seinem Außenminister mehrfach über die allgemeine, sich festigende amerikafreundliche Stimmung in Holland: „Die Regenten von Amsterdam, Dort, Haarlem, Leiden, Delft Gouda, Schiedam, Schoonhaven und Purmerende haben sich mit großem Nachdruck für die Notwendigkeit ausgesprochen, Herrn Adams ohne Aufschub als Botschafter des Kongresses der Vereinigten Staaten von Amerika anzuerkennen. Mehrere andere Städte und die Ritterschaft haben erklärt, ihr Votum noch nicht abgeben zu können […]."[113] Am 2. April ergänzte

---

111 Vgl. *Extract uyt de Resolutien van de Heeren Staaten van Hollandt ende West-Vrieslandt*, in haar Ed. Groot Mog. Vergaderinge genomen op Donderdag den 21 Maart 1782 sowie die beeindruckenden Plädoyers und Kaufmannslisten in den *Requesten van een turbe commerceerende, fabriceerende en zig door den handel geneerende Ingezeetenen te Haarlem, Amsterdam en Rotterdam, tot appui ter Generaliteit ter openstelling van een vryen Handel met de Noord-Americaanen*, Copie aan de Leden, 21 Maart 1782, in: NL-HaNA, Den Haag, Collectie Fagel, 1.10.29, inv.nr. 1465.

112 Vgl. *Vaderlandsche Historie, vervattende de Geschiedenissen der Vereenigde Nederlanden*, ten vervolge van Wagenaars Vaderlandsche Historie, Vyfde Deel, Amsterdam 1790, S. 127–159. S. z. B. auch die Briefe des Herausgebers der Gazette de Leyde, Jean Luzac an John Adams vom 19.03.1782: „The Committee of the corporate Body of Merchants, Manufacturers and Traders of this City have charged me, as their Counsel, to present Your Excellency with two printed Copies of the Petition […] in order to pray for the conclusion of commercial connexions with the United-States of America." S. auch. Jean Luzac to Adams, Leyde 19th. March 1782, in: Lint, *Papers of John Adams*, Vol. 12, S. 338 und von Dumas vom 20.03.1872, der neben Leidens auch auf die Petitionen aus Amsterdam und Rotterdam verweist, C.W.F. Dumas to Adams, La Haie 20e. Mars 1782, in: Lint, *Papers of John Adams*, Vol. 12, S. 340 ebenso wie vom Utrechter Buchhändler Bartholomé Wild vom 31.03.2782, in: Bartholomé Wild to Adams, Utrecht 31e. Mars 1782, in: Lint, *Papers of John Adams*, Vol. 12, S. 372 f., der sich auf eine entsprechende Pedition von 83 Gewerbetreibenden bezieht.

113 Le duc de La Vauguyon au comte de Vergennes, Le 22 mars 1782: „Les régences d'Amsterdam, de Dort, de Harlem, de Leyden, de Delft, de Gouda, de Schiedam, de

de La Vauguyon, dass er Adams unter ständiger Beobachtung habe, berichtete aber auch, dass der Ratspensionär offenbar gegen alle diplomatische Usancen den Beschluss der Staaten von Holland nicht sofort und direkt, sondern über Dumas an Adams weiterleiten wollte. Er sei jedoch von Dumas darauf hingewiesen worden, dass dies nicht in seiner Befugnis stehe, so dass van Bleiswijk den Beschluss dann doch direkt an den amerikanischen Vertreter senden würde.[114]

Am 19. April 1782 ergänzte der französische Botschafter seinen Bericht an das französische Außenministerium und schilderte zum wiederholten Mal die intensive, bei den Povizialstaaten, den Händlern und dem Bürgertum auf die Anerkennung der Vereinigten Staaten von Amerika fokussierte und in den Zeitungen umfassend kommentierte Stimmung im Lande.[115] Unter dem Datum des 19. April berichtete auch Thulemeyer nach Preußen, dass nun alles geregelt sei: „Was die Akkreditierung des amerikanischen Botschafters betrifft, so ist diese nicht mehr zweifelhaft und wird ohne Verzug durch die einstimmige Resolution der Generalstaaten festgestellt. Der Herr Adams wird sich um die Aufnahme der Friedensverhandlungen Amerikas mit dem Londoner Hof kümmern; aber er hat eingewandt, keinen Gebrauch von seiner vollen Kompetenz machen zu können, solange er von der Republik der Vereinten Provinzen nicht anerkannt ist."[116]

Und tatsächlich: An diesem 19. April fassten die Generalstaaten nach Eingang der ziemlich gleichlautenden Resolutionen der Provinzen Friesland vom 26. Februar 1782, Holland und West-Friesland vom 28. März 1782, Zeeland vom 8. April 1782, Overijssel vom 5. April 1782, Groningen vom 9. April 1782, Utrecht vom 10. April 1782 und Gelderland vom 17. April 1782, schließlich den Beschluss,

---

Schoonhoven et de Purmerende se sont expliquées avec beaucoup de force sur la nécessité d'admettre sans délai Mr Adams comme ministre-plénipotentiaire du congrès des Etats-Unis de l'Amérique Septentrionale. Plusieurs autres villes et le Corps des Nobles ont déclaré ne pouvoir pas encore donner leur suffrage, […]." In: KRÄMER, *Archives* Tome III, S. 36. Vgl. auch weitere Briefe vom 29.03.1782 bzw 02.04.1782, in denen der französische Botschafter den Statthalter über die weitere Entwicklung in den verschiedenen Provinzen in Bezug auf die Anerkennung Adams als Botschafter informierte: Le duc de La Vauguyon au prince d'Orange, Le 29 mars 1782, in: KRÄMER, *Archives,* Tome III, S. 41ff. S. auch Le duc de La Vauguyon au comte de Vergennes, le 12 avril 1782, in: KRÄMER, *Archives* Tome III, S. 82.

114 Vgl. Le duc de La Vauguyon au comte de Vergennes, Le 2 avril 1782, in: KRÄMER, *Archives* Tome III, S. 49.

115 Vgl. Le duc de La Vauguyon au comte de Vergennes, Le 19 avril 1782, in: KRÄMER, *Archives* Tome III, S. 90.

116 Thulemeyer, Bericht vom 19.04.1782: „Quant à l'admission du ministre américain, elle n'est plus douteuse et sera constatée sans délai par la résolution unanime des Etats Généraux. Le sieur Adams s'est chargé d'entrer en négociation pour la pacification de l'Amérique avec le cour de londres; mais il a prétexté ne pouvoir faire usage des pleins pouvoirs qui se trouvent entre ses mains, qu'auprès avoir été reconnu par la Républlique des Provinces-Unies." In: THULEMEYER, *Dépêches van Thulemeyer*, S. 311.

John Adams als Abgesandten der Vereinigten Staaten von Amerika zu akkreditieren und damit zugleich die 13 ehemaligen englischen Kolonien als Vereinigte Staaten von Amerika als einen selbstständigen Staat anzuerkennen.[117]

An diesem Tage, dem 19. April 1782, war Adams am Ziel seiner diplomatischen Bemühungen der vergangenen eineinhalb Jahre und konnte seinem Außenminister die Resolutionen der sieben Provinzen in dem erst am 22. April abgesandten[118] Brief mit den Worten übermitteln: „Sir: I have the honor to transmit you the following resolutions of the respective Provinces relative to my admission in quality of minister plenipotentiary, together with two resolutions of their high mightinesses upon the same subject, all in the order in which they were taken." Diesen Zeilen waren die kurzen, ähnlich lautenden und Adams als Botschafter der Vereinigten Staaten akzeptierenden Resolutionen der sieben Provinzen beigefügt.[119] Sie alle nahmen auf Adams' Memoranden vom 4. Mai 1781 und 9. Januar 1782 Bezug. Nach Eingang der letzten Resolution aus Gelderland hatten alle in den Generalstaaten vertretenen sieben Provinzen am 19. April 1782 in einer eigenen, ebenfalls dem Schreiben an Livingston beigefügten Erklärung festgestellt: „[…] it has been thought fit and resolved that Mr. Adams shall be admitted and acknowledged in quality of envoy of the United States of North America to their high mightinesses as he is admitted and acknowledged by the present".[120]

Aus diesem Anlass veröffentlichte Adams in englischer Sprache eine Sammelschrift: *A Collection of State-Papers, Relative to the first Acknowledgement of the Sovereignty of the United States of America, and the reception of their Minister Plenipotentiary, by their High Mightinesses the States-General of the United Netherlands.*[121] Die Sammlung enthielt alle für die Anerkennung relevanten Erklärungen der Provinzen sowie der Generalstaaten, die nach Auffassung von Butterfield, „a remarkable revelation of the mixture of idealistic and self-

---

117 Vgl. handschriftl. *Extract uit het Register der Resolutien van de Hoog Mog. Staaten Generaal der Vereenigte Nederlanden*, Veneris den 19 April 1782, in: NL-HaNA, Den Haag, Collectie C.W.F. Dumas, 1.10.26, inv.nr. 82.
118 Vgl. Anm. 1 zu Adams to Robert R. Livingston, Amsterdam, 19 April, 1782, in: LINT, *Papers of John Adams*, Vol. 12, S. 428.
119 Vgl. Auszüge aus den Registern der verschiedenen Provizialstaaten. S. auch J. Adams to Livingston, Amsterdam April 19, 1782, in: WHARTON, *Revolutionary Diplomatic Correspondence*, Vol. V, S. 315–318.
120 *Extract from the register of the resolutions of their high mightinesses the States-General of the United Provinces*, Friday, April 19, 1782, in: WHARTON, *Revolutionary Diplomatic Correspondence*, Vol. V, S. 319 f. Vgl. auch Adams to Robert R. Livingston, Adams 19. April 1782, in: LINT, *Papers of John Adams*, Vol. 12, S. 427.
121 Vgl. [ADAMS, J.] *A Collection of State-Papers*, Relative to the first Acknowledgement of the Sovereignty of the United States of America, and the reception of their Minister Plenipotentiary, by their High Mightinesses the States-General of the United Netherlands, The Hague, 1782.

interested motives that led to Dutch recognition of American independence"[122] darstellen. Später variierte Hutson diesen Eindruck, wenn er darauf hinwies, dass die Provinzen vermutlich weniger den Memoranden von Adams als der Argumentation und Politik des französischen Botschafters de La Vauguyon gefolgt seien. Stattdessen bemerkt er, dass das britische Parlament am 27. Februar 1782 den englischen König beauftragt hatte, mit den amerikanischen Kolonien Frieden zu schließen, „a catalyst (was) in stimulating the Dutch to acknowledge the independence of the United States".[123]

Im Gegensatz zu dem von Wharton und Lint edierten Text, der mit dem Begriff *Afgezant van de Vereenigde Staaten van Noord-Amerika* dem in der niederländischen Presse veröffentlichten Originaltext folgt,[124] ist interessanterweise in der von Adams selbst 1782 in Den Haag und einem anonymen Amerikaner in London veröffentlichten *Collection of State-Papers* an dieser Stelle seine diplomatische Position mit dem höherwertig erscheinenden Begriff *Ambassadeur* (bzw. *Minister Plenipotentaris*) beschrieben. Das macht zugleich auch deutlich, dass die Rangordnung beim diplomatischen Personal begrifflich zwar abgeschichtet, aber in ihrem Gebrauch noch nicht hinreichend eindeutig war und dass Adams aus seinem Selbstverständnis heraus die höherwertige Position für sich beanspruchte.[125] In einer zusätzlichen offiziellen Resolution der Generalstaaten der Vereinigten Provinzen wurde am 22. April 1782 – unter Bezug auf den von Adams unterbreiteten „letter from the assembly of Congress written at Philadelphia the 1st of January, 1781, containing a credence for the said Mr. Adams to the end to reside in quality of its minister plenipotentiary near their high mightinesses" – beschlossen, „that he shall be acknowledged in quality of minister plenipotentiary, and that there shall be granted to him an audience, or assigned commissioners when he shall demand it".[126]

---

122 BUTTERFIELD, *John Adams*, S. 20.
123 HUTSON, *Dutch-American Friendship*, S. 415. S. auch WIJK, *Republiek en America*, S. 159.
124 Vgl. OPRECHTE HAARLEMSE COURANT, No. 49, van den 23 April 1782, S. 1, Spalte 2, zitiert den „Extract uit het Register ..." vom 19.04.1782.
125 Vgl. [ADAMS, J.], *A Collection of State-Papers*, The Hague, S. 92. [ADAMS, JOHN] ed. by an American, *A Collection of State-Papers*, Relative to the first Acknowledgement of the Sovereignty of the United States of America, and the reception of their Minister Plenipotentiary, by their High Mightinesses the States-General of the United Netherlands, London 1782, S. 75. Zur Funktion und Differenzierung des diplomatischen Dienstes, vgl. DÉMEUNIER, J.-N., *Encyclopédie Méthodique. Économie politique et diplomatique*, Tome Premier, Paris, Liège, 1784, S. 135–138 (Ambassadeur) und Tome Troisieme, Paris, Liège, 1788, S. 332–340 (Ministre public).
126 *Extract from the register of the resolutions of their high mightinesses the States-General of the United Provinces*, Monday, April 22, 1782, in: WHARTON, *Revolutionary Diplomatic Correspondence*, Vol. V, S. 319. Vgl. J. Adams to Livingston, Amsterdam April 19, 1782, in: WHARTON, *Revolutionary Diplomatic Correspondence*, Vol. V,

Bereits am Nachmittag des 22. April konnte Adams dem amerikanischen Außenminister von der am selben Tage um 11.00 Uhr in Begleitung des amtierenden Vorsitzenden der Generalstaaten, Willem Boreel, in einer offenbar entspannten Atmosphäre stattfindenden Aushändigung seines Beglaubigungsschreibens vom 1. Januar 1781, damals noch vom Präsidenten des Kongresses unterzeichnet, an den auf seinen Wunsch hin englisch sprechenden Statthalter berichten.[127] Die *Gazette de France* fasste das Ergebnis etwas lakonisch zusammen mit den Worten: „Die Affäre um die Anerkennung der Vereinigten Staaten ist schließlich vollzogen [...]."[128] Zu diesem Anlass hatte der Unternehmer Felix aus Leiden am 21. April 1782 extra ein Paar Handschuhe für Adams, aus niederländischer und amerikanischer Wolle, versehen mit seinen Initialen, anfertigen lassen und überreicht.[129] Die Kaufmannschaft von Schiedam hatte am 24. April ein eigens auf Adams geschriebenes Lobgedicht gemacht.[130] Der liberale niederländische Historiker Colenbrander sah hierin „die erste große Maßnahme patriotischer Politik, für die die Bürger in großem Maßstab votiert hatten".[131] Den bereits erwähnten, für den Ausbau der diplomatischen und wirtschaftlichen Beziehungen der Vereinigten Staaten so bedeutsamen Brief vom 19. April erhielt der Kongress erst am 14. September 1782, auf dessen Beschluss er dann veröffentlicht werden sollte. Der Brief erschien – wie Adams auch in seinem Tagebuch berichtete – in verschiedenen amerikanischen Zeitungen wie z.B. der *Pennsylvania Gazette* (18. September), der *Boston Gazette* (7. Oktober) oder der *New Hampshire Gazette* (9. November).[132] Es folgten Briefe am 23. April an den Außenminister, in denen Adams zunächst von einer Konferenz mit Herrn Van Citters, dem amtierenden

---

S. 319f. S. auch Nieuwe Nederlandsche Jaarboeken of Vervolg der merkwaerdigste Geschiedenissen, Zeventiende Deels Tweede Stuk, Amsterdam, Leiden 1782, S. 461 (April 1782).

127 Vgl. J. Adams to Livingston, The Hague, April 22, 1782, in: Wharton, *Revolutionary Diplomatic Correspondence,* Vol. V, S. 319f. S. auch den ausführlichen Bericht von Schulte Nordholt, *Dutch Republic,* S. 216ff.

128 Bericht aus Den Haag vom 21.04.1782, in: Gazette de France No. 35 Du Mardi 30. Avril 1782, S. 170: „ L'Affaire de la reconnaissance des États-unis de l'Amérique est enfin consommée [...]."

129 Vgl. Jacques Felix & Fils to J. Adams, Leyden Le 21. Avril 1782, in: Lint, *Papers of John Adams,* Vol. 12, S. 436f.

130 Vgl. De Post van het Neder-Rhijn, 2. Deel, No. 78., Utrecht 1782, S. 678f.

131 Colenbrander, H.T., *Aanteekeningen Betreffende de Vergadering van Vaderlandsche Regenten te Amsterdam. 1783–1787,* in: *Bijdragen en Mededelingen van het Historisch Genootschap 1899,* S. 77–192, hier S. 136: „de eerste maatregelen van patriotsche politiek, waartoe op groote schaal door de burgerijen was gepetitionneerd."

132 Vgl. Protokolleintrag zum 14.09.1782, in: Congress *Journals,* Vol. XXIII, S. 580. Vgl. Anm. 1 und 5 der Herausgeber zum Brief Adams to Robert R. Livingston, Amsterdam, 19 April, 1782, in: Lint, *Papers of John Adams,* Vol. 12, S. 428. S. auch Adams' Tagebucheintrag vom 5.10.1782 über die in Holland wiedergegebene amerikanische Rezeption, in: Adams, Ch.F., *Works of John Adams,* Vol. III, S. 279.

Vorsitzenden der Generalstaaten, vom gleichen Tag berichtete. Adams sprach hier sogleich im Namen seines Souveräns und „propose to the states-general of the United Provinces of the Netherlands a treaty of amity and commerce between the two republics, founded upon the principle of equal and reciprocal advantage, and compatible with the engagements already entered into by the United States with their allies, as also with such other treaties as they design to form with other powers,"[133] und lud die Provinzen ein, über den Entwurf für einen Freundschafts- und Handelsvertrag zu diskutieren und ihm ihre Änderungswünsche mitzuteilen. In einem weiteren Brief vom selben Tag ergänzte er, dass an diesem Tag „the French ambassador made an entertainment for the whole *corps diplomatique* [Hervorhebung im Text – R.R.] in honor of the United States, at which he introduced their minister to all the foreign ministers at this Court".[134] Mit dieser diplomatischen Geste des französischen Botschafters wurde Adams förmlich in die Gemeinschaft der Diplomaten in Den Haag aufgenommen. Auch Dumas berichtete Livingston noch am 10. Mai 1782 ausführlich von den Festlichkeiten aus Anlass der Akkreditierung Adams' und den verschiedenen Einladungen im Kreise des diplomatischen Corps.[135] Am 22. Mai verzeichnete Adams in seinem Tagebuch eine beeindruckend lange Liste sowohl von Besuchern aus Den Haag und Umgebung sowie von Abgesandten von niederländischen Städten, die ihm zur diplomatischen Anerkennung gratulierten, als auch von Besuchen, die Adams bei Niederländern, aber auch Botschafterkollegen machte.[136] Das hinderte den amerikanischen Außenminister Livingston freilich nicht, noch am 29. August anzumerken, dass er von diesem großen Ereignis zwar gehört, aber immer noch keine offizielle Mitteilung erhalten habe.[137] Betrachtet man allerdings die Korrespondenz des amerikanischen Botschafters mit der Heimat, so kann dieses Informationsdefizit eigentlich nicht von Adams verursacht worden sein. Dennoch, und „curiously enough, instead of resenting Livingston's criticisms, he saw in them a rare opportunity to write a long dissertation with a full gallery

---

133 Adams to Secretary Livingston, The Hague, April 23, 1782, in: ADAMS, CH.F., *Works of John Adams*, Vol. VII, S. 573. Vgl. BURNETT, *Commercial Treaties*, S. 581. WIJK, *Republiek en Amerika*, S. 165 f.
134 Adams to Secretary Livingston, The Hague, April 23, 1782, in: ADAMS, C.F., *Works of John Adams*, Vol. VII, S. 573.
135 Vgl. Dumas to Robert R. Livingston, The Hague, May 10th, 1782, in: SPARKS, *Diplomatic Correspondence*, Vol. V, S. 348 ff.
136 Vgl. Memorandum of Visits Made and received at the Hague following Dutch Recognistion of American Independence, April 1782, Liste des Visites faites le 22 May [i. e. April] 1782, in: BUTTERFIELD, L.H. u. a. (Ed.), *Diary and Autobiography of John Adams*, Vol. 3, (Diary 1782–1804, Autobiography Part One to October 1776), Cambridge, MA, 1962, S. 1–3. S. auch Dumas to Robert R. Livingston, The Hague, May 10th, 1782, in: SPARKS, *Diplomatic Correspondence*, Vol. 5, S. 348 ff.
137 Vgl. Robert R. Livingston to Adams, Philadephia 29th. Augt. 1782, in: LINT, *Papers of John Adams*, Vol. 13., S. 406.

of portraits of all the Dutch officials and all the foreign ministers, including the French ambassador [...]".[138]

Der französische Botschafter berichtete seinem Außenminister sehr ausführlich und in lebhaften Worten über die oben skizzierten Ereignisse,[139] ebenso wie im Kreise der anderen Botschafter würdigende Worte zu hören waren wie z. B. in einer Unterhaltung mit dem spanischen Botschafter, von der Adams mit einigem Stolz dem amerikanischen Kaufmann Edmund Jenings[140] zu berichten wusste: „Sie haben, Monsieur, den größten Coup in ganz Europa gelandet. Das ist der größte Coup, der in der Amerikanischen Causa jemals gelandet wurde. Sie sind es, der die Anglomanen erschrocken und niedergedrückt hat. Sie sind es, der diese Nation mit Enthousiasmus erfüllt."[141] Von anderen Amerikafreunden bekam er jetzt Einladungen z. B. von der Gattin des Statthalters, durch die er sich sehr geehrt fühlte – wie Adams seinem Außenminister mitteilte[142] – oder von einem Ehepaar namens Nolet aus Schiedam bei Rotterdam.[143]

Bereits am 20. April hatte Adams überschwängliche Glückwünsche zu seiner Akkreditierung und zur Anerkennung der Vereinigten Staaten von John Hodshon erhalten, einem Kaufmann aus Amsterdam, dem allerdings pro-britische Kontakte nachgesagt wurden und der später im Zusammenhang mit den Anleihen noch eine Rolle spielen sollte: „It is with an Infinite Satisfaction I presúme To Take The Liberty to adres yoúr Excellency These Few Lines as a duty Imposed on me,

---

138 CHINARD, *John Adams*, S. 164. Vgl. Adams to Robert R. Livingston, The Hague Septemr: 4th: 1782, in: LINT, *Papers of John Adams*, Vol. 13., S. 415–424.
139 Vgl. Le duc de La Vauguyon au comte de Vergennes. Le 23 avril 1782, in: KRÄMER, *Archives* Tome III, S. 92. S. auch *Vaderlandsche Historie*, Vyfde Deel, Amsterdam 1790, S. 159 berichtet über ein festliches Essen des französischen Botschafters zu Ehren Adams'.
140 Vgl. CHESNUTT, D.R./TAYLOR, C.J. (Ed.): *The Papers of Henry Laurens*, Vol. 16, Ed. by South Carolina Histoprical Society, Columbia (SC) 2003, S. XVIII.
141 Adams to Edmund Jenings, Amsterdam April 28. 1782: «Vous avez frappé, Monsieur, le plus grand coup de tout l'Europe. C'est le plus grand Coup, qui a jamais été frappé dans la Cause Américain. C'est Vous qui a effrayé et terrassée Les Anglomanes. C'est Vous qui remplit cette nation d'enthousiasme." In: LINT, *Papers of John Adams*, Vol. 12, S. 468. In einem Brief an Livingston vom 04.09.1782 zitiert Adams stolz die Äußerungen des spanischen Botschafters, in: SPARKS, *Diplomatic Correspondence*, Vol. III, S. 643. Vgl. SCHULTE NORDHOLT, *Voorbeeld,* S. 208. SCHULTE NORDHOLT, *Dutch Republic*, S. 226.
142 Vgl. J. Adams to Secretary Livingston, The Hague, April 24, 1782, in: Adams, CH.F. *Works of John Adams*, VOL. VII, S. 574.
143 Vgl. M. Dumas to John Adams, La Haie, 30 Avril, 1782, enclosed Jacob Nolet to John Adams, Schiedam, ce 19 Avril, 1782 und Jacob Nolet to M. Dumas, Schiedam, ce 29 d' Avril, 1782 sowie Adams to M. Dumas, Amsterdam, 2 May, 1782; Verbal Message of C.W.F Dumas to the City of Schiedam, given by M. Dumas on the 8th of May, 1782, in: ADAMS, CH.F., *Works of John Adams*, Vol. VII, S. 576–578. S. auch SCHULTE NORDHOLT, *Dutch Republic*, S. 219.

to congratulate yoúr Excellency on The most Happy resolution Taken by their H: M: to acknowledge the Independence of the united States of North America in So open and Respectable manner and to Receive yoúr Excellency as Minister Plenepotentiary from congres."[144] Jacob Roorda, Kaufmann und Bankier aus dem friesischen Harlingen, berichtete noch im Mai von der überschwänglichen Freude, die die Provinz Friesland, die Stadt Harlingen und die nahegelegene Universitätsstadt Franeker, ihre Bewohner und die Studierenden nach der Anerkennung der Vereinigten Staaten ergriffen hatte.[145]

Allerdings gab es auch Anlass zur Klage wie die des von van Bleiswijk noch am 15. Juli 1782 erwähnten Amsterdamer Pensionärs Visscher, den Adams später „a respectable Character" nannte.[146] Der bemängelte, dass der neue amerikanische Botschafter der einzige im diplomatischen Corps sei, der gegen die diplomatischen Gepflogenheiten noch nicht vom Statthalter eingeladen worden sei. Das drohe, einen schlechten Eindruck in der Öffentlichkeit zu hinterlassen. Der Statthalter begründete dies mit der durch die Anerkennung einer Republik entstandenen neuen Situation: „Bis heute kenne ich nur Botschafter von gekrönten Höfen und nicht einen Botschafter von Kurfürsten, und überdies kann ich den Botschafter von Amerika nicht mit dem Großfürsten von Rußland bitten, ohne zu wissen, ob es Seiner Kaiserl. Hoheit nicht unangenehm ist, eingeladen zu werden mit einem Botschafter von einer durch seine Mutter [Katharina II – R.R.] noch nicht anerkannten Macht […]."[147] Damit beschrieb Wilhelm V. zutreffend die neuen Herausforderungen an die Weiterentwicklung der diplomatischen Umgangsformen.

Die Glückwünsche nach all den mühsamen diplomatischen Anstrengungen konnten Adams allerdings nicht davon abhalten, seinem engsten niederländischen Wegbegleiter Charles Dumas schon Anfang Mai mitzuteilen, dass er an den internationalen Friedensverhandlungen zwischen Frankreich und Spanien sowie England und den USA in Paris selbst teilnehmen, die amerikanische Au-

---

144 John Hodshon to Adams, Amsterdam, the 20th. april 1782, in: LINT, *Papers of John Adams*, Vol. 12, S. 433 f.
145 Vgl. Jacob Roorda to Adams, Harlinqué Le 12e. mai 1782, in: LINT, *Papers of John Adams,* Vol. 13, S. 19 f.
146 Adams to Robert R. Livingston, The Hague Septemr: 4th: 1782, in: LINT, *Papers of John Adams,* Vol. 13, S. 418.
147 Le prince d'orange au conseiller-pensionnaire, 's Hage, den 15 July 1782: „Op heden hebbe ik niets dan Ministers van gekroonde Hoven en géén Minister van Keurvorsten, en daerenboven kan ik de Minister van America niet met den Grootvorst van Ruslant vraegen, zonder te weeten of het aen Z. Keizerl. Hoogheit niet onaengenaam is geïnviteerd te worden met een Minister van eene door deszelfs moeder voor als noch niet erkende Mogentheit[…]." In: KRÄMER, *Archives* Tome III, S. 122 f. i. V. m. Le conseiller-pensionnaire au prince d'Orange. 15 July 1782, in: KRÄMER, *Archives* Tome III, S. 121. Vgl. Le pensionnaire Vischer au prince d'Orange's, Hage, den 15 July 1782, in: KRÄMER, *Archives* Tome III, S. 122 f.

ßenpolitik von Paris aus unterstützen und deshalb seine Zelte in Holland abbrechen werde.[148]

Die amerikanische Außenpolitik war in den 1770er und frühen 1780er Jahren trotz des Schocks, den der Sieg der Amerikaner und der Verlust der 13 nordamerikanischen Kolonien zweifellos im Vereinten Königreich auslöste, in der Frage der staatlichen Anerkennung in Europa nur bedingt erfolgreich für die junge Republik. Die verschiedenen amerikanischen Diplomaten konnten neben den frühen Anerkennungen durch Frankreich (1778) und die Niederlande (1782) nur noch einen Freundschafts- und Handelsvertrag mit Schweden im Jahr 1783 abschließen. Nach dem Vorbild des schwedisch-amerikanischen wurde dann im Jahr 1784 auf Drängen Friedrichs des Großen ein solcher Vertrag auch für Preußen unter Federführung von Adams und Baron von Thulemeyer ausgehandelt, der im September 1785 für die Vereinigten Staaten von Franklin, Jefferson und Adams unterzeichnet wurde.[149] Mit Spanien, das zwar mit Frankreich eng verbunden war, kam es schon 1779 zur Akkreditierung des amerikanischen Botschafters John Jay am spanischen Hof, der Freundschaftsvertrag mit Spanien wurde jedoch aufgrund der sehr zurückhaltenden Unterstützung der Amerikaner erst sehr viel später, nämlich 1795 unterzeichnet. Mit dem feindlich gesonnenen einstigen ehemaligen Mutterland normalisierten sich die Verhältnisse nach langem verlustreichen Krieg mit der Anerkennung der ehemaligen Kolonien als eigenständiger Staat im Friedensvertrag von 1783 und nach langem, zähem Ringen durch den Handelsvertrag von 1795.[150]

---

148 Vgl. Adams to M. Dumas, Amsterdam, 2 May, 1782, in: ADAMS, CH.F., *Works of John Adams*, Vol. VII, S. 579.
149 Vgl. ARNDT, K.J.R. (Hrsg.), *Der Freundschafts- und Handelsvertrag von 1785 zwischen Seiner Majestät dem König von Preußen und den Vereinigten Staaten von Amerika – The Treaty ot Amity and Commerce of 1785 between His Majesty the King of Prussia and the United States of America*, München 1977, Erläuterungen S. 84 ff.
150 Vgl. WEHLER, *Amerikanische Außenpolitik*, S. 62 f.

5 Die Niederlande intensivieren die Handelsbeziehungen zu den USA

5.1 John Adams' Ringen um holländische Finanzanleihen

Wie bereits dargelegt, musste es den nach Europa entsandten amerikanischen Diplomaten im Befreiungskampf gegen die Engländer neben der staatlichen Anerkennung der neuen Republik zeitgleich vor allen Dingen kurzfristig um finanzielle Unterstützung für den Erwerb von Waffen, Munition und anderer Waren des täglichen Lebens sowie den Aufbau einer eigenständigen amerikanischen Verwaltung gehen. Deshalb hielt Adams das Bemühen um einen Handelsvertrag mit der Vereinigten Republik und das Werben um Finanzzusagen europäischer, insbesondere Amsterdamer Investoren, gegen seine vorher geäußerten Absichten davon ab, Holland zu verlassen. Nachdem die Niederlande die staatliche Anerkennung 1782 gewonnen hatten, war es nun an der Zeit, die zweite, die wirtschaftspolitische Aufgabe des Abschlusses eines Freundschafts- und Handelsvertrages in die Tat umzusetzen.

Zurückblickend ist festzustellen, dass sich noch Anfang 1781 die Situation für die Geldbeschaffung gegenüber 1778 im Prinzip nicht sehr verändert hatte. Dem amerikanischen Historiker Dull zufolge waren die USA bis 1782 für Investoren eigentlich uninteressant, weil ihnen ohne staats- und völkerrechtliche Anerkennung der Vereinigen Staaten das Finanzrisiko zu hoch erschien.[1] Dies war auch Adams schmerzlich bewusst, als er am 7. Februar 1781 dem Kongresspräsidenten Samuel Huntington die diplomatischen Zusammenhänge von Darlehnsgewährung und staatlicher Anerkennung auseinandersetzte.[2]

Allerdings machte die durch den englisch-niederländischen Krieg veränderte Lage die niederländischen Investoren gegenüber England etwas zurückhaltender und zugänglicher für Umschichtungen ihrer Investitionen nach Frankreich, Polen, Spanien oder in die USA.[3] Ende Februar 1781 schrieb Adams an Edmund Jenings, dem amerikanischen Vertrauten in Brüssel: „Can you help me to borrow Some Money. This is the best Way to treat America, lend them some Money, which will all come back again, twice over with Interest."[4] Schon im September 1780 hatte er sich auf Empfehlung des Amsterdamer Kaufmanns Hendrik Bicker

---

1 Vgl. DULL, *Franklin the Diplomat*, S. 49.
2 Vgl. Adams to the President of Congress, Amsterdam February 7. 1781, in: LINT, *Papers of John Adams*, Vol. 11, S. 118.
3 Vgl. VRIES/WOUDE, *Nederland*, S. 180. BAASCH, *Holländische Wirtschaftsgeschichte*, S. 206. MANGER, J.B., *Recherches sur les Relations Economiques entre la France et la Hollande pendant la Révolution Française (1785–1795)*, Amsterdam 1923, S. 16. WALLERSTEIN, *Weltsystem*, S. 121.
4 Adams to Edmund Jenings [27 February 1781], in: LINT, *Papers of John Adams*, Vol. 11, S. 165.

bezüglich einer Anleihe an die im baltischen Raum operierenden Kaufleute Jan und Dirk van Vollenhoven gewandt.[5]
Doch in dieser Situation sollte wieder von Seiten des umtriebigen de Neufville Hilfe kommen. Nach der katastrophal gescheiterten Umsetzung des Handelsvertragsentwurfes von 1778 und einem von Franklin 1779 abgelehnten Vorschlag, die Anleihen durch die Verpfändung von Liegenschaften in allen 13 Staaten abzusichern,[6] legte er nun erneut einen Darlehensplan vor. Nach einem ersten Darlehensentwurf über 3 Mill.[7] im Februar 1781 kam es zu einem weiteren Entwurf für eine Anleihe von nur 1 Mill. Gulden zu 5 Prozent Zinsen jährlich und einer Laufzeit von 10 Jahren, rückzahlbar ab dem 10. Jahr in fünf Tranchen zu je 200.000 Gulden, so dass die Schuld im 14. Jahr getilgt sein sollte. Diese Anleihe sollte in Coupons zu je 1.000 Gulden erworben werden können.[8] Die *Nieuwe Nederlandsche Jaerboeken* berichteten darüber in ihrer Februarausgabe und gaben an, dass das Geschäft im Hause von de Neufville abgeschlossen werden sollte.[9] Adams war zufrieden mit diesem Angebot, er wollte allerdings noch einige formale Dinge, wie z. B. die Bestellung und Honorierung des Brokers und die Art und Weise der Aquirierung und Weiterleitung des eingenommenen Geldes prüfen.[10] Nach Klärung dieser Formalia, wurde noch im Februar ein Verhandlungsplan für die niederländische Anleihe mit den wesentlichen Eckdaten[11] aufgestellt und nach dessen Umsetzung am 1. März 1781 ein umfangreicher Vertrag mit der vereinbarten Tilgungsfrist 1. März 1795 und halbjährlichen

---

5 Vgl. Adams to Jan and Dirk van Vollenhoven, 22 Septr. 1780, in: Lint, *Papers of John Adams*, Vol. 10, S. 169 i. V. m. Hendrik van Blomberg to Adams Amstm. 25 Sept. 1780, in: Lint, *Papers of John Adams*, Vol. 10, S. 179. S. auch Lint, Anm. 2 zu Adams to Jean de Neufville & Fils, Amsterdam Feb. 2. 1781, in: Lint, *Papers of John Adams*, Vol. 11, S. 102; es geht hier um die Modalitäten der Kreditvergabe.
6 Vgl. Franklin to John Jay, President of Congress, Passy, 4 October 1779, in: Sparks, *Works of Benjamin Franklin*, Vol. VIII, S. 386 f. S. auch Edler, *Dutch Republic*, S. 82 f. Diese Idee wurde wenige Jahre später durch ein Amsterdamer Investorenkonsortium mit Hilfe der im Staat New York operierenden Holland Land Company realisiert.
7 Vgl. Jean de Neufville & Fils with a Draft Contract for a Loan to Adams, Amsterdam the 22d. January 1781, in: Lint, *Papers of John Adams*, Vol. 11, S. 72–75.
8 Vgl. Draft Contract for a Loan with Jean de Neufville & Fils [ante 2 February 1781], in: Lint, *Papers of John Adams*, Vol. 11, S. 98–100. S. auch Congleton, *Debt to the Dutch*, S. 55. Brake, *Dutch Republic*, S. 214.
9 Vgl. Nieuwe Nederladsche Jaerboeken, Zestiende Deel, (February 1781) S. 468.
10 Vgl. Adams to Jean de Neufville & Fils, Amsterdam Feb. 2. 1781 in: Lint, *Papers of John Adams*, Vol. 11, S. 101 und Jean de Neufville & Fils to Adams, Amsterdam the 8th. Feby. 1781, in: Lint, *Papers of John Adams*, Vol. 11, S. 129.
11 Vgl. Plan for the Negotiation of a Dutch Loan [ca. 24 February 1781], in: Lint, *Papers of John Adams*, Vol. 11, S. 159 f.

Zinszahlungen unterzeichnet.[12] Adams unterrichtete den Kongress über diesen Vertrag am 19. März 1781, der das entsprechende Schreiben allerdings erst am 19. November 1781 erhielt.[13] Leider hatte die Anleihe – trotz publizistischer Unterstützung durch die *Gazette de Leyde*[14] – nicht den erwarteten Erfolg und verkaufte sich nur schleppend – Schulte Nordholt spricht von einem Fiasko[15] – was de Neufville auch auf die kriegerischen Auseinandersetzungen zwischen England und Amerika einerseits und zwischen England und der niederländischen Republik andererseits sowie die diplomatisch noch nicht gefestigte Position der Vereinigten Staaten zurückführte.[16] Adams selbst schien sich in Geduld zu fassen und auf bessere Zeiten mit einem eigenen niederländischen für Amerika arbeitenden Bankier zu hoffen: „As to the Loan, I am not indifferent about its Success. My own Reputation with Some People, in Europe and America, will depend in Some measure upon it. But this has little Weight with me. It is of Importance to America to have a Comptoir, or Banker in Amsterdam upon whom Congress could occasionally draw, as they have at Paris and Madrid. And my Instructions from Congress are Such as rendered it my indispensable duty to open a Loan and try the Experiment."[17]

Trotz der immer wieder auch Optimismus verbreitenden Korrespondenz mit de Neufville schrieb Adams am 6. April 1781 an den Präsidenten des Kongresses: „But my proposals for a loan, although apparently well received by the pu-

---

12 Vgl. Contract for a Loan with Jean de Neufville & Fils [1 March 1781], in: Lint, *Papers of John Adams*, Vol. 11, S. 167–171. S. auch Winter, *Amsterdamschen handel*, S. 42.
13 Vgl. Anm. 3 zu Contract for a Loan with Jean de Neufville & Fils [1 March 1781], in: Lint, *Papers of John Adams*, Vol. 11, S. 171.
14 Vgl. Gazette de Leyde, Numero XX, 16.03.1781, zitiert in: Anm 2 zu Jean de Neufville & Fils to Adams, Amsterdam the 17 March 1781, in: Lint, *Papers of John Adams*, Vol. 11, S. 212 f.
15 Vgl. Schulte Nordholt, *Voorbeeld*, S. 135. S. auch Anm. 4 zu Adams to Jean de Neufville & Fils, Amsterdam Feb. 2. 1781, in: Lint, *Papers of John Adams*, Vol. 11, S. 102, hier wird auf Adams' Bericht für den Boston Patriot von 1809 hingewiesen, wonach insgesamt nur 5 Anteilscheine zu je 1000 Gulden, darunter drei an Luzac abgesetzt werden konnten. Am 04.12.1781 teilte Adams dem Kongresspräsidenten Thomas McKean (Jul. 1781–Nov. 1781) den Misserfolg seiner Anleihe mit den Worten mit: „My Loan rests as it was at a few thousand Guilders." Vgl. Adams to the President of Congress, Amsterdam Decr. 4th. 1781, in: Lint, *Papers of John Adams*, Vol. 12, S. 111.
16 Vgl. Jean de Neufville et Fils to Adams, Amsterdam 12, 13 und 14 March 1781, in: Lint, *Papers of John Adams*, Vol. 11, S. 197 ff. S. auch Anm. 4 zu Adams to Jean de Neufville & Fils, Amsterdam Feb. 2, 1781, in: Lint, *Papers of John Adams*, Vol. 11, S. 102, hier zieht Adams für den Boston Patriot 1809 ein Resumée bezüglich der Initiative von de Neufville.
17 Adams to Jean de Neufville & Fils, Leyden March 27. 1781, in: Lint, *Papers of John Adams*, Vol. 11, S. 230 f.

blic, have as yet had no success [...]"¹⁸ und im gleichen Sinne kam er wenige Tage später Franklin gegenüber zu der – wie die Zukunft zeigte – richtigen Überzeugung, dass amerikanische Anleihen erst gezeichnet würden, wenn die Vereinigten Staaten durch die Generalstaaten anerkannt seien.¹⁹ Woher trotz aller positiver Berichte in der Presse diese Furcht kam, sich finanziell für eine amerikanische Anleihe zu engagieren, analysierte Adams immer wieder und sparte dabei auch nicht mit Kritik am europäischen Markt.²⁰

Im Gegensatz dazu führte der französische Botschafter über Monate Gespräche mit verschiedenen Beteiligten in Holland. So berichtete de La Vauguyon am 27. April 1781 an seinen Außenminister von einem Gespräch mit dem Amsterdamer Kaufmann Henri Fizeaux, in dem auch dieser die Überzeugung äußerte, dass die Vereinigten Staaten keine Anleihe erhalten werden, solange sie nicht von den Niederlanden anerkannt sind und der französische König und die Generalstaaten keine Garantien übernähmen.²¹ Nur drei Wochen später ergänzte er aus einem Gespräch mit dem Statthalter, dass er diesen von den wohltätigen Leitlinien der französischen Amerika-Politik und dem Geldgeschenk des Königs an die Amerikaner in Höhe von 10 Mill. Livres in Kenntnis gesetzt habe, sowie von dem Beschluss, zur weiteren Unterstützung auf Rechnung der Vereinigten Staaten allerdings über Holland eine Anleihe von 5 Mill. Gulden zu eröffnen, „für die Sie [seine Majestät – R.R.] sich bereit hält, die Garantie zu übernehmen, bei Beteiligung der Staaten dieser Provinz [...]".²²

Schon zu diesem Zeitpunkt war also von französischer Seite eine holländische Beteiligung zur Absicherung des Finanzbedarfs der Amerikaner erwünscht. In den folgenden Wochen und Monaten erhöhte sich der diplomatische Druck auf die holländische Administration. So berichtete der Ratspensionär van Bleiswijk dem Statthalter in einem Brief vom 12. Juli 1781 vom Besuch des franzö-

---

18 Adams to the President of Congress, Amsterdam, 6 April, 1781, in: ADAMS, CH.F., *Works of John Adams*, Vol. VII, S. 385.
19 Vgl. Adams to B. Franklin, Leyden, 10 April, 1781, in: ADAMS, CH.F., *Works of John Adams*, Vol. VII, S. 386.
20 Vgl. Adams to B. Franklin, Leyden, 16 April, 1781, in: ADAMS, CH.F., *Works of John Adams*, Vol. VII, S. 389f. Am 16.05.1781 wiederholt er in einem Schreiben an den Präsidenten Huntington noch einmal die für Amerika hoffnungslose Situation: „The true cause of the obstruction of our credit here is fear, which can never be removed but by the states-general acknowledging our independence; which, perhaps, in the course of twelve months they may do, but I do not expect it sooner." S. auch Adams to the President of Congress, Amsterdam, 16 May, 1781, in: ADAMS, CH.F., *Works of John Adams*, Vol. VII, S. 418.
21 Vgl. Le duc de La Vauguyon au comte de Vergennes, Le 27 Avril 1781, in: KRÄMER, *Archives*, Tome II, S. 452f.
22 Le duc de La Vauguyon au comte de Vergennes, Le 15 May 1781: „dont Elle [sa Majesté – R.R.] se disposoit à assurer la garantie, en engageant les Etats de cette Province à la partager, [...]." In: KRÄMER, *Archives* Tome II, S. 479.

sischen Botschafters, bei dem sich dieser „mit mehr Ernst und Eifer als je zuvor, über die bewusste Anleihe von 5 Mill. unterhielt. Seine Exc. versicherte mir, dass sich der König, sein Herr, die Angelegenheit auf das Stärkste zu Herzen nahm [...]".[23] Am 23. Juli 1781 informierte der Statthalter den Ratspensionär über einen erneuten Besuch des Botschafters, der gekommen sei in der Hoffnung, seinem König bezüglich der 5 Millionen-Anleihe aus Den Haag erfreuliche Botschaften mitteilen zu können.[24] Er drängte den Statthalter, die Mitglieder des Staatsrates in diesem Sinne zu beeinflussen. Wie van Bleiswijk schon am 13. Mai[25] durch den Statthalter unterrichtet worden war, musste letzterer den Botschafter mit dem Hinweis vertrösten, dass er in den Diskussionen nicht viel tun könne, außer als erster Edler von Zeeland seine Stimme in die Waagschale zu werfen. Allerdings müsse der Botschafter, da es die niederländische Konstitution so verlange, etwas Schriftliches vorlegen, weil anders über seine Initiative gar nicht diskutiert werden könne. Im Übrigen solle er sich zur weiteren Sondierung an den Ratspensionär wenden.[26] Ab dem 3. August 1781 konnte der französische Botschafter immerhin erfreut nach Paris berichten, dass er mit dem Ratspensionär und dem Statthalter ins Gespräch gekommen sei und ihnen als prospektiver Partner der französisch-niederländischen Finanzhilfen für die Amerikaner Vertrauen und die Absicherung der in Rede stehenden Anleihen durch den französischen König vermittelt habe.[27] Der Statthalter seinerseits wies in den Gesprächen mit den Franzosen immer wieder auf die Bedeutung der Provinzen in den Entscheidungsprozessen der Republik hin und dass er selbst in diesem Politikfeld keine Entscheidungskompetenzen habe.[28]

---

23 Le conseiller pensionnaire au prince d'Orange, 12 July 1781: „met meer ernst en ijver dan ooit bevoorens, onderhouden over de bewuste geldleening van 5 mill. Zijn Exc. betuigde mij dat de Koning, zijn meester, die zaak op het sterkste ter harte nam [...]." In: KRÄMER, Archives, Tome II, S. 557 und vgl. einen ähnlichen Bericht vom Botschafter an den Außenminister, der diesen auf die besonderen verfassungsmäßigen Abläufe in der Republik aufmerksam macht, s. Le duc de La Vauguyon au comte de Vergennes, du 20 Juillet 1781, in: KRÄMER, Archives, Tome II, S. 564 f.
24 Vgl. Le prince d'Orange au conseiller-pensionnaire, Hage, den 23 July 1781, in: KRÄMER, Archives, Tome II, S. 567.
25 Vgl. Le prince d'Orange au conseiller-pensionnaire, Hage, den 13 Mey 1781, in: KRÄMER, Archives, Tome II, S. 473.
26 Vgl. Le prince d'Orange au conseiller-pensionnaire, Hage, den 23 July 1781, in: KRÄMER, Archives, Tome II, S. 567 f., von dieser Unterhaltung unterrichtete der Botschafter seinen Außenminister zwei Monate später mit Schreiben vom 18.10.1781. S. auch Le duc de La Vauguyon au comte de Vergennes, Le 16 Octobre 1781, in: KRÄMER, Archives, Tome II, S. 637.
27 Vgl. Le duc de La Vauguyon au comte de Vergennes, Le 3 Août 1781, in: KRÄMER, Archives, Tome II, S. 600 f.
28 Vgl. Le duc de La Vauguyon au comte de Vergennes, 16 oktober 1781, in: KRÄMER, Archives, Tome II, S. 638.

So blieb es nicht aus, dass Adams' Schriftverkehr später im Jahr 1781 insbesondere mit dem amtierenden Kongresspräsidenten Thomas McKean (Jul. 1781–Nov. 1781) den Eindruck der Hoffnungslosigkeit über seine Aktivitäten in Holland vermittelte: „My commission for borrowing money has hitherto been equally useless. I am told that no new loan was ever undertaken here, without meeting at first with all sorts of contradiction and opposition for a long time; but my loan is considered not only as a new one, but as entering deep into the essence of all the present political systems of the world [...]."[29] Diese Hoffnungslosigkeit bemerkten auch andere Adressaten in Amerika, wie z. B. Robert Morris, seit Februar 1781 Superintendent des *Office of Finance* und damit quasi Finanzminister der Föderation. Er war 1782 überdies auch Gründer der ersten zentralen *Bank of North America*, die allerdings innenpolitisch auf den entschiedenen Widerstand von Jefferson und Madison stieß, weil diese die fiskalische Souveränität der Einzelstaaten erhalten wollten.[30] Morris war für den gemeinsamen Haushalt der 13 im Kongress versammelten Staaten zuständig. Da dem Kongress die Erhebung von Steuern untersagt war, musste Morris als Leiter der Zentralbank neben der Aufbringung von Eigenmitteln, z. B. durch die Geldpresse, Landverkäufe und die Begebung heimischer Anleihen, ein besonderes Interesse an der finanziellen Unterstützung durch die anti-britische Koalition haben.

Bereits am 19. Juli 1781 fühlte er sich durch die Nachrichten aus Europa verleitet: „to hope that the ten millions of livres mentioned in it [in a letter from Colonel Laurens, son of Herny Laurens – R.R.] to be borrowed in Holland will be, as he says he shall request, advanced from the treasury of France".[31] Allerdings konnte er sich dessen durchaus nicht sicher sein, wie ihn Franklin im September aus Paris wissen ließ: „The projected loan in Holland has of late some appearances of success. I am indeed told it is agreed to by the States, but I do not yet think it so certain as to venture, or advise the venturing, to act in expectation of it."[32] Deshalb verwies Morris in einem Zirkular im Oktober gegenüber eini-

---

29 Adams to the President of Congress, Amsterdam, 15 october, 1781, in: ADAMS, CH.F., *Works of John Adams*, Vol. VII, S. 472.
30 Vgl. SYLLA, R., *Shaping the US financial system, 1690–1913: the dominant role of public finance*, in: SYLLA, R./TILLY, R./TORTELLA, G., *The State, the Financial System and Economic Modernization*, Cambridge UK 1999, S. 249–270, hier S. 257. Zu Jeffersons deutlicher in den 1790er Jahren formulierten finanzpolitischen Vorstellungen, vgl. SWANSON, D.F., *Thomas Jefferson on Establishing Public Credit: The Debt Plans of a Would-be Secretary of the Treasury?*, in: *Presidential Studies Quaterly*, Vol. 23/3 (1993) S. 499–508.
31 Morris to Franklin. Philadelphia, July 19, 1781, in: WHARTON, *Revolutionary Diplomatic Correspondence*, Vol. IV, S. 591. Vgl. auch TAILBY, D. G., *Foreign Interest Remittances by the United States, 1785–1787. A Story of Malfeasance*, in: *The Business History Review* 2 (1967), S. 161–176, S. 162 f.
32 Franklin to Morris, Passy, September 12, 1781, in: WHARTON *Revolutionary Diplomatic Correspondence*, Vol. IV, S. 604.

gen Gouverneuren verschiedener Staaten darauf, dass der Kongress zwar schon viel unternommen hätte, um mit Hilfe der Botschafter Kredite und Anleihen zu aquirieren, dass speziell in Holland jedoch Hilfe nur von privaten Investoren zu erwarten sei.[33] Dennoch hegte Morris in diesem Zusammenhang besondere Hoffnung auf den sich als Garantiemacht einbringenden französischen König Ludwig XVI.: „You [the governors – R.R.] will observe that his majesty [Louis XVI. – R.R.] granted to the United States a subsidy for the current year of six millions of livres; and on a representation of our distresses he was pleased to become security for a loan to be opened on our account in Holland."[34]

Franklin seinerseits berichtete Kongresspräsident McKean aus Frankreich, dass die Umsetzung der französisch-holländischen Initiative sicherlich noch einige Zeit in Anspruch nehmen werde.[35] Dieser Eindruck – insbesondere von untergründigem Widerstand der konservativen englandtreuen niederländischen Parteiungen – wurde auch von William Carmichael, damals Botschafter in Madrid, in seinem Bericht an die *Commision of Foreign Affairs* geteilt, wenn er schrieb: „In Holland the divisions are still great and likely to be so. The provinces have not yet all agreed to the loan proposed by France for the use of Congress. I am informed the stadtholder's friends give it all the opposition in their power."[36] Zwei Wochen später schrieb Morris von jenseits des Atlantiks nicht ohne Hoffnung an Franklin, dass „the idea I had entertained as to the advances made by the [French – R.R.] Court was not so favorable as the truth, and that the ten millions of livres, or five millions of florins [Gulden – R.R.], to be borrowed in Holland, will be over and above those advances."[37] Dass die Hoffnung auf den Erfolg der Anleihen über 5 Mill. Gulden und deren Garantie durch den französischen König nicht unbegründet war, machte Dumas deutlich, als er Adams am 3. Dezember von der fälligen einstimmigen Resolution der Generalstaaten in Den Haag berichtete.[38] Gleichzeitig bekam er die definitive Zusage von van der Capellen im

---

33 Vgl. Morris to the Governors of the Several States. Office of Finance, October 19, 1781, in: WHARTON, *Revolutionary Diplomatic Correspondence*, Vol. IV, S. 791.
34 Morris to the Governors of the Several States, Office of Finance October 16, 1781, in: WHARTON, *Revolutionary Diplomatic Correspondence*, Vol. IV, S. 792.
35 Vgl. Franklin to Thomas McKean, President of Congress, Passy November 5, 1781, in: *Revolutionary Diplomatic Correspondence*, Vol. IV, S. 827. Möglicherweise bezieht sich CONGLETON, *Debt to the Dutch*, S. 54 auf diesen Sachverhalt, wenn er behauptet, dass im November 1781 ein von Frankreich und den Generalstaaten garantiertes Darlehen von niederländischen Investoren gezeichnet wurde.
36 William Carmichael to the Commission of Foreign Affairs, Madrid, November 17, 1781, in: WHARTON, *Revolutionary Diplomatic Correspondence*, Vol. IV, S. 845.
37 Robert Morris to B. Franklin, Office of Finance, December 5, 1781, in: SPARKS, *Diplomatic Correspondence*, Vol. VI, S. 400 f.
38 Vgl. C.W.F. Dumas to Adams, LaHaie 3e. Xbe, 1781 au matin, in: LINT, *Papers of John Adams*, Vol. 12, S. 108.

Januar 1782, zwölftausend Gulden, möglicherweise aufgestockt durch weitere fünftausend Gulden, in eine amerikanische Anleihe zu investieren.[39]

Im Allgemeinen war dennoch auch Anfang 1782 – nach dem amerikanischen Sieg gegen die Engländer in Yorktown im Oktober 1781 – der Widerstand gegen Geschäfte mit den Vereinigten Staaten immer noch spürbar: „There is a phalanx formed by British ministry, Dutch Court, proprietors of English stocks, and great mercantile houses in the interest of the British ministry, that support these undertakers and are supported by them."[40] Deshalb ist es nur zu verständlich, dass sich Adams seinem neuen Außenminister Livingston gegenüber bezüglich der Anleihen mit Blick auf seinen Misserfolg mit dem Neufville-Darlehen von 1781 sorgenvoll zeigte und auf die Zukunft setzte.[41] Morris dagegen sah darüber hinaus im Februar 1782 die Schwierigkeiten der Kreditaufnahme nicht nur in einem von jenseits des Atlantiks als übertrieben erlebten Sicherheitsgefühl der Europäer, insbesondere der Holländer, sondern auch in mangelndem Vertrauen der amerikanischen Bevölkerung in den 13 Staaten in die eigene Regierungsleistung des Kongresses in Philadelphia.[42]

Im April 1782 erfolgte jedoch die Wende mit der staatlichen Anerkennung der Vereinigten Staaten von Amerika als demokratisch organisierte Republik und Adams' Akkreditierung als offiziellem Botschafter seines Landes in der Vereinigten Republik der Niederlande. War bis zu diesem Zeitpunkt die Korrespondenz mit Blick auf die möglichen Anleihen etwas zurückgegangen – bedingt durch die diplomatischen Bemühungen Adams', die niederländischen Provinzen und die Generalstaaten für eine Anerkennung der Vereinigten Staaten von Amerika zu gewinnen, so kam sie nun wieder in Gang.

---

39 Vgl. Adams to Baron van der Capellen, Amsterdam, 14 January, 1782, in: ADAMS, CH.F., *Works of John Adams*, Vol. VII, S. 502. S. auch Baron van der Capellen to John Adams, Zwol, 6 Janvier, 1782, in: ADAMS, CH.F., *Works of John Adams*, Vol. VII, S. 501f.

40 Adams to B. Franklin, Amsterdam, 25 January, 1782, in: ADAMS, CH.F., *Works of John Adams*, Vol. VII, S. 509.

41 Vgl. Adams to Secretary Livingston, Amsterdam, 14 February, 1782, in: ADAMS, CH.F., *Works of John Adams*, Vol. VII, S. 512.

42 Vgl. Morris to the Governors of the States. Office of Finance, February 15, 1782, in: WHARTON, *Revolutionary Diplomatic Correspondence*, Vol. V, S. 164: „Spain appears to have neither the inclination nor the ability to afford any [aid – R.R.] and in Holland it can only be obtained from individuals, who will always require security, and, of consequence, will not lend to the United States, who, as you well know, have no security to give. The want of proper funds has so reduced domestic credit, that we can draw no resources from thence, and until domestic credit is established, foreign credit can not exist, for it is absurd to expect that foreigners will confide in a Government which has not the confidence of its own citizens."

Schon zehn Tage nach dem 19. April – nachdem er auch den französischen Botschafter von seiner Absicht, eine Anleihe zu initiieren, unterrichtet hatte[43] – veröffentlichte Adams am 30. April 1782 zum ersten Mal den folgenden Aufruf an einen größeren Kreis von Investoren zu einer Platzierung einer amerikanischen Anleihe:

„Proposal for Opening a Loan: Mr. Adams proposes,
1. If the houses of Fizeaux, Grand & Co., John Hodshon & Son, Messrs. Crommelins, Messrs. Van Staphorst, Messrs. De la Lande and Fynje, and Mr. John de Neufville & Son, will all join together in an American loan, Mr. Adams will open it, without demanding any stipulation for any certain sum.
2. If the first proposition is not agreed to, Mr. Adams will open a loan with as many of those houses as will agree together, and enter into a stipulation with him to furnish the sum of five millions by the month of August.
3. If no number of houses will join, Mr. Adams will open the loan with anyone that will first undertake and contract to furnish that sum.
4. Mr. Adams proposes that all these gentlemen should meet and consult upon the matter, and propose their thoughts."[44]

Mit diesem – wie der Amsterdamer Investor Jacob van Staphorst später bemerkte – in Amsterdam ziemlich ungewöhnlichen Massenaufruf gingen die langjährigen Bemühungen von Adams und seinen Kollegen um ausländisches und insbesondere holländisches Finanzkapital in die entscheidende Phase.

Noch vor dem Aufruf zu seiner Anleihe vom 30. April wurde Adams von Franklin am 21. April auf das bekannte und bereits in den Diensten des französischen Königs stehende und auch jetzt für die Finanztransaktion bereit stehende Finanzhaus Fizeaux hingewiesen.[45] Demgegenüber hatte Adams nur vier Tage später – also fast zeitgleich – von seinem alten Bekannten, dem als englandfreundlich eingeschätzten John Hodshon, Vorschäge für eine Anleihe bekommen[46] und vorerst positiv beschieden: „Mr. Hodshon is desired to make the ne-

---

43 Vgl. Le duc de La Vauguyon au comte de Vergennes. Le 23 avril 1782, in: KRÄMER, *Archives* Tome III, S. 94.
44 Proposal for Opening a Loan, 30 April, 1782, in: ADAMS, CH.F., *Works of John Adams*, Vol. VII, S. 575 f. Vgl. auch Adams to Fizeaux, Grand & Co. and Others, April 30. 1782, in: LINT, *Papers of John Adams*, Vol. 12, S. 471, s. insbesondere S. 471 f., Anm. 1.
45 Vgl. Benjamin Franklin to John Adams, Passy April 21. 1782, in: LINT, *Papers of John Adams*, Vol. 12, S. 439.
46 Vgl. John Hodshon & Zoon's Proposals for a Loan, Amsterdam the 25 april 1782, in: LINT, *Papers of John Adams*, Vol. 12, S. 460: „Mess John Hodshon & son yoú are hereby desired to open a loan In my name for The use of the 13 united States of America agreable to my commission from Them dated The 20th june 1780 For Foúr

Abb. 21:
Portrait von Jacob van Staphorst, Amsterdam Banker, von Edme Quenedey, 1790, RKD – Nederlands Instituut voor Kunstgeschiedenis, Den Haag

cessary Enquiries, and as soon as he will give me under his hand his Engagement to furnish Congress with four or five Millions of Guilders, by the last day of July next, so that I may write forthwith to Congress that they may draw for that Sum, I will agree to his Opening the Loan upon the Terms, We have agreed on."[47] Adams hatte diesen Auftrag erteilt, obwohl er im Gegensatz zu dem optimistischen Fizeaux ziemlich skeptisch war, wie er seinem Kollegen Franklin eine Woche später zu verstehen gab: „It is true, I may open a loan for five millions, but I confess I have no hopes of obtaining so much. The money is not to be had. Cash is not infinite in this country."[48]

Dass Adams mit seiner Beziehung zu Hodshon die amerikafreundliche Finanzbranche in Amsterdam irritierte und heftigen Widerstand erzeugte, konnte nicht verwundern.[49] Gegenüber seinem Außenminister verdeutlichte er seine

---
or Five Million guilders current at 5 pc Intrest per annúm for the space of Ten years redeemable In The Five next Following years In equal Five parts with Intrest Fl payd of For which The obligation and coupons are to be signd by me, and the obligations contrasigned by yoú […]."

47   John Adams to John Hodshon, Amsterdam 26th. April 1782, in: LINT, *Papers of John Adams*, Vol. 12, S. 461 f.
48   Adams to Benjamin Franklin, Amsterdam, 2 May 1782, in: ADAMS, CH.F., *Works of John Adams*, Vol. VII, S. 580.
49   Vgl. Anm. 1 und 2 zum Brief John Hodshon to John Adams, Amsterdam the 20th april 1782, in denen auf Adams' Kommentare für den Boston Patriot vom 20. und 24. April 1811 verwiesen wird, in: LINT, *Papers of John Adams*, Vol. 12, S. 434. S. zu dem von van Staphorst geäußerten Vorwurf der Britenfreundlichkeit auch den Brief John Thaxter to John Adams, Amsterdam 22d. April 1782, in: LINT, *Papers of John Adams*, Vol. 12, S. 449 f.

Situation bei der Geldbeschaffung deshalb mit einem sehr starken Bild: „I can represent my Situation in this Affair of a Loan, by no other Figure than that of a Man in the midst of the Ocean negotiating for his life among a School of Sharks. I am sorry to use Expressions which must appear severe to You: but the Truth demands them."[50] Bei der Suche nach Investoren spielten – wie Adams hier andeutet – nicht nur die oben bereits mehrfach erwähnte Konkurrenz zu den anderen z. T. miteinander kriegsführenden Ländern, sondern auch die mächtigen und Kapital verschlingenden Handelskompanien, wie z.B. die englischen und die niederländischen, eine Rolle: „[…] the true and the decisive Secret is, there is very little Money to be had: […] But the Circumstance which will be fatal to my Hopes at this time is this, there is just now unexpectedly opened a Loan of Nine Millions for the India Company under the Warranty of the States, in which they have raised the Interest one per Cent above the ordinary Rate."[51]

Der lokale Amsterdamer Widerstand führte zur sofortigen Aufhebung des Vertrages mit Hodshon.[52] Nach intensiver Korrespondenz zwischen Adams und den anderen Finanzhäusern im Mai[53] – unter steter Beobachtung durch die französische Diplomatie[54] – kam es schließlich am 11. Juni 1782 erstmalig dazu, dass ein von den drei Finanzhäusern Willink, van Staphorst und De la Lande & Fynje gebildetes Konsortium mit Adams einen Vertrag abschloss.[55]

---

50   Adams to Robert R. Livingston, The Hague May 16th. 1782, in: LINT, *Papers of John Adams,* Vol. 13, S. 48 f.
51   Adams to Robert R. Livingston, The Hague May 16th. 1782, in: LINT, *Papers of John Adams,* Vol. 13, S. 49.
52   Vgl. Anm. 1 zu Adams to John Hodshon, Amsterdam, 26th April 1782, in: LINT, *Papers of John Adams*, Vol. 12, S. 461 f., Adams' Bericht im Boston Patriot vom 24.04.1811. S. auch den Brief Adams' an Hodshon vom 13.06.1782, in dem Adams sich für das großzügige Entgegenkommen in der Anleihenfrage bedankt, in: Adams to John Hodshon, The Hague 13 June 1782, in: LINT, *Papers of John Adams,* Vol. 13, S. 119.
53   Vgl. die Korrespondenz zwischen Adams und den drei Finanzhäusern Willink, van Staphorst und De la Lande & Fynje über die konkrete Ausgestaltung der Anleihen ab dem 11.05.1782, in: ADAMS, CH.F., *Works of John Adams*, Vol. VII, S. 583 ff.
54   Am 3. Mai 1782 kam der franz. Botschafter in einem Schreiben an seinen Außenminister erneut auf das 5 Mill-Darlehen zurück und teilte die Bedenken Adams', was die Attraktivität der Anleihe anging, vgl. Le duc de La Vauguyon au comte de Vergennes. Le 3 May 1782, in: KRÄMER, *Archives,* Tome III, S. 105. S. auch BRAKE, *Dutch Republic,* S. 212 f., der ausführt, dass dieses Darlehen sehr langsam gezeichnet wurde, vielleicht auch weil viele Investoren Orangisten waren.
55   Adams schrieb darüber an Livingston schon am 09.06.1782 aus Amsterdam: „I have, after innumerable vexations, agreed with three houses which are well esteemed here to open a loan. The extreme scarcity of money will render it impossible to succeed to any large amount." S. WHARTON, *Revolutionary Diplomatic Correspondence,* Vol. V, S. 482.

Abb. 22:
Portrait von Jan Willink, Amsterdam Bankier, von Pieter Frederik de la Croix, 1773, RKD – Nederlands Instituut voor Kunstgeschiedenis, Den Haag

Bei diesem Darlehensvertrag handelte es sich – so der amerikanische Historiker te Brake – um das erste direkte Darlehen an den amerikanischen Kongress.[56] Es sah vor, zunächst drei Anleihen zu je einer Million Gulden und bei entsprechendem Investoreninteresse später zwei weitere Anleihen, ebenfalls zu je 1 Million Gulden zu lancieren. Der Anleihebetrag sollte in Anteilsscheinen zu je 1.000 Gulden ausgegeben und beginnend nach 10 Jahren in fünf Tranchen à 200.000 Gulden zurückgezahlt werden, so dass das Darlehen damit im Jahr 1797 getilgt wäre. Für die Anleihe wurde den am Kapitalmarkt kursierenden Entwicklungs- und Risikoannahmen entsprechend ein Zinssatz von 5 Prozent pro Jahr, beginnend 1782, vereinbart, was deutlich über dem von England zu zahlenden Zinssatz von 3,25 Prozent und leicht unter den von Frankreich zu zahlenden 6 Prozent lag.[57] Am 13. Juni versandten die van Staphorsts dann das erste Bündel

---

56 Vgl. BRAKE, *Dutch Republic*, S. 214. S. auch JONG, *The Dutch in America*, S. 124. FREHEN, R., ROUWENHORST, K.G., GOETZMANN, W.N., *Financial Innovation in Late-Eighteenth Century Netherlands: Case of American Land Securities*, Draft: June 5, 2012, S. 9.
57 Vgl. Contract for a Loan with Wilhem & Jan Willink, Nicolaas & Jacob van Staphorst, and De la Lande & Fynje [*11 June 1782*] in: LINT, *Papers of John Adams*, Vol. 13, S. 110–116. S. zu den Prozentsätzen insbesondere auch die erläuternde

von Anteilsscheinen zur Unterschrift an Adams, dem in den folgenden Tagen und Wochen weitere Lieferungen folgten.[58] Adams selbst war in seinem Begleitbrief an den amerikanischen Außenminister vom 5. Juli, mit dem er fünf Kopien der verhandelten Texte in Niederländisch und Englisch versandte und sich für eine schnelle Bestätigung durch den Kongress einsetzte, wieder sehr skeptisch. Gegen allen offensichtlichen Optimismus in der Finanzbranche zweifelte er – vielleicht um den wahrscheinlichen Erfolg umso stärker feiern zu können – an der Attraktivität der Anleihe: „If We get a Million and an Half, by Christmas it will be more than I expect."[59] Superintendent Morris polterte – gleichzeitig auf der anderen Seite des Atlantiks, aber deshalb mit mindestens zweimonatigem Informationsverzug und letztlich unberechtigt – in einem Brief an den Präsidenten des Kongresses, John Hanson, vom 29. Juli: „[…] no aid is to be looked for from the Dutch Government, without giving them sufficient evidence of a disposition and ability to pay both principal and interest of what we borrow […]".[60]

Adams erfuhr nun viel Anerkennung wie z. B. von John Jay, Botschafter in Madrid und gleichzeitig Adams Kollege bei den Pariser französisch-englischen Friedensverhandlungen, der in seinem Brief vom 2. August 1782 lobte: „Your negotiations in Holland have been honorable to yourself, as well as useful to your country. […] I congratulate you on the prospect of your loan's succeeding,

---

Anm. 1, S. 116. Vgl. auch Anm. 4 zu Adams Begleitbrief zur Anleihe, Adams to Robert R. Livingston, The Hague July 5. 1782, in: LINT, *Papers of John Adams,* Vol. 13, S. 160. RILEY, *Foreign Credit,* S. 657.

58 Vgl. Nicolaas & Jacob van Staphorst to Adams, Amsterdam 13 June 1782, in: LINT, *Papers of John Adams,* Vol. 13, S. 121. S. auch Wilhem & Jan Willink, Nicolaas & Jacob van Staphorst, and De la Lande & Fynje to Adams, Amsterdam the 21th. June 1782, Anm. 3, in: LINT, *Papers of John Adams,* Vol. 13, S. 130 f. Wilhem & Jan Willink, Nicolaas & Jacob van Staphorst, and De la Lande & Fynje to Adams, Amsterdam the 29th. June 1782, in: LINT, *Papers of John Adams,* Vol. 13, S. 138 f. Wilhem & Jan Willink and Nicolaas & Jacob van Staphorst to Adams, Amsterdam 11 July 1782, berichten, dass die zweiten 1000 unterzeichneten Anleihen eingegangen sind, in: LINT, *Papers of John Adams,* Vol. 13, S. 174 f. Das Zahlungsmittel in Frankreich basierte abgesehen von Goldmünzen wie dem Louis d'or i. d. R. auf Livres. Ein Livre entsprach etwa einem halben niederländischen Florin/Gulden und einfünftel Dollar. Umgekehrt entsprach 1 $ etwa 2, 5 Gulden und 5,5 Livres, vgl. BAYLEY, *National Loans,* S. 9, S. 17, S. 45 sowie je nach US-Kolonie zwischen 5 und 8 amerikanische Shillings; für Massachusetts wurde 1750 per Gesetz der Wert eines englischen Schillings auf eineindrittel Shilling festgelegt, vgl. HEPBURN, A.B., *History of Currency,* S. 33 f.

59 Adams to Robert R. Livingston, The Hague July 5. 1782, in: LINT, *Papers of John Adams,* Vol. 13, S. 159. Schon am 02.05.1782 hatte sich Adams zum Erfolg der Anleihe gegenüber Franklin skeptisch geäußert, vgl. Adams to B. Franklin, Amsterdam, 02.05.1782, in: ADAMS, CH.F., *Works of John Adams,* Vol. VII, S. 580.

60 Morris to the President of Congress, Office of Finance, July 29, 1782, in: WHARTON *Revolutionary Diplomatic Correspondence,* Vol. V, S. 623.

and hope your expectations on that subject may be realized."[61] Tatsächlich lief die Zeichnung der gerade erst aufgelegten Anleihen gar nicht so schlecht, denn die drei Finanzhäuser konnten Adams nicht erst Weihnachten, sondern bereits am 8. August über den Erfolg der Initiative berichten: „We have received hitherto f[lorin – R.R.] 1.484000: – of whch. the intrest runs for acct. of Congress of f[lorin] 1.314,000: from 1 June; of f[lorin] 170,000: from 1 July of whch. your Excellency'll be pleased to take notice."[62] Dies war ein unerwarteter Erfolg, für den sich Adams höflich bei seinen Amsterdamer Partnern bedankte: „I am very glad to find that you have recd So much as 1.484,000 f.[lorin – R.R.]. on the Loan and congratulate you upon it."[63] Der Erfolg wurde auch publizistisch von der Presse begleitet wie z.B. von dem Adams in besonderer Weise nahestehenden *Le Politique Hollandais*. In seiner 78. Ausgabe vom 5. August 1782 beschrieb das Blatt noch einmal ausführlich – wie schon Benjamin Franklin 1778 – sieben Kriterien für ein erfolgreiches finanzielles Engagement und kam bezüglich der Konkurrenten England und Amerika zu einem für die Vereinigten Staaten positiven Ergebnis: „Alles gut gewichtet, scheint es, dass in Anbetracht des allgemeinen produzierenden Gewerbes, der Einfachheit, des Reichtums, der Umsicht & der Tugend Amerikas, dies ein viel sicherer Schuldner ist als Großbritannien."[64]

Die relativ schnelle Anleihenzeichnung war ein Erfolg, der auch jenseits des Atlantiks nicht ohne Resonanz blieb. So gratulierte Robert Morris Adams im September 1782 ausdrücklich für seine Arbeit in Holland: „I do myself the pleasure to congratulate you on the success of your patriotic labors in Holland."[65] An dieser Stelle sei noch einmal daran erinnert, dass die Adressaten westlich und östlich des Atlantiks die an sie gerichtete Post immer erst einige Monate später erhielten. So erreichte auch Livingstons Nachricht vom 15. September 1782, dass der Kongress die Vereinbarungen über die Anleihe genehmigt habe, Adams und das niederländische Konsortium erst Anfang November.[66]

---

61 John Jay to Adams, Paris, August 2, 1782, in: Wharton, *Revolutionary Diplomatic Correspondence,* Vol. V, S. 638f.
62 Wilhem & Jan Willink, Nicolaas & Jacob van Staphorst, and De la Lande & Fynje to Adams, Amsterdam the 8 augst. 1782, in: Lint, *Papers of John Adams,* Vol. 13, S. 225.
63 Adams to Wilhem & Jan Willink, Nicolaas & Jacob van Staphorst, and De la Lande & Fynje to Adams, (Amsterdam) Hague August 11. 1782, in: Lint, *Papers of John Adams,* Vol. 13, S. 229.
64 Le Politique Hollandais, Amsterdam, Tome III, Chapitre XLVII, No LXXVIII, Lundi, ce 5 Aout, 1782, S. 407: „Tout bien pesé, il paraît, qu'attendu l'industrie générale, la frugalité, la richesse, la prudence & la vertue de l'Amérique, elle est une débitrice beaucoup plus assuré que la Grande-Bretagne."
65 R. Morris to John Adams, September 27, 1782, in: Wharton, *Revolutionary Diplomatic Correspondence,* Vol. V, S. 770f.
66 Vgl. Robert R. Lingston to Adams, Philadelphia, 15th: Septr. 1782, in: Lint, *Papers of John Adams,* Vol. 13, S. 465 und Adams to Wilhem & Jan Willink, Nicolaas &

Adams war sich im Übrigen selber durchaus bewusst, dass sein Beitrag wesentlich zum amerikanischen Haushalt von Robert Morris beitrug, wie er Lafayette zur gleichen Zeit stolz mitteilte: „Amidst the innumerable crowd of loans which are open in this country, many of which have little success, I was much afraid that ours would have failed. I have, however, the pleasure to inform you that I am at least one million and a half in cash, about three millions of livres, which will be a considerable aid to the operations of our financier at Philadelphia [Robert Morris – R.R.], and I hope your court [in Versailles – R.R.], with their usual goodness, will make up the rest that may be wanting"[67] Dies war – wie bereits erwähnt – das erste mit dem amerikanischen Kongress vereinbarte niederländische Darlehen, dem weitere folgen sollten, wobei die Amsterdamer Finanzhäuser i. d. R. als Initiatoren auftraten und dann die Anteile weiterverkauften.[68]

5.2 Der niederländisch-amerikanische Freundschafts- und Handelsvertrag

Die Gratulation von Morris zu den von Adams erreichten Erfolgen in den Verhandlungen mit den niederländischen Partnern ist aber sicherlich nicht nur auf die anlaufende Zeichnung der Anleihen zu beziehen, sondern auch auf die im August 1782 auf der Zielgeraden einlaufenden Bemühungen um den Abschluss eines Freundschafts- und Handelsvertrages. Derartige Verträge waren das Ziel aller nach Europa entsandten amerikanischen Botschafter. Hierfür hatte Adams bereits sechs Jahre zuvor, 1776, einen Mustervertrag entwickelt. Wie schon ausgeführt, war John Adams am 29. Dezember 1780 vom Kongress als Nachfolger des damals im Tower einsitzenden Henry Laurens zum Botschafter in den Niederlanden ernannt worden. Während das Ernennungsverfahren für Laurens allerdings offenbar lediglich die Erklärungen des Kongresses vom 21. Oktober zur Ernennung selbst und vom 26. Oktober 1779 zur Zuständigkeit umfasste,[69] war den entsprechenden Erklärungen und Instruktionen für Adams ein Jahr später auch noch der Entwurf für den Freundschafts- und Handelsvertrag sowie jeweils ein Schreiben des Kongresspräsidenten Huntington an die Generalstaaten

---

Jacob van Staphort, and De la Lande & Fynje, Paris November the fifth 1782, in: LINT, G.L. u. a. (Ed.), *Papers of John Adams*, Vol. 14, (October 1782–May 1783) Cambridge (MA), London, 2008, S. 23.
67 Adams to La Fayette. The Hague, September 29, 1782, in: WHARTON, *Revolutionary Diplomatic Correspondence,* Vol. V, S. 786.
68 Vgl. SPIJKERMAN, H., *The Amsterdam Municipal Archives as a Source for the History ot the United States of America*, in: *The American Archivist* 52/1 (1989), S. 88–93, hier S. 91.
69 Vgl. die Protokolleinträge zum 21.10. bzw. 26.10.1779, in: CONGRESS, *Secret Journals,* Vol. II, S. 282 f. bzw. S. 284 f.

und den Statthalter beigefügt.⁷⁰ Dieser vom Kongress als Grundlage für Adams' Verhandlungen mit den Niederländern vorgesehene Entwurf hatte nicht nur große Schnittmengen mit dem französisch-amerikanischen Vertrag vom 2. Februar 1778, sondern auch mit dem im Herbst 1778 heimlich von William Lee, de Neufville und van Berckel erarbeiteten Entwurf für einen Handelsvertrag zwischen Amsterdam und den USA, der u. a. seinerzeit zum 4. Englisch-Niederländischen Krieg geführt hatte. Umfassten der amerikanisch-französische Vertrag 33 Artikel und der unauthorisierte Vertragsentwurf sogar 34 Artikel, so wollte der Kongress-Entwurf von 1780 die wechselseitigen Beziehungen mit den Niederlanden in nur 21 Artikeln regeln.⁷¹

Dieser Entwurf wurde von Adams angesichts seiner vordringlichen, oben beschriebenen Bemühungen um eine diplomatische Anerkennung der Vereinigten Staaten sowie der parallel laufenden Friedensverhandlungen zwischen England, Frankreich und den USA zunächst nicht weiter behandelt. Dies lässt sich zumindest daraus schlussfolgern, dass Adams erst nach seiner erfolgten Akkreditierung als Botschafter der Vereinigten Staaten am 19. April 1782 auf den Text von 1780 zurückkam. In seinem Schreiben an den amerikanischen Außenminister vom 23. April 1782 teilte Adams mit – wie oben bereits berichtet – dass er dem noch am selben Tage von den Generalstaaten gebildeten Komitee auf der nun gültigen Grundlage der erfolgten staatsrechtlichen Anerkennung einen Entwurf vorgelegt habe verbunden mit der nachdrücklichen Bitte, ihn zu prüfen und ggf. Änderungen vorzuschlagen.⁷²

Ob Adams den Kongress-Entwurf von 1780 oder eine veränderte Version weitergeleitet hatte, ist nicht bekannt, da sich bisher keine Kopie hat finden lassen.⁷³ Der amerikanische Historiker Burnett nimmt allerdings an, dass die vorgelegte

---

70 Vgl. die Protokolleinträge zum 29.12.1780, vgl. insbesondere den Anhang Plan of a Treaty of Amity and Commerce between the United States of America and the United Provinces of the Low Countries, in: CONGRESS, *Secret Journals*, Vol. II, S. 375 f. bzw. S. 378–390.
71 Vgl. GAZETTE DE FRANCE No. 46 Du Vendredi 7 Juni 1782, berichtete aus Den Haag vom 28. Mai 1782, S. 221 f.
72 Vgl. Adams to R. Livingston, The Hague, 23rd April 1782, in: SPARKS, *Diplomatic Correspondence*, Vol. III, S. 606. S. hierzu auch den zitierten *Extract uit het Register der Resolutien van de Hoog Mogende Heeren Staten Generaal der Vereenigde Nederlanden*, Veneris de 26 April 1782, in: NIEUWE NEDERLANDSCHE JAARBOEKEN Zeventiende Deels, Tweede Stuk, (Mei 1782) S. 542 f., in dessen Anschluss über die Debatte des Entwurfs in holländischer Übersetzung berichtet wird. S. auch KIEHL, E.J., *Ons verdrag met Amerika: Tractaat van vriendschap en Commercie thusschen Haar Hoog mogende, de Staten-Generaal der Vereenigde Nederlanden en de Vereenigde Staten van Amerika*, d. 8. October 1782, Den Haag 1863, S. 22.
73 Vgl. LINT, *Papers of John Adams*, Vol., 13, S. 260 f.: Herausgeber-Erläuterungen zu den niederländisch-amerikanischen Verhandlungen des Freundschafts- und Handelsvertrages.

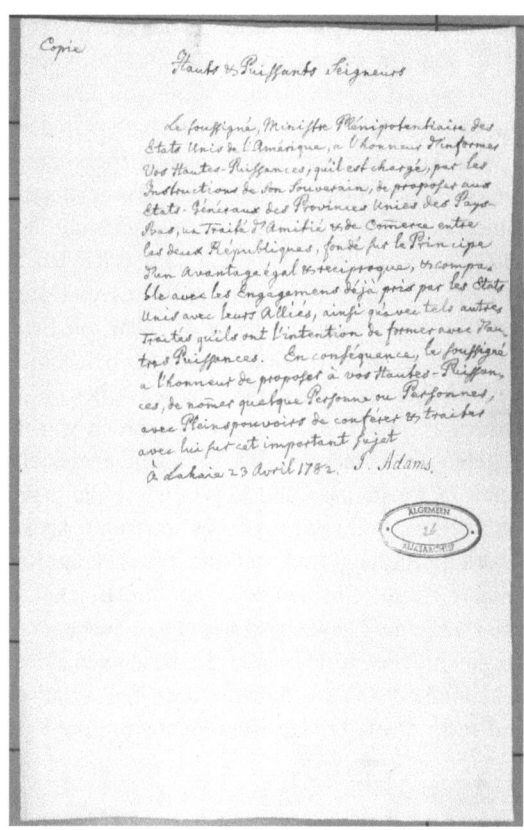

Abb. 23:
Adams' Brief an die Generalstaaten vom 23. April 1782
zur Aufnahme von Verhand-
lungen über einen Freund-
schafts- und Handelsvertrag,
Nationaal Archief, Den Haag
(Foto: Roland Richter)

Fassung nicht sehr verschieden zu der des schließlich unterzeichneten Vertrages gewesen sei.[74] Tatsächlich legte Adams in der Sitzung der Generalstaaten, die bereits drei Tage zuvor Unterhändler bestimmt hatten,[75] am 26. April 1782 einen 29 Artikel und 18 Seiten umfassenden Vertragsentwurf vor, den er für solche Verhandlungen mit allen Provinzen für eine gute Diskussionsgrundlage offerierte und deshalb für die kommenden Verhandlungen um Änderungsvorschläge bat.[76] Diese Unterredungen gerieten so ausführlich und mit Adams Worten *circuitous*, dass dieser Sorge hatte, die Verhandlungen könnten erst drei Monate später been-

---

74 Vgl. BURNETT, *Commercial Treaties*, S. 581.
75 Vgl. Le duc de la Vauguyon au comte de Vergennes. Le 26 avril 1782, in: KRÄMER, *Archives*, Tome III, S. 104.
76 Vgl. *Extract uit het Register der Resolutien van de Hoog Mog. Staaten Generaal der Vereenigte Nederlanden*, Veneris den 26 April 1782, sowie *Een Tractaat van Vriendschap en Commercie* ... in: NL-HaNA, Den Haag, Collectie Fagel, 1.10.29, inv.nr. 1465.

det werden,[77] womit er letzten Endes auch Recht hatte. Im Juni 1782 wurde der Text[78] von den Städten mit Änderungen diskutiert, so dass Dumas nicht nur die Hoffnung auf dessen baldige Verabschiedung, sondern auch auf die Ernennung eines ersten niederländischen Botschafters in den USA hegte.[79]

Die Amerikaner ihrerseits mühten sich überdies redlich, die oben schon an verschiedenen Stellen beschriebene Zurückhaltung der Niederländer in den verschiedenen Provinzen gegen eine eindeutige Festlegung zugunsten einer langfristigen vertraglichen Bindung zu überwinden. So berichtete Adams beispielsweise am 15. Juni 1782 von einer intensiven Unterredung mit dem Ratspensionär van Bleiswijk, während der er offenbar mit Erfolg versucht hatte, Hindernisse auszuräumen und die Hintergründe für bestimmte Regelungen zu erklären.[80]

Zwischen van Berckel,[81] der zwischenzeitlich ebenso wie van Bleiswijk abgesetzt[82] und 1782 rehabilitiert worden war, und Adams konnte über einige Regelungen zunächst keine Einigkeit hergestellt werden, da auch die Admiralität in Amsterdam und insbesondere die handeltreibenden Städte Einwände vorbrachten. Stein des Anstoßes waren die Artikel 22 und 23, die sich in ihrem Regelungsumfang direkt auf die bestehenden Regelungen in den Verträgen mit Frankreich und Spanien bezogen. Van Berckel, aber noch deutlicher der Jurist und Haarlemer Pensionär Adriaan van Zeebergh argumentierten gegen diese vertragsrechtlichen Ableitungen. Sie fürchteten einerseits, in ihrem politischen Handeln immer erst in den französischen bzw. spanischen Vertrag schauen zu müssen und andererseits bei Unstimmigkeiten in die Konflikte zwischen den USA und

---

77 Vgl. Adams to Robert Livingston, Amsterdam, June 9th, 1782, in: SPARKS, *Diplomatic Correspondence*, Vol. III, S. 616. S. auch *Vaderlandsche Historie*, Vyfde Deel, S. 170.
78 Vgl. Anm. 1 zum Brief Adams to Robert R. Livingston, Amsterdam June 9. 1782, in: LINT, *Papers of John Adams*, Vol. 13, S. 109. S. auch *Extract uit het Register der Resolutien van de Hoog Mog. Staaten Generaal der Vereenigte Nederlanden*, Martis den 21 mey 1782 sowie *Een Tractaat van Vriendschap en Commercie ... met Remaques en nadere propositie*, in: NL-HaNA, Den Haag, Collectie Fagel, 1.10.29, inv. nr. 1465.
79 Vgl. Dumas to Livingston. The Hague, June 1, 1782, ergänzt June 18, 1782, in: WHARTON, *Revolutionary Diplomatic Correspondence*, Vol. V, S. 466.
80 Vgl. Adams to Robert Livingston, The Hague, June 15th, 1782, in: SPARKS, *Diplomatic Correspondence*, Vol. III, S. 619.
81 Vgl. SCHULTE NORDHOLT, *Dutch Republic*, S. 157.
82 Vgl. KANNEGIETER, *Affaire van Berckel*, S. 277f. Van Bleiswijk, der zwischenzeitlich 1780/81 abgewählt worden war, war aufgrund der – nach Kannegieters Meinung – desaströsen Politik seiner zwischenzeitlich amtierenden england- und oranienfreundlichen Gegner im Bürgermeisteramt, Joachim Rendrop und Jacob Elias, Anfang des Jahres 1782 wieder rehabilitiert und in seine alte Funktion erneut eingesetzt und überdies im April zum Verhandlungsführer mit den USA ernannt worden.

Frankreich bzw. Spanien hineingezogen zu werden.[83] Dies war ein Standpunkt, für den der spanische Botschafter in Den Haag, Count de Sanafée, durchaus Verständnis äußerte, wie Adams' Tagebuch am 9. Oktober zu entnehmen ist.[84]

Am 23. Juli 1782 machte Adams van Berckel gegenüber den Standpunkt des Kongresses klar: „As to the treaty, Sir, I have communicated to several pensionaries that I could agree to the most of the amendments proposed by the admiralty: but I cannot agree to leave out entirely the 22d. and 23d. articles: [...] The amount of both those articles is no more than this, – ‚That this treaty with the republic shall not derogate from those already made with France.' If I were to meet the committee of their High Mightinesses, we could in such a conference very easily and very soon agree upon some modification of those two articles, which would be acceptable to both parties and upon all other amendments which are proper to be made."[85] Damit unterstrich Adams gegenüber van Berckel, van Zeebergh und anderen sehr deutlich, dass er zwar einerseits verhandlungsbereit sei, andererseits die Bestimmungen des Vertrages mit Frankreich jedoch nicht tangiert sähe. Allerdings mahnte van Berckel am 8. August noch einmal ein Treffen an, um bei der abschließenden Verhandlung ggf. auftauchende Überraschungen zu vermeiden.[86] Der Diskussionsprozess bei den Generalstaaten machte – wie die *Vaderlandsche Historie* später kommentierte – weitere Fortschritte, so dass am 9. August die Abgesandten Amsterdams ihre Anmerkungen noch einmal vortrugen.[87]

Adams konnte Mitte August nach weiteren Verhandlungen, wobei auch direkte Einladungen vom Ratspensionär an Adams nicht ausblieben[88] immerhin feststellen: „The States of Holland and West Friesland have determined the last week upon our project of a treaty of commerce, and I expect to enter into confe-

---

83 Vgl. Engelbert François van Berckel to Adams, Amsterdam, 22 Juillet, 1782, in: Lint, *Papers of John Adams,* Vol. 13, S. 191 f. Adriaan van Zeebergh an Adams 17./25.07.1782, s. Anlage: Van Zeeberghs Anmerkungen zum Niederländisch-Amerikanischen Vertrag, in: Lint, *Papers of John Adams,* Vol. 13, S. 206 ff.
84 Vgl. Adams' Tagebucheintrag zum 09.10.1782, in: Adams, Ch.F., *Works of John Adams,* Vol. III, S. 282.
85 Adams to Engelbert François van Berckel, The Hague 23d. July 1782, in: Adams, Ch.F., *Works of John Adams,* Vol. VII, S. 602. Mit Burnett, *Commercial Treaties,* S. 581 nehmen wir an, dass sich Adams hier tatsächlich nicht auf den Kongress-Entwurf von 1780, sondern auf einen von ihm abgeänderten Text bezieht, der dann am 08.10.1782 unterzeichnet wurde.
86 Vgl. Engelbert François van Berckel to Adams, Amsterdam 8 aout 1782, in: Lint, *Papers of John Adams,* Vol. 13, S. 222.
87 Vgl. *Vaderlandsche Historie*, Vyfde Deel, S. 171.
88 Vgl. Pieter van Bleiswyck to Adams, le 19e. Aout 1782, in: Lint, *Papers of John Adams,* Vol. 13, S. 256.

rences with the States-General this week, in order to bring it to a conclusion",[89] nachdem er zuvor am 10. August gegenüber van Berckel etwas Druck gemacht hatte: „It [the treaty – R.R.] has been already long under deliberation, and it ought to be upon its passage to congress for ratification, together with a minister from their High Mightinesses to the United States."[90] Auch Adams steuerte hierzu einige nicht nur redaktionelle Ergänzungen bei, die wiederum auf niederländischer Seite abgeklärt werden mussten.[91] Die hierfür anberaumte Zusammenkunft des zuständigen Komitees der Generalstaaten fand am 22. August offenbar in einem sehr würdigen Rahmen statt.[92] Die Adams hier von den Vertretern der Generalstaaten, insbesondere von Amsterdam vorgelegten Rückmeldungen auf seinen Entwurf und seine 1. Antwort waren der Ausgangspunkt für seine neuerliche, z.T. ebenfalls redaktionelle Überarbeitung um den 27. August, die dann nach Berücksichtigung der z. T. von van Bleiswijk vorgestellten Änderungsvorschläge bezüglich der Artikel 4, 9, 22, 23 und 24 ihrerseits in die Beschlussvorlage vom 6. September einflossen.[93]

Schließlich trafen sich die Generalstaaten am 27. September, um das Ergebnis der abschließenden Beratungen des Komitees der Generalstaaten für Auswärtige Angelegenheiten vom 17. September zu erörtern. Dieses wurde in einer eigenen, die Beratungsstationen noch einmal zusammenfassenden Erklärung vorgelegt und nach Diskussion durch die Generalstaaten abgesegnet, so dass der

---

89 Adams to Robert Livingston, The Hague, August 18th, 1782, in: SPARKS, *Diplomatic Correspondence*, Vol. III, S. 628.
90 Adams to M. van Berckel, The Hague, August 10th, 1782, in: ADAMS, CH.F., *Works of John Adams*, Vol. VII, S. 605.
91 Vgl. *Vaderlandsche Historie*, Vyfde Deel, S. 171.
92 Vgl. Adams to Secretary Livingston. The Hague, 22 August, 1782: „Their High Mightinesses have at length received their instructions from all the Provinces, and I have this day been in conference with the grand committee, who communicated to me the remarks and propositions on their part. To this I shall very soon give my replication, and I hope the affair will be soon ended. I was received in state by two of the lords, at the head of the stairs, and by them conducted into the committee-room where the business is transacted. The committee consisted of one or more deputies from each province, together with the grand pensionary, Bleiswyck, and the Secretary, Fagel." In: ADAMS, CH.F., *Works of John Adams*, Vol. VII, S. 614.
93 Vgl. The Negotiation of the Dutch-American Treaty of Amity and Commerce (22 August–8 October 1782), in: LINT, *Papers of John Adams*, Vol. 13, S. 259–393, insbesondere John Adams' Draft of a Dutch-American Treaty of Amity and Commerce and Proposals for Revisions (22 August 1782), John Adams' Replies to the Dutch Remarks and Suggested Changes to His Draft Treaqty of Amity and Commerce (ante 22 August 1782 and ca. 27 August 1782) sowie die vorgeschlagenen Änderungen zu den Artikeln 4, 9, 22, 23 und 24 und die Herausgeber-Erläuterungen.

mit Botschafter Adams ausgehandelte Freundschafts- und Handelsvertrag mit den Vereinigten Staaten unterzeichnet werden konnte.[94]

Mit dieser Erklärung stand dem Abschluss und der Unterzeichnung des niederländisch-amerikanischen Freundschafts- und Handelsvertrages nichts mehr im Wege. Am 5. Oktober notierte Adams in sein – 1782 offenbar lediglich ab September geführtes – Tagebuch: „In conference with the Grand Pensionary Bleiswyck, he told me, it was determined to sign the treaty of Commerce on Monday next, at noon."[95] In diesem Zusammenhang verwies Adams auch auf den *Rotterdamsche Courant* vom Tage, der seinerseits einen Artikel vom 7. August aus Philadelphia erwähnt, der den 19. April 1782 in Beziehung zur Schlacht von Lexington sieben Jahre zuvor sowie dem ersten Memorandum von Adams am 19. April 1781 setzte.[96] Am 7. Oktober 1782 berichtete Adams seinem Kollegen John Jay etwas geschäftsmäßig noch in Erwartung des Ereignisses: „On Friday last I was notified, by the messenger of their High Mightinesses, that the treaties would be ready for signature on Monday, this day. I am, accordingly, at noon, to go to the assembly, and finish the business. But when this is done, some time will be indispensable, to prepare my despatches for congress, and look out for the most favorable conveyances for them."[97]

Viel prächtiger und bedeutungsvoller erscheint dagegen der rückblickende Bericht in der *Vaderlandschen Historie*: „Am siebten des Weinmonats [7. Oktober 1782 – R.R.], dem Tag, der für den Abschluss der Arbeit bestimmt war, erschien der Herr Adams, von seinem Souverän dazu bevollmächtigt, im Trèvessaal, prächtig durch zwei Mitglieder aus der Versammlung der Allgemeinen Staa-

---

94 Vgl. Nieuwe Nederlandsche Jaarboeken, Zeventiende Deels Tweede Stuk, S. 1160f. (October 1782). S. auch *Extract uit het Register der Resolutien van de Hoog Mog. Staaten Generaal der Vereenigte Nederlanden*, Martis den 17 September 1782 und vgl. *Extract uit het Register der Resolutien van de Hoog Mog. Staaten Generaal der Vereenigte Nederlanden*, Vrydag den 27 September 1782, zusammen in: Resolutie Geapprobeert het verrigte van Gedeputeerden ter Generaliteit in het helpen resolveeren tot het sluiten en teekenen met den Americaanschen Minister Adams, van nieuw Concept-Tractaat van vriendschap en Commercie, en de Conventie wegens de hernomen Prysen. 27 Septemb 1782. in: NL-HaNA, Den Haag, Collectie Fagel, 1.10.29, inv.nr. 1465. Wharton, *Revolutionary Diplomatic Correspondence*, Vol. V, S. 735 überträgt die in der Erklärung vom 17. Sepember angegebenen Tagesdaten z.T. nicht korrekt; Adams berichtete noch am selben Tage dem Außenminister Livingston ausführlich von diesem Ereignis, vgl. Adams to Robert R. Livingston, The Hague. Septemr: 17th. 1782, in: Lint, *Papers of John Adams*, Vol. 13, S. 473ff.
95 Adams' Tagebucheintrag, The Hague, 5 October, 1782, in: Adams, Ch.F., *Works of John Adams*, Vol. III, S. 279. Vgl. Butterfield, *Diary of John Adams*, Vol. 3, S. 14.
96 Vgl. Adams' Tagebucheintrag, The Hague, 5 October, 1782, in: Butterfield, *Diary of John Adams*, Vol. 3, S. 14.
97 Adams to John Jay, The Hague, 7 October, 1782, in: Adams, Ch.F., *Works of John Adams*, Vol. VII, S. 645f.

ten, den Herren VAN DEN SANTHEUVEL und den Baron VAN LYNDEN TOT BLITTERSWYK [Hervorhebung im Text – R.R.], die für Holland und Zeeland dort Sitz hatten, hineingeleitet, wo man einen Freundschafts- und Handelsvertrag zwischen Ihren Hochmächtigen, den Generalstaaten der Vereinigten Niederlande und den Vereinigten Staaten von Amerika, bestehend aus New Hampshire, etc., schloss, und diesen am folgenden Tag unterzeichnete."[98]

Demzufolge tragen die Vertragsdokumente das Datum des 8. Oktober 1782 und waren auf der einen Seite u. a. von George van Randwyk, B.v.d. Santheuvel, P. van Bleiswijk und W.C. H. van Lynden und auf der anderen Seite von John Adams unterzeichnet. Adams selbst kommentierte das Ereignis in seinem Tagebuch unter dem 8. Oktober 1782: „At twelve, went to the State House; was received as usual at the head of the stairs by M. de Santheuvel, and M. de Lynden, Deputies from Holland and Zealand, and conducted into the Truce Chamber, where we signed and sealed the treaty of commerce and the convention concerning recaptures."[99] Am nächsten Tag ging Adams noch einmal zu Griffier Fagel, um die Papiere wiederholt durchzusehen, ggf. notwendige redaktionelle Korrekturen vorzunehmen und für die Weiterleitung an den Kongress fertigzustellen.[100] Der Vertrag etc. wurde danach an die Staaten in den Provinzen übermittelt mit einer Erklärung des Griffiers Fagel und der werbend formulierten Bitte um Ratifizierung innerhalb der nächsten sechs Monate.[101]

---

98 *Vaderlandsche Historie*, Vyfde Deel, S. 172 f.: „Op den zevenden van Wynmaand [7. Oktober 1782 – R.R.], den dag tot het afdoen van dit werk bestemd, verscheen de Herr Adams, van zyn Souverain daar toe gemagtigd, in de Treveskamer, plegtig door twee Leden uit de Vergadering der Algemeene Staaten, de Heeren VAN DEN SANTHEUVEL, en den baron VAN LYNDEN TOT BLITTERSWYK, wegens Holland en Zeeland aldaar zitting hebbende, ingeleid, waar men een Tractaat van Vriendschap en Commercie tusschen hun Hoog Mogenden de Staaten Generaal der Vereenigde Nederlanden, en de Vereenigde Staaten van America te westen New Hampshire, etc., sloot, en 't zelve den volgenden dag tekende." Vgl. NIEUWE NEDERLANDSE JAARBOEKEN, Zeventiende Deels Tweede Stuk, S. 1161 (October 1782). WIJK, *Republiek en Amerika*, S. 170.
99 Adams' Tagebucheintrag zum 08.10.1782, in: ADAMS, CH.F., *Works of John Adams*, Vol. III, S. 280.
100 Vgl. Adams' Tagebucheintrag zum 09.10.1782, in: ADAMS, CH.F., *Works of John Adams*, Vol. III, S. 281 f.: „Went this morning to the Secretary Fagel, and returned him the original treaty, and the original convention which was designed for their High Mightinesses; the others, designed for Congress, I kept. We ran over together the few literal variations, and corrected all; indeed, all the inaccuracies were found to be in my copy which I kept to compare. Mr. Fagel said, that one day this week, he would call upon me with the copies which he and I were to sign, to be sent to Congress."
101 Vgl. die Erklärung von Griffier Fagel, 08.10.1782, Missive Haar Hoog Mog. met geslooten Tractaat van Vriendschap en Commercie met de geunieerde Staaten van America, en een Conventie raakende de hernoomen Schepen; tot Ratificatie binnen

Fünf Tage später, am 13. Oktober, gab Adams drei Kopien der Vertragsdokumente auf drei verschiedene Schiffe zum Versand über Amsterdam nach Amerika.[102] Der Öffentlichkeit wurde der Vertrag nur wenige Tage später von Luzac in Leiden in der Zeit vom 15. Oktober bis zum 25. Oktober in vier Ausgaben in der *Gazette de Leyde* als *Nouvelles Extraordinaires des Divers Endroits* vorgestellt.[103] Schon am 17. Oktober wurden die Dokumente von den Staaten von Holland und West-Friesland ratifiziert, die anderen Provinzen folgten. Auf diese Weise konnten die Verträge auf niederländischer Seite namens der Generalstaaten weit vor Ablauf der gesetzten Frist bereits am 27. Dezember 1782 abschließend durch ihren amtierenden Präsidenten van Heeckeren und den Griffier Fagel parafiert werden.[104]

Dass Adams über den erfolgreichen Abschluss des hart diskutierten und umkämpften Vertrages doch ein wenig stolz war, wird nicht zuletzt nach der oben beschriebenen Zeremonie im glanzvollen, historischen Trèvessaal des Binnenhofs in Den Haag auch in seinem den Tagebucheintrag weiter ausschmückenden Bericht an seinen Außenminister deutlich.[105] Der Eingang dieses Briefes und der beiliegenden Vertragskopien wurde am 21. Januar 1783 im Kongress mit dem lapidaren Protokolleintrag bestätigt: „A letter of 8 October, 1782, from the honourable J. Adams, was read, accompanied with a certified copy of a treaty of anity and commerce [...] agreed to between their High mightinesses the States

---

ses maanden. Overgenoomen 17 October 1782, in: NL-HaNA, Den Haag, Collectie Fagel, 1.10.29, inv.nr. 1465.

102 Vgl. Adams' Tagebucheintrag, zum 13.10.1782, in: ADAMS, CH.F., *Works of John Adams,* Vol. III, S. 289.

103 Vgl. Niederländisch-Amerikanischer Freundschafts- und Handelsvertrag von 1782, in: GAZETTE DE LEYDE, Numero LXXXIII, 15.10.1782, Numero LXXXIV,18.10.1782, Numero LXXXV, 22.10.1782, Numero LXXXVI, 25.10.1782, s. NL-HaNA, Den Haag, Collectie Dumas, 1.10.26, inv.nr. 82.

104 Vgl. *Extract uit de Resolutien van de Heeren Staaten van Hollandt ende West-Vrieslandt,* in hun Ed. Groot Mog. Vergaderinge genomen op Donderdag den 17 October 1782, in: NL-HaNA, Den Haag, Collectie Fagel, 1.10.29, inv.nr. 1465.

105 Vgl. Adams to Secretary Livingston, The Hague, 8 October, 1782: „SIR, – At twelve o'clock to-day I proceeded, according to appointment, to the state house, where I was received with the usual formalities, at the head of the stairs, by M. Van Santheuvel, a deputy from the Province of Holland, and M.Van Lynden, the first noble of Zealand, and a deputy from that Province, and by them conducted into the chamber of business, *(chambre de besogne,)* an apartment belonging to the *truce chamber, (chamber de treves)* where were executed the treaty of commerce, and the convention concerning recaptures, after an exchange of full powers. [...] I hope the treaty will be satisfactory to congress. It has taken up much time to obtain the remarks and consent of all the members of this complicated sovereignty. [Hervorhebung im Text – R.R.]" In: ADAMS, CH.F., *Works of John Adams,* Vol. VII, S. 646 f. S. ähnlichen Tagebucheintrag zum 08.10.1782, in: ADAMS, CH.F., *Works of John Adams,* Vol. III, S. 280, s. o. Anm. 98.

Abb. 24: Allegorie auf den ‚Freundschafts- und Handelsvertrag zwischen den Hochmächtigen, den Generalstaaten der Vereinigten Niederlande und den Vereinigten Staaten von Amerika, 1782, Anonym, Rijksmuseum, Den Haag[106]

General of the Netherlands, and the United States of America, on the said 8th day of October, 1782."[107]

Nur zwei Tage später, am 23. Januar 1783, akzeptierte der Kongress feierlich den von Adams mit den Generalstaaten ausgehandelten Freundschafts- und Handelsvertrag[108] durch die Ratifizierung des amtierenden Präsidenten des Kongresses Elias Boudinot (Nov. 1782–Nov. 1783) und des Außenministers Livingston mit der Erklärung: „Now be it known that We the said United States of America in Congress assembled have accepted and approved and do by these presents ratify and confirm the said Treaty and every Article and clause thereof; and we do authorise and direct our Minister Plenipotentiary at the Hague to deliver this

---

106 Die Allegorie auf den Freundschafts- und Handelsvertrag versinnbildlicht rechts eine niederländische Frau auf einer Tonne sitzend, in der Hand eine Lanze mit Freiheitsmütze und links eine amerikanische Frau mit indianischen Zügen und einem Federhut, in der Hand eine Lanze mit Medaillons mit Helm und Äskolapstab. Die Frauen reichen sich die Hände. Im Hintergrund ist ein Indianer mit entblößtem Oberkörper, der ein Füllhorn ausgießt. Am Rande liegen heruntergefallene Rollen Virginiatabak.
107 Protokolleintrag zum 21.01.1783, in: CONGRESS, *Journals of the Continental Congress* 1774–1789, Vol. XXIV 1783, January 1–August 29, Washington 1922, S. 50.
108 Protokolleintrag zum 23.01.1783, in: CONGRESS, *Journals*, Vol. XXIV, S. 66–80.

our Act of Ratification in exchange for the Ratification of the said Treaty by their High Mightinesses the States General of the United-Netherlands."[109]

Damit waren die Beziehungen zwischen den beiden Republiken nach der vorherigen staats- und völkerrechtlichen Anerkennung der Vereinigten Staaten auch wirtschaftlich auf neue, festere Füße gestellt. Der Vertrag umfasste 29 Artikel.[110] Wie schon im Vertrag mit Frankreich regelte auch der niederländisch-amerikanische zunächst das beiderseitige freundschaftliche Verhältnis, insbesondere die rechtliche Gleichstellung einschließlich der grenzüberschreitenden Sicherung möglicher Erbrechte und die wirtschaftliche Gleichbehandlung der Bürger in beiden Ländern, sowie der niederländischen Besitzungen in Ost- und West-Indien und die volle Freizügigkeit für das diplomatische Personal. Im Übrigen ging es vor allen Dingen um den Rahmen des gegenseitigen Handels, die Definition der Handelsgüter sowie die Verhinderung des Schmuggels und die Sicherung der Handelswege gegen Piraten. Im niederländisch-amerikanischen Vertrag wurde überdies besondere Aufmerksamkeit auf die Sicherung der Gewissensfreiheit und Religionsausübung, die Wahl des Rechtsbeistandes vor Gericht und die Einhaltung der Bestimmungen der bereits erwähnten Artikel 9, 10, 17, 19, 22 und 24 des französisch-amerikanischen Vertrages gelegt.

---

109 Tractaat van Vrundschap en Commercie tusschen Haar Hoog Mogende de Staaten Generaal der Vereenigde Nederlanden en de Vereenigde Staaten van America benevens wederzydsche Ratificatien, 's-Gravenhage 1783, S. 29f., in: NL-HaNA, Den Haag, Collectie Fagel, 1.10.29, inv.nr. 1465.

110 Vgl. A Treaty of Amity and Commerce between their High Mightinesses the States General of the United Netherlands and the United States of America, to wit: New Hampshire, Massachusetts etc., 1782, in: CONGRESS, Secret Journals, Vol. III, S. 290–309.

6 Schlussbetrachtung: Adams, die holländischen Finanzanleihen und die Gefahr der amerikanischen Zahlungsunfähigkeit

Nachdem Adams den niederländisch-amerikanischen Freundschafts- und Handelsvertrag mit der feierlichen Unterzeichnung im Trevèssaal im Binnenhof in Den Haag zu einem Abschluss gebracht hatte, informierte Adams zunächst am 15. Oktober – wie Dumas, der dort die amerikanische Stellung weiter halten sollte, schon ein halbes Jahr zuvor angekündigt – den amtierenden Präsidenten der Generalstaaten Van Randwick aus Gelderland „to take Leave of their H[igh] M[ightinesses] and presented Mr. Dumas as Chargé des Affaires in my Absence".[1] Danach erklärte er am Nachmittag um drei Uhr dem Statthalter offiziell seinen Abschied aus der Vereinigten Republik nach Paris.[2] Dort am 26. Oktober 1782 angekommen, nahm Adams an den Verhandlungen zur Beilegung der kriegerischen Auseinandersetzungen zwischen England und den USA teil, die erst im folgenden Jahr zu einem Ende kommen sollten.

Am 4. Dezember 1782 bat er Livingston um die Entpflichtung von seinen Aufgaben, da er die Absicht hatte, nach Massachusetts zurückzukehren: „I now beg leave to resign all my Employments in Europe They are soon enumerated; the first is the Commission to borrow money in Holland and the second is my Credence to their High-Mightinesses."[3] Dieses Schreiben wurde erst am 1. April 1783 im Kongress behandelt. Der Kongress machte jedoch – wie bereits erwähnt – keine Anstalten, einen Nachfolger für die Position in Den Haag zu berufen und Adams zu entpflichten. Das hatte zur Folge, dass Adams zwar weiterhin in Europa blieb und die Funktion eines Botschafters für die Niederlande beibehielt, tatsächlich aber nur gelegentlich aus Paris zur Lancierung neuer Anleihen beim Amsterdamer Konsortium dorthin zurückkehrte, um die mit den vorhergehenden Anleihen eingegangenen Forderungen zu bedienen.[4]

Neben der Mitwirkung an den beiden Verhandlungen zur Beendigung 1. des englisch-amerikanischen Krieges, die nach Auffassung des deutschen Historikers Duchhardts materiell keine großen Veränderungen gegenüber dem Ende des

---

1 Adams' Tagebucheintrag vom 15.10.1782, in: BUTTERFIELD, *Diary of John Adams*, Vol. 3, S. 27.
2 Die NIEUWE NEDERLANDSE JAARBOEKEN berichteten später fälschlichereise, dass Adams sich an seinem Abreisetag, dem 17.10.1782, vom Statthalter verabschiedet habe, vgl. NIEUWE NEDERLANDSCHE JAARBOEKEN, Zeventiende Deels Tweede Stuk, (October 1782) S. 1180. S. auch Adams' Tagebucheintrag zum 17.10.1782, in: ADAMS, CH.F., *Works of John Adams,* Vol. III, S. 293.
3 Adams to Robert R. Livingston, Paris. 4th Novem^{r}Decr 1782, in: LINT, *Papers of John Adams*, Vol. 14, S. 112 i.V.m. Anm. 2.
4 Vgl. LINT, G. L. u.a. (Ed.), *Papers of John Adams*, Vol. 15, (June 1783–January 1784) Cambridge (MA), London, 2010, S. XXVII f.

Siebenjährigen Krieges 1763 generierten und im Frieden von Versailles am 3. September 1783 ihr Ende fanden, sowie 2. des Englisch-Niederländischen Krieges, die im Frieden von Paris am 20. Mai 1784 Mai abgeschlossen wurden, war Adams darüber hinaus seit 1782 auch an den Verhandlungen von einer ganzen Reihe von meist bilateralen Verträgen mit europäischen Mächten von Schweden bis zum nordafrikanischen Marokko beteiligt.[5] Ab Februar 1785 war er vom Kongress auch noch zum Botschafter am englischen Hof ernannt.[6]

Mit der Gewährung von Darlehen und der Lancierung von Anleihen war den Vereinigten Staaten zwar zur Organisation der nun bevorstehenden Nachkriegszeit geholfen, allerdings drückte neben den fortdauernden staatlichen Herausforderungen, die neues Geld erforderlich machten, der Schulden- und Zinsdienst auf den amerikanischen Haushalt. Unter der bewährten Mitwirkung der inzwischen als Bankiers der Vereinigten Staaten etablierten Finanzhäuser von Wilhem & Jan Willink, Nicolaas & Jacob Van Staphorst und De la Lande and Fynje wurde 1783/4 und 1786/7 die Aufnahme neuer Darlehen notwendig. Zu deren Verhandlung eilte Adams im ersten Fall aus London herbei, im zweiten Fall agierte er von London aus.[7]

Insgesamt war Adams – wie er am 24. Januar 1787 dem amtierenden Außenminister John Jay gegenüber in einem Brief feststellte – zu diesem Zeitpunkt im zehnten Jahr im diplomatischen Dienst der Vereinigten Staaten in Europa tätig: „The mission, with which they honored me to the United Provinces of the Low Countries, both as public minister and as agent to negotiate a loan of money, is not yet revoked."[8] Nun sehe er den Anlass, dem Kongress gegenüber seinen Abschied aus Europa zu erklären und die Zustimmung zu seiner Rückkehr nach Amerika für die Zeit nach dem 24. Februar 1788 zu erwirken. Dieses Ersuchen wurde im Kongress am 26. Juli 1787 nach Vortrag des Außenministers am 1. August wiederholt zur Kenntnis genommen[9] und war am 24. September sowie am

---

5 Vgl. PRUD'HOMME VAN REINE, R.B., *Jan Hendrik van Kinsbergen 1735–1819, admiraal en filantroop*, Amsterdam 1990, S. 158, der Krieg zwischen den Niederlanden und England war durch Waffenstillstand bereits am 23. Januar 1783 beendet worden. S. auch CARTER, *Neutrality or Committment*, S. 105. DUCHHARDT, *Balance of Power*, S. 59.

6 Vgl. Protokolleintrag zum 24.02.1785, in: CONGRESS, *Secret,* Vol. III, S. 533. S. auch NICOLAISEN, *John Adams*, S. 106.

7 Zu den beiden Darlehen von 1784 und 1787 vgl. BARLEY, *National loans*, S. 17–21. Wie schon bei früherer Gelegeneit offerierten die Finanzhäuser Willink und van Staphorst 1787 ein neues Darlehen, allerdings zu einem höheren Zinssatz von 8 Prozent. S. auch BUTTERFIELD, *John Adams*, S. 29.

8 Adams to Secretary Jay, Grosvenor Square, 24 January, 1787, in: ADAMS, CH.F. (Ed.), *The Works of John Adams*, Vol. VIII, Second president of the United States, Boston 1852, S. 422.

9 Vgl. Protokolleintrag zum 26.07.1787 und 01.08.1787, in: CONGRESS, *Journals of the Continental Congress* 1774–1789, Vol. XXXIII (1787, July 21–December 19), Washington 1936, S. 415 f. und S. 446.

5. Oktober 1787 nochmals Gegenstand der Verhandlungen, diesmal mit einer Nachfolgeregelung versehen sowie einer zu Protokoll gegebenen lobenden Erklärung: „That Congress entertain a high sense of the services which Mr. Adams has rendered to the United States in the execution of the various important trusts which they have from time to time committed to him: And that the thanks of Congress be presented to him for the patriotism, perserverance, integrity and diligence with which he has ably and faithfully served his country."[10]

Von dieser seinen Wünschen entsprechenden Entscheidung erfuhr Adams – wie sein Brief an den in Paris als Botschafter akkreditierten Jefferson vom 10. Dezember 1787 deutlich macht – offenbar und gegen alle diplomatischen Gepflogenheiten erst aus den Zeitungen und durch den gerade in den USA eintreffenden ersten niederländischen Botschafter, den jungen J.P. van Berckel: „Mr. Van Berckel, son of the minister, is arrived at Falmouth [Cornwall – R.R.], by the packet [boat – R.R.], but not yet in London. By him, I expect my dismision. The American newspapers, already arrived, both from New York and Boston, announce it to have passed in congress the 5th of October [...]."[11] Adams nahm dies zum Anlass, selbst jeweils ein Abschieds-Memorandum an den Statthalter und die Generalstaaten zu schicken, mit denen er sich in aller Form für die lange und gute Zusammenarbeit bedankte und ausdrücklich bedauerte, dass er – aufgrund einer Entscheidung des Kongresses – nicht nach Den Haag kommen könne, um persönlich Abschied zu nehmen.[12] Er sandte die Memoranden am 25. Januar 1788 an Griffier Fagel mit der Bitte, diese weiterzuleiten.[13] Fagel bedankte sich seinerseits am 12. Februar bei Adams und bedauerte sehr, dass er Abschied nähme. Fagel musste ihn allerdings – wie schon am Anfang seines Wirkens im Frühjahr 1781 – darauf hinweisen, dass wie seine Akkreditierung zu Beginn seiner Arbeit auch die Demission eines Botschafters konstitutiv die offizielle Erklärung durch die entsendende Regierung erfordere. Im Post Scriptum fügte Fagel hinzu: „P. S. His Highness being in the same predicament with their High Mightinesses

---

10 Protokolleintrag zum 24.09.1787, in: CONGRESS, *Journals*, Vol. XXXIII, S. 518. Vgl. auch Protokolleintrag zum 05.10.1787, in: CONGRESS, *Journals*, Vol. XXXIII, S. 611–615.
11 Adams to Th. Jefferson, London 10 December, 1787, in: ADAMS, CH.F., *Works of John Adams*, Vol. VIII, S. 465.
12 Vgl. Adams, Memorial to the Prince of Orange, Grosvenor Square, 25 January, 1788, in: ADAMS, CH.F., *Works of John Adams*, Vol. VIII, S. 471: „It is to him [Adams – R.R.] a mortifying circumstance that it is not in his power to go, in person, to the Hague, in order to take leave of their High Mightinesses, and of your Most Serene Highness. But as he had the honor to be originally accredited by congress to your Most Serene Highness, it is his duty, in taking leave of the republic, and on his departure from Europe, to pay his respects to your Most Serene Highness in writing."
13 Vgl. Adams to Fagel, London 25. January, 1788, in: ADAMS, CH.F., *Works of John Adams*, Vol. VIII, S. 470 mit den Memoranden, S. 471–472.

nothing can be done but to wait for a letter of recall from congress."[14] Also blieb Adams nichts anderes übrig, als Außenminister Jay mit Schreiben vom 16. Februar auf diesen diplomatischen Fauxpas hinzuweisen und nun extra in Philadelphia um entsprechende Entlassungsdokumente zu bitten. Das empfand Adams im Grunde als ziemlich beleidigend.[15]

Dieses diplomatisch erforderliche Demissionsschreiben an den englischen sowie den holländischen Hof wurde vom Kongress zeitgleich und mit Blick auf den avisierten 24. Februar in jedem Fall verspätet in Philadelphia an die niederländischen Generalstaaten mit folgendem Wortlaut verabschiedet: „Great and beloved Friends, Mr. Adams, our minister plenipotentiary at your court, having signified to us his earnest desire to return to his native country, we have thought proper to grant his request, and directed him to take leave of your high mightinesses in writing. The zeal, fidelity and abilities which he hath constantly exhibited in our service, persuade us that he will agreeably to our directions assure you in the most explicit and proper manner of our affection for your respectable republic, and our sincere desire that the friendship which happily subsists between us may be rendered more and maore intimate and permanent by mutual good offices, and an intercourse agreeable and beneficial to both countries."[16]

Wegen dieser Verspätungen startete Adams – nachdem er am 20. Februar 1788 bereits beim englischen König Abschied genommen hatte[17] – ohne den Eingang der offiziellen Erklärungen des Kongresses in London abzuwarten, einen neuen Versuch, von den Generalstaaten,[18] vom Statthalter[19] und anderen

---

14 Fagel to Adams, The Hague 12 Febrary, 1788, in: ADAMS, CH.F., *Works of John Adams*, Vol. VIII, S. 473.
15 Vgl. Adams to Secretary Jay, Grosvenor Square 16 February, 1788, in: ADAMS, CH.F., *Works of John Adams*, Vol. VIII, S. 478: „I am not at all surprised, therefore, although I am much mortified, at having my memorials to their High Mightinesses, and to his Most Serene Highness, returned to me, with the letter inclosed from Mr. Fagel. I should have had a letter of recall, signed by the president of congress, by their order, and addressed to their High Mightinesses. There is a similar irregularity in my recall from the British Court [...] When the public shall hear that I have gone home, without taking leave, there will be no end of criticism, conjectures, and reflections."
16 Protokolleintrag zum 12.02.1788, in: CONGRESS, *Secret Journals of the Acts and Proceedings of Congress*, Secret Journals of the Congress of the Confederation, Foreign Affairs, Vol. IV, Boston 1820, S. 413 f.
17 Vgl. Adams to Secretary Jay, Grosvenor Square 21 February, 1788, in: ADAMS, CH.F., *Works of John Adams*, Vol. VIII, S. 480.
18 Vgl. A Memorial. To their High Mightinesses the Lords the States General of the United Netherlands. Den Haag 6 March 1788, in: ADAMS, CH.F., *Works of John Adams*, Vol. VIII, S. 481 f. S. auch Notiz in GAZETTE DE LEYDE, Numero XXIV, 21.03.1788.
19 Vgl. Bij de stadhouder ingekomen brief van John Adams, gezant van de Verenigde Staten van Amerika bij de Republiek, 07.03.1788, in: Nationaal Archief, Den Haag, Stadhouderlijke Secretarie, 1600–1795, nummer toegang 1.01.50, Buitenlandse Zaken, De Verenigde Staten van Amerika, inventarisnummer 338.

befreundeten Persönlichkeiten in Den Haag persönlich Abschied zu nehmen – diesmal direkt mit eigenem Memorandum vom 6. März 1788 und entgegen den Direktiven des Kongresses. Der Versuch wurde auch in Anerkennung seiner diplomatischen Leistungen von seiten der Generalstaaten – wie bei solchen Gelegenheiten üblich – mit einer vom Juvellier Koning in Gold gefertigten Kette mit Medaillon im Wert 1.300 Gulden honoriert[20] und hochachtungsvoll mit Schreiben des Statthalters vom 11. März 1788 an den Kongress bestätigt.[21]

Der Abschied wurde Adams – nach Auffassung des amerikanischen Historikers Shackelford – etwas erleichtert, weil sein alter Freund Thomas Jefferson, der seit 1784 Botschafter in Paris war, die Gelegenheit nutzte, Adams im März 1788 in Den Haag zu treffen: „Jefferson was delighted to find John Adams still there because of the complications of his taking leave of the numerous Dutch officials to whom he was accredited."[22] Der Grund für seine ziemlich eilige Reise nach Den Haag war allerdings ernsterer Natur. Bereits Mitte des Jahres 1787 war erkennbar, dass der amerikanische Kongress neue Anleihen im Umfang von 1. Mill. Gulden zur Sicherung der Kreditwürdigkeit bewilligen sollte, denn „[t]his measure became absolutely necessary to prevent the total ruin of their credit, and the greatest injustice to their former creditors, who are possessed of their obligations: for the failure in payment of the interest, but for one day, would, in Holland, cause those obligations to depreciate in their value like paper money".[23] Die Aufnahme dieses Darlehens wurde daraufhin relativ zügig vom Kongress am 11. Oktober 1787 genehmigt.[24]

Jefferson berichtete schon im Frühjahr 1787 dem *Board of Treasury* von einem anderen Vorschlag, der dort erst am 2. Oktober 1787 behandelt wurde: Da sich der französische Staat – zwei Jahre vor der Französischen Revolution – auch durch die im französisch-englischen Krieg und die aufwendige Hofhaltung angehäuften Staatsschulden finanziell in einer äußerst angespannten Lage befand, hatte ein Konsortium von nicht näher bezeichneten holländischen Finanzhäusern dem französischen Finanzminister Calonne vorgeschlagen, die bei der französö-

---

20 Vgl. Extract from the record of the resolutions of their High Mightinesses the Lords the States General of the United Netherlands,Thursday, 6 March, 1788, in: ADAMS, CH.F., *Works of John Adams*, Vol. VIII, S. 482 f. S. auch Notiz in der GAZETTE DE LEYDE, Numero XXIV, 21.03.1788.
21 Vgl. Brief van de Stadhouder aan de Congres van de Verenigde Staten van Amerika, afschrift 1788, in: Nationaal Archief, Den Haag, Stadhouderlijke Secretarie, 1600–1795, nummer toegang 1.01.50, Buitenlandse Zaken, De Verenigde Staten van Amerika, inventarisnummer 337.
22 SHACKELFORD, G.G., *Thomas Jefferson's Travels in Europe, 1784–1789*, Baltimore, MY, London 1995, S. 132.
23 Adams to Secretary Jay, Grosvenor Square, London, 16 June, 1787, in: ADAMS, CH.F., *Works of John Adams*, Vol. VIII, S. 441.
24 Vgl. BARLEY, *National Loans*, S. 21. S. auch CONGRESS, *Journals of the Continental Congress*, Vol. XXXIII, S. 649.

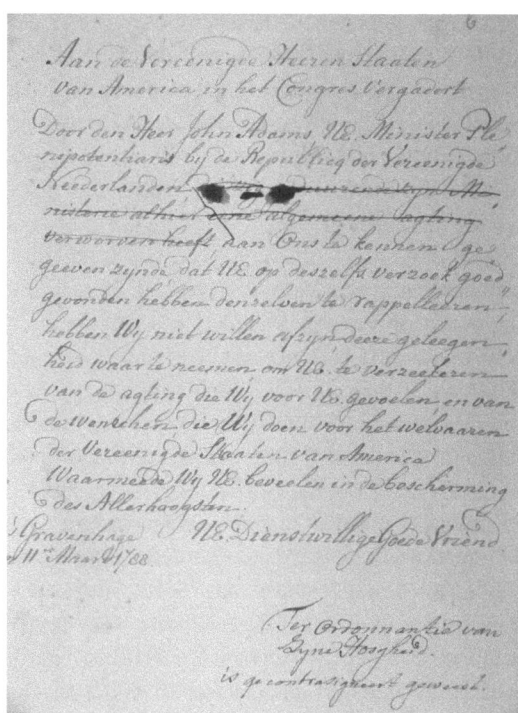

Abb. 25:
Brief des Statthalters an den Kongress der Vereinigten Staaten von Amerika, Abschrift vom 11. März 1788, Nationaal Archief, Den Haag
(Foto: Roland Richter)

sischen Krone aufgelaufenen amerikanischen Schulden in Höhe von 24 Mill. Livres für eine Summe von 20 Mill. Livres aufzukaufen, um der Krone somit wenigstens sichere – wenn auch geringer ausfallende – zusätzliche Liquidität zu verschaffen. Für die amerikanische Seite wollten die Finanzhäuser dann mit französischer Garantie ein neues Darlehen zur Rückzahlung der Schulden in Höhe von 24 Mill. Livres an das Konsortium emittieren. Jefferson selbst hatte seine Zweifel, ob der direkte Weg, in Holland Darlehen aufzunehmen, nicht besser wäre, als „be transferred [from – Einfügung im Text] a Court, [...] to the breast of a private Company".[25] Der Vorschlag wurde denn auch vom Kongress verworfen.

Die Lage hatte sich mit der erwähnten Anleihe vom 11. Oktober 1787 keineswegs beruhigt, denn am 12. Dezember 1787 berichtete Jefferson Adams nach London, dass seit Juli eine Forderung des Bankhauses Fizeaux & Co. in Ams-

---

25 Protokolleintrag zu Thuesday, October 2, 1787, in: CONGRESS, *Journals of the Continental Congress*, Vol. XXXIII, S. 590. Vgl. MALONE, D., *Jefferson and the Rights of Man, Jefferson and His Time*, Vol. 2, Boston 1951, S. 188 ff. über die kritische Schuldensituation der USA gegenüber Frankreich und den Niederlanden. Über die französischen Staatsfinanzen, vgl. WALLERSTEIN, *Weltsystem*, S. 120.

terdam aus geliehenen Darlehen vorliege, die am 1. Januar 1788 fällig werde.[26] Da Jefferson selber – im Gegensatz zu John Adams, der seit Oktober 1779 als *Treasury Commissioner* in Europa als einziger Befugnis hatte, bis zu $ 10 Mill. Schulden aufnehmen zu können[27] – keine entsprechenden Befugnisse vom Kongress erhalten hatte, habe er im August das *Board of Treasury* in Philadelphia direkt mit der Erwartung informiert, dass eine günstige Antwort zeitnah eintreffen werde. Er warnte in seinem Brief gleichzeitig vor den längerfristigen finanziellen Folgen einer Zahlungssäumigkeit auf amerikanischer Seite und dem damit zusammenhängenden Vertrauensverlust: „You know best what effect it will have on the minds of the money lenders of that country, should we fail in this payment. You know also best, wether it is practicable and prudent for us, to have this debt paid without orders."[28] Obwohl das *Board of Treasury* noch im Dezember mitteilte, dass es sich außerstande sehe, irgend eine Anweisung nach Europa zu tätigen,[29] wandte sich Jefferson zwei Monate später erneut an die *Commissioners of the Treasury* mit der Nachricht, dass er am 31. Januar 1788 von den Bankhäusern Willink und Van Staphorst einen Brief erhalten habe, der auf erhebliche, am 1. Juni 1788 fällig werdende Forderungen verwies.[30]

Jefferson war bewusst, dass diese Situation keineswegs günstig für die Verhandlungen über zukünftige Kredite war. Deshalb war er froh am 2. März zu erfahren, dass sich Adams am 29. Februar nach Den Haag auf den Weg machen wollte, um sich dort direkt und persönlich als Botschafter offiziell von Generalstaaten und Statthalter zu verabschieden. Jefferson drückte die Sorge, wie man mit den Amsterdamer Bankhäusern umgehen sollte: „our affairs at Amsterdam press on my mind like a mountain".[31]

Tatsächlich traf Jefferson den scheidenden Adams in Den Haag zeitgleich mit der offiziellen Verabschiedung des Botschafters aus dem Amt. Beide waren sich bei diesem Treffen um den 9. März 1788 schnell einig, dass sie zur Eindämmung der Forderungen die drückenden Verpflichtungen der USA Europas Geldgebern gegenüber irgendwie bedienen und so die Vereinigten Staaten vor der Zahlungsunfähigkeit bewahren mussten. Hierbei konnte Adams Jefferson mit seinen Kenntnissen und Kontakten zu den Amsterdamer Bankiers und Ame-

---

26 Vgl. Jefferson to John Adams, Paris, December 12, 1787, in: RANDOLPH, TH.J (Ed.), *Thomas Jefferson, Memoirs, Correspondence and Private Papers*, Vol. II, London 1829, S. 272 f.
27 Vgl. BARLEY, *National Loans*, S. 20.
28 Jefferson to John Adams, Paris, December 12, 1787, in: RANDOLPH, TH.J (Ed.), *Thomas Jefferson*, Vol. II, S. 273.
29 Vgl. Bericht Jefferson to John Jay, Amsterdam, March 16, 1788, in: RANDOLPH, *Thomas Jefferson*, Vol. II, S. 295.
30 Vgl. Jefferson to the Commissioners of the Treasury, Paris, February 7, 1788, in: RANDOLPH, *Thomas Jefferson*, Vol. II, S. 289–291.
31 Jefferson to John Adams, Paris, March 2, 1788, in: RANDOLPH, *Thomas Jefferson*, Vol. II, S. 294 f.

rikas Finanziers unterstützen.[32] In seiner Autobiographie schieb Jefferson später: „He [Adams – R.R.] concurred with me at once in opinion that something must be done, and that we ought to risk ourselves on doing it without instructions, to save the credit of the U.S."[33] Es würde zu viel Zeit verstreichen – so war im März 1788 ihre Einschätzung der schwierigen Lage angesichts der kumulativen Ratifizierung der neuen amerikanischen Verfassung durch die einzelnen Staaten – bis die danach installierte zukünftige erste amerikanische Regierung, ihr eigenes Finanzsystem aufbauen könnte.

„Our first object", so Jefferson später an Außenminister Jay, „was to convince our bankers, that there was no power on this side the Atlantic which could accede to this proposition, or give it any countenance."[34] Den niederländischen Geldgebern wurde also mehr oder weniger die Pistole auf die Brust gesetzt. In diesem Sinne machten sie in den intensiven Diskussionen um den 10. März 1788 herum mit den Geldgebern auf der Grundlage der Treasuryleitlinie deutlich, dass kurzfristig keine Hoffnung bestehe, dass das amerikanische *Board* bis zum Amtsantritt der neuen, ersten US-Regierung im April 1789 Überweisungen nach Europa tätigen würde. Deshalb verzichteten die Geldgeber notgedrungen zunächst auf die am 1. Januar fällige Kapitalrate und stimmten einer Verschiebung der für den 1. Juni anstehenden Forderungen zu.

Nach Jeffersons eigener Schätzung für die nächsten Jahre, brauchten die USA von 1788 bis 1790 jeweils ca. 500.000 Gulden, also insgesamt ca. 1,5 Mill. Gulden. Diese sollten durch aktuelle Zinsen und noch nicht verkaufte Anteile aus früheren Anleihen (zusammen ca. 622.000 Gulden) sowie eine neue Anleihe über eine Mill. Gulden mit 1.000 von Adams im März 1788 eigenhändig gezeichneten Anteilen zu jeweils 1.000 Gulden gedeckt werden – allerdings vorbehaltlich der Zustimmung der zukünftigen Regierung, die ab dem 30 April 1789 unter der Präsidentschaft von George Washington ihre Arbeit aufnehmen sollte.[35]

---

32 Vgl. Jefferson zitiert bei BARLEY, *National loans*, S. 21 f. KAPLAN, L.S., *The Founding Fathers and the Two Confederations. The United States of America and the United Provinces of the Netherlands, 1783–89*, in: SCHULTE NORDHOLT/SWIERENGA, *A Bilateral Bicentennial. A History of Dutch-American Relations, 1782–1982*, Amsterdam 1982, S. 33–48.
33 Jefferson, Thomas, *Autobiography*, in: PETERSON, M.D. (Ed.), *Thomas Jefferson Writings*, York, N.Y., 1984, S. 1–101, hier S. 76. Vgl. BARLEY, *National Loans*, S. 21.
34 Jefferson to John Jay, Amsterdam, March 16, 1788, in: RANDOLPH, *Thomas Jefferson*, Vol. II, S. 296.
35 JEFFERSON, TH., *Autobiography*, 1984, S. 76 f. Vgl. Jefferson to John Jay, Amsterdam, March 16, 1788, in: RANDOLPH, *Thomas Jefferson*, Vol. II, S. 295 f. S. auch SHACKELFORD, *Thomas Jefferson*, S. 132 für ein Jahr: „In order to raise a total of about half a million florins, they determined to ask the Amsterdam bankers to relend money scheduled for redemption during the next two years and to sell all unissued bonds." S. auch MALONE, *Jefferson*, S. 146.

Abb. 26:
Portrait von Thomas Jefferson, von Gilbert Stuart, 1821, National Gallery of Art, Washington

Auf diese Weise hatte Adams zum letzten Mal Gelegenheit, sich für sein Land in Amsterdam einzusetzen, bevor er sich auf den Weg zurück nach London machte, um von dort in die inzwischen von Frankreich, den Niederlanden, England, Schweden und Preußen staatlich anerkannten USA zu segeln.[36] Schulte Nordholt schwingt sich in diesem Zusammenhang sogar zu einem – vielleicht etwas gewagten – Vergleich mit dem *Marshall-Plan* jüngerer Tage auf, wenn er die gemeinsame Operation von Jefferson und Adams zusammenfassend wie folgt beschreibt: „Es gelang alles ziemlich gut, jedoch mit viel wechselseitiger Vorsicht. Und man kann hinterher wohl jubeln, dass es dann doch die niederländischen Bankiers gewesen sind, die der amerikanischen Nation auf die Beine geholfen haben, und sogar von einem ersten *Marshall-Plan* in umgekehrter Richtung sprechen; Adams war jedoch nicht so von Dankbarkeit erfüllt."[37] Damit wird zweifellos der Eindruck erweckt, als ob damit zu diesem Zeitpunkt die Amsterdamer Finanzhäuser die Probleme der jungen amerikanischen Republik bereits gelöst hätten. Dies war jedoch nicht der Fall. Adams wusste, dass noch ein langer Weg

---

36 Vgl. zum niederländischen Darlehen von 1788. S. auch BARLEY, *National Loans*, S. 21 f.
37 SCHULTE NORDHOLT, *Voorbeeld in de Verte*, S. 222 f.: „Het lukte allemaal wel, maar met veel wederzijdse voorzichtigheid. En men kan achteraf wel jubelen dat het dan toch maar de Nederlandse bankiers zijn geweest, die de Amerikaanse natie financieel op de been hebben geholpen, en zelfs spreken van een eerste Marshall-plan in omgekeerde richting, maar Adams was niet zo vervuld van dankbaarheid."

zu gehen war, weshalb er vielleicht mit der Bezeugung seiner Dankbarkeit noch etwas zurückhaltend war. Die finanzielle Unterstützung wurde auch nach Adams Abschied bis in die Mitte der 1790er Jahre u. a. durch die bekannten Amsterdamer Geldhäuser mit der Eröffnung von sieben weiteren holländischen Anleihen fortgesetzt – überwiegend zur Tilgung der vorher auch schon von Frankreich gewährten Kredite, der Ausgaben der USA in Europa, der ausstehenden Soldzahlungen für die in der amerikanischen Armee kämpfenden ausländischen Soldaten sowie auch zur Tilgung inländischer Kredite (domestic debts): „They amounted to 32,500,000 guilders ($ 13,000,000) of which 9,000,000 guilders were borrowed under the authority of the Continental Congress and 23,500,000 guilders ($ 9,400,000) by the present government [of G. Washington – R.R.] of the United States, which began and completed the redemption of the whole [in 1809 – R.R.]."[38]

Zu diesem niederländischen Engagement, das nach Baleys Aufstellung zwischen 1782 und 1794 im Einzelnen immerhin 11 Anleihen umfasste, stellen die Wirtschaftshistoriker De Vries und van der Woude fest, dass es im Jahre 1803, also nur wenige Jahre später, immerhin ein Viertel aller föderalen US-Staatsschulden darstellte, die wiederum etwa ein Drittel des Staatshaushaltes ausmachten. Damit so kann man mit Rouwenhorst schlussfolgern: „Together with France and Spain, the Netherlands was one of the major financiers of the American Revolution"[39], wobei in Frankreich und Spanien die monarchischen Regierungen und in den Niederlanden dagegen bürgerliche private Bankiers als Gläubiger auftraten.

Abschließend und im Blick auf die weitere Karriere von John Adams in den USA als erster Vizepräsident in der achtjährigen Regierung des ersten Präsidenten der Vereinigten Staaten von Amerika, George Washington, und ab 1796 als zweiter Präsident, mit Thomas Jefferson als Vizepräsidenten, der ihm seinerseits bereits 1800 als dritter Präsident folgte, ist es unter Einbeziehung der Selbstzeugnisse über seine Zeit in den Niederlanden nicht vermessen, wenn man das Urteil von Francis Newton Thorpe teilt, der 1920 die Meinung vertrat: „His diplomatic victory was won in Holland. Confederated as were the States of Holland in his time, a treaty of any kind between them and America seemed impossible of realization and yet such a treaty Adams secured. And more than a treaty of reco-

---

38 BAYLEY, *National Loan*, S. 27, s. auch S. 22–28. Vgl. RILEY, J.C., *Financial and Economic Ties*, S. 52. VEENENDAAL, *Dutch Investments*, S. 283. ROUWENHORST, *Financial Innovation*, S. 9. WILSON, CH., *Anglo-Dutch Commerce & Finance in the Eigtheenth Century*, Cambridge 1966, S. 190 ff. die Angaben der Autoren zum Gesamtvolumen der niederländischen Anleihen für die USA differieren je nach Betrachtungszeitraum etwas.
39 ROUWENHORST, K.G., *The Origins of Mutual Funds*, Yale ICF Working Paper No. 04–48, December 12, 2004, S. 1–31, hier S. 12. Vgl. DE VRIES/VAN DER WOUDE, *Nederland*, S. 180. S. auch DEWEY, *Financial History*, S. 47 f.

Abb. 27:
Portrait von John Adams,
von Gilbert Stuart,
1800/1815, National Gallery
of Art, Washington

gnition of nationality, or one of mere commercial exchange: he secured a large loan which carried the United States through what has come to be known as the 'critical period', the years from the ratification of the Articles of Confederation to the adoption of the Constitution. And Adams accomplished this extraordinary result in the very teeth of French opposition, and alone."[40]

Über diese diplomatischen und wirtschaftlichen Erfolge hinaus ist sicherlich die gegen alle Widerstände bestehende Hartnäckigkeit John Adams' bei der Verfolgung seiner Ziele ein wesentliches Merkmal seiner diplomatischen Aktionen in Europa. Als Vertreter eines aufstrebenden, sich gerade nach republikanisch-demokratischen Grundsätzen verfassenden Staatswesens und nicht wie die anderen Diplomaten in Den Haag, die ihren jeweiligen Fürsten oder Monarchen vertraten, führte er selbstbewusst einen neuen Politikstil in die höfische Diplomatie ein: Er setzte nicht nur auf die traditionelle Arkanpolitik der Diplomatie, sondern suchte seine Ziele auch mit Hilfe der Involvierung der bürgerlichen Öffentlichkeit über die Kommunikation in den Salons zu erreichen, vor allen Dingen aber über die Presse, mit der er – sozusagen diplomatisch regelwidrig – seine Memoranden lancierte und damit die öffentliche Diskussion in den Provinzen und darüber hinaus aktiv beeinflusste.

---

40 THORPE, F.N., *The Political Ideas of John Adams*, in: *The Pennsylvania Magazine of History and Biography*, Vol. 44, No. 1 (1920), S. 1–46, hier S. 25.

Diese Durchsetzungskraft wurde schließlich auch in den Vereinigten Staaten wahrgenommen, so dass Adams' Empfang nach langer Abwesenheit am 18. August 1788 im Hafen von Boston – folgt man der Berichterstattung der *Gazette de Leyde* – zu einem großen Ereignis wurde: der Sekretär des Staates Massachusetts segelte dem hochverehrten Ankömmling auf einer Staats-Yacht entgegen – begleitet von den Blicken und den Rufen mehrerer tausend am Ufer stehender Bürger – um ihn zu einem Begrüßungsdefilée zum Regierungssitz zu begleiten.[41]

***

Diese Anerkennung und seine breiten innen- und außenpolitischen Erfahrungen ebneten John Adams – wie schon angemerkt – den Weg ins Amt des zweiten Präsidenten der Vereinigten Staaten von Amerika. Allerdings führte sie bei John Adams nicht zu einer längeren tieferen Erinnerung im amerikanischen Volk wie bei Washington, Jefferson und Lincoln, für die im Laufe des 19. und frühen 20. Jahrhunderts eigene Erinnerungsorte in Washington D.C. geschaffen wurden. Erst Ende der 1990er Jahre entwickelte sich eine öffentliche Debatte darüber, warum in der Hauptstadt neben den bereits genannten *Founding Fathers* eigentlich nicht John Adams' und seiner Verdienste für das Land mit einem Denkmal gedacht werde. Der Kongress beendete schließlich 2001 die Debatte mit der Verabschiedung eines Gesetzes, so dass Präsident George W. Bush Anfang November 2001 u. a. im Beisein von Senator Edward Kennedy (Massachusetts) mit der Unterzeichnung den Start für die Gründung der *Adams Memorial Foundation* geben konnte. Diese *Foundation* bekam den Auftrag, in Washington D.C. ein Denkmal für die Adamsfamilie zu planen und zu errichten. Da bis zum heutigen Tage die Diskussion über Ort und Gestaltung des Denkmals noch nicht beendet ist, wurde 2014 die Frist für die Arbeit der *Foundation* bis zum Jahr 2020 verlängert. In der Begründung für das Adams-Denkmal schreibt der Kongress: „John Adams (1735–1826), a lawyer, a statesman, and a patriot, was the author of the Constitution of the Commonwealth of Massachusetts (the oldest constitution still in force), the leader of the Second Continental Congress, a driving force for independence, a negotiator of the Treaty of Paris (which brought the Revolutionary War to an end), the first Vice President, the second President, and an unwavering exponent of freedom of conscience and the rule of law."[42]

---

41 Adams bedankte sich beim Sekretär des Staates Massachusetts mit einem Lob auf seine amerikanische Heimat, die alle Vorzüge einer unabhängigen, in Wirtschaft und Religion freien Gesellsschaft genießen kann, vgl. GAZETTE DE LEYDE, Numero LXVIII, 22.08. 1788.
42 SENATE AND HOUSE OF REPRESENTAITVES OF THE UNITED STATES OF AMERICA IN CONGRESS ASSEMBLED: *Public Law 107–62, An Act to authorize the Adams Memorial Foundation to establish a commemorative work ...*, 107th Congress, Nov. 5. 2001, S. 115 STAT. 411–413.

Diese überwiegend innenpolitischen Verdienste Adams' für die USA standen nicht im Fokus der vorliegenden Untersuchung. Es ging ihr vielmehr darum, das kürzlich von Hutson und Congleton identifizierte Forschungsdesiderat für die niederländisch-amerikanischen Beziehungen des ausgehenden 18. Jahrhunderts durch eine ausdrückliche Fokussierung auf die diplomatischen Abläufe in ihrer Prozesshaftigkeit zu beheben. Denn in der Literatur wird die in dieser Zeit virulente Problematik der staatlichen und völkerrechtlichen Anerkennung und der Finanzierung der jungen amerikanischen Republik sowie der Entwicklung einer gemeinsamen transatlantischen Wirtschaftspolitik gemeinhin nur kursorisch, am Rande oder in einem breiter angelegten historischen bzw. wirtschaftshistorischen Kontext behandelt. Um jedoch den persönlichen diplomatischen Leistungen der amerikanischen Botschafter in Europa, insbesondere John Adams', aber auch den sich widerstreitenden Absichten der niederländischen politischen Akteure sowie den Aktivitäten der Amsterdamer Finanzhäuser tatsächlich in ihrer Komplexität gerecht zu werden, war eine in die Tiefe gehende Analyse der als Memoranden, Briefsammlungen, diplomatischen Korrespondenzen und Parlamentsberichten vorliegenden Primärquellen unverzichtbar. Durch die hier in einem konsistenten Narrativ vollzogene Zusammenführung der allgemein historischen Erkenntnisse mit den persönlichen Äußerungen und Einschätzungen der an den verschiedenen Fäden des historischen Prozesses Beteiligten ist ein weiterführender Beitrag zur transatlantischen Niederlandeforschung geleistet worden, der sicherlich nicht zuletzt auch die großen historischen Zusammenhänge der nach Hans-Ulrich Wehler ersten Entkolonisierung in der westlichen Hemisphäre verständlicher macht.

7 Verzeichnisse

7.1 Archivalien: Nationalarchiv Den Haag

Nationaal Archief, Den Haag, Stadhouderlijke Secretarie, 1600–1795, nummer toegang 1.01.50, De Amerikaanse vrijheidsoorlog en de vierde Engelse zeeoorlog inventarisnummer: (Abgekürzt: NL-HaNA, Den Haag, Stadhouderlijke Secretarie, 1.01.50, inv.nr.)

112   Stukken betreffende het verdrag tussen de Verenigde Staten van Amerika en Frankrijk door de agent van de V.S., Dumas overgeleverd aan stadhouder en raadpensionaris. 1778.
115   Stukken betreffende de oorlog, onderhandelingen over en sluiten van de vrede met Engeland. 1780–1784.

Nationaal Archief, Den Haag, Stadhouderlijke Secretarie, 1600–1795, nummer toegang 1.01.50, Buitenlandse Zaken, De Verenigde Staten van Amerika inventarisnummer: (Abgekürzt: NL-HaNA, Den Haag, Stadhouderlijke Secretarie, 1.01.50, inv.nr.)

337   Brief van de stadhouder aan de Congres van de Verenigde Staten van Amerika, afschrift 1788.
338   Bij de stadhouder ingekomen brief van John Adams, gezant van de Verenigde Staten van Amerika bij de Republiek, 1788.

Nationaal Archief, Den Haag, Collectie C.W.F. Dumas, 1700–1796, nummer toegang 1.10.26, inventarisnummer: (Abgekürzt: NL-HaNA, Den Haag, Collectie C.W.F. Dumas, 1.10.26, inv.nr.)

1   Minuten van uitgaande brieven. 1776 April 30–1795 December 11.

Nationaal Archief, Den Haag, Collectie C.W.F. Dumas, 1700–1796, nummer toegang 1.10.26, Stukken aangaande Amerikaansche aangelegenheden. 1775–1790 inventarisnummer: (Abgekürzt: NL-HaNA, Den Haag, Collectie C.W.F. Dumas, 1.10.26, inv.nr.)

80   Plan van een geheim handelstractaat tusschen Nederland en Amerika, te Aken ontworpen 4 September 1778. 1778–1781 8 stukken.
82   Stukken betreffende de uitvoering door John Adams van de hem door het Congres der Vereenigde Staten van Amerika gegeven opdracht tot het met H. Ho. Mogenden sluiten van een tractaat van handel en vriendschap en zijne erkenning als Minister-Plenipotentiaris van Amerika, Geschreven en gedrukt. 1781 en 1782 32 stukken. Niederländisch-Amerikanischer Freundschafts- und Wirtschaftsvertrag 1782, in: Nouvelles Extraordinaires des Divers Endroits, Numero LXXXIII, 15.10.1782; Numero LXXXIV,18.10.1782; Numero LXXXV, 22.10.1782, Numero LXXXVI, 25.10.1782

Nationaal Archief, Den Haag, Collectie Fagel, nummer toegang 1.10.29, Bilaterale betrekkingen van de Republiek der Zeven Verenigde Nederlanden. inventarisnummer: (Abgekürzt: NL-HaNA, Den Haag, Collectie Fagel, 1.10.29, inv.nr.)

1464 ‚Communicatie van de Heer Raadpensionaris van zeekere missive van de Heeren Franklin, Lee en Adams, Plenipotentiarissen van het Congres' met het voorstel om een vriendschaps- en handelsverdrag met de Staten-Generaal te sluiten. 1778. Bijlage: vriendschaps- en handelsverdrag tussen Frankrijk en de Verenigde Staten van Amerika. 1778 1 omslag.

1465 Stukken betreffende het sluiten van een vriendschaps- en handelsverdrag tussen de Verenigde Staten van Amerika en de Staten-Generaal. 1781–1782 1 omslag.

Nationaal Archief, Den Haag, Pieter van Bleiswijk, 1772–1787, nummer toegang 3.01.25, Verzoek van Groot-Brittannië om steun aan de Republiek in de oorlog tegen Noord-Amerika. inventarisnummer: (Abgekürzt: NL-HaNA, Den Haag, Raadpensionaris Van Bleiswijk, 3.01.25, inv.nr.)

480 Uittreksel uit de secrete resoluties van de Staten-Generaal van 20 oktober 1780 houdende het besluit de door prins Willem V aan de Staten-Generaal overgedragen stukken, die hij ontvangen had van Joseph Yorke na inbeslagname hiervan bij Henry Laurens, gewezen president van het Congres van Noord-Amerika, in het diepste geheim door de Staten der provincies te laten onderzoeken en officieel te ontkennen iets van enige onderhandelingen met het Amerikaanse congres af te weten; met bijlagen, 1778, 1779, 1780, afschriften. 1 omslag.

481 Stukken betreffende het onderzoeken van de mogelijkheid om, zoals Joseph Yorke eist de stad Amsterdam crimineel te laten vervolgen voor het aanknopen van eigenhandige onderhandelingen met het Amerikaanse congres, deels klad, concept en afschriften. 20 oktober – 4 december 1780 1 omslag.

482 Uittreksels uit de resoluties van de Staten-Generaal van 12, 22 en 23 december 1789, over dreiging en uitvoering hiervan door Joseph Yorke, een oorlogsverklaring te zien in het feit dat Amsterdam niet strafrechtelijk vervolgd wordt; met bijlagen, 1780 6 stukken.

484 Missive van Johan Adams, „ambassadeur" van het Amerikaanse congres in de Republiek aan de Staten-Generaal van 8 maart 1781, waarin hij de vrije vaart voor handelsschepen garandeert, afschrift. 1781 1 stuk.

7.2 Briefsammlungen, Korrespondenzen, Parlamentsberichte

ADAMS, J.: *Correspondence of the late President Adams.* Originally published in the Boston Patriot. In series of letters, Number 1, Boston 1809.

ADAMS, J., *Correspondence of the late President Adams.* Originally published in the Boston Patriot. In series of letters, Number 7, Boston 1809. URL: https://archive.org/details/correspondenceof1809adam (zuletzt eingesehen 01.02.2016)

ADAMS, CH.F. (Ed.), *The Works of John Adams,* Vol. II, (Diary and Autobiography), Second president of the United States, Boston 1850 (Tagebuch, 1. Teil). URL: https://archive.org/details/worksofjohnadams02adam (zuletzt eingesehen 01.02.2016)

ADAMS, CH.F. (Ed.), *The Works of John Adams,* Vol. III (Diary and Autobiography), Second president of the United States, Boston 1851 (Tagebuch, 2. Teil). URL: http://lf-oll.s3.amazonaws.com/titles/2101/Adams_1431-03_Bk.pdf (zuletzt eingesehen 01.02.2016)

ADAMS, CH.F. (Ed.), *The Works of John Adams,* Vol. VII, Second president of the United States, Boston 1852. URL: http://lf-oll.s3.amazonaws.com/titles/2105/Adams_1431-07_Bk.pdf (zuletzt eingesehen 01.02.2016)

ADAMS, CH.F. (Ed.), *The Works of John Adams,* Vol. VIII, Second president of the United States, Boston 1852. URL: http://lf-oll.s3.amazonaws.com/titles/2106/Adams_1431-08_Bk.pdf (zuletzt eingesehen 01.02.2016)

BUTTERFIELD, L.H. U.A. (Ed.), *Diary and Autobiography of John Adams,* Vol. 3, (Diary 1782–1804, Autobiography Part One to October 1776), Cambridge, MS, 1962.

CHESNUTT, D.R./TAYLOR, C.J. (Ed.), The Papers of Henry Laurens, Vol. 15, ed. by South Carolina Historical Society, Columbia (CS) 2000.

CHESNUTT, D.R./TAYLOR, C.J. (Ed.), *The Papers of Henry Laurens,* Vol. 16, ed. by South Carolina Historical Society, Columbia (CS) 2003.

CONNECTICUT HISTORICAL SOCIETY (Ed.), *The Deane Papers, 1771–1795,* Correspondence between Silas Deane, his brothers and their business and political associates, Collection of the Connecticut Historical Society, Vol. XXIII, Hartford 1930. URL: https://archive.org/details/collectionsofcon23conn (zuletzt eingesehen 02.02.2016)

CONGRESS, *Secret Journals of the Acts and Proceedings of Congress,* Secret Journals of the Congress of the Confederation, Foreign Affairs, Vol. II, Boston 1820. URL: https://archive.org/details/secretjournalsof2unit (zuletzt eingesehen 02.02.2016)

CONGRESS, *Secret Journals of the Acts and Proceedings of Congress,* Secret Journals of the Congress of the Confederation, Foreign Affairs, Vol. III, Boston 1820. URL: https://archive.org/details/secretjournalsof3unit (zuletzt eingesehen 02.02.2016)

CONGRESS, *Secret Journals of the Acts and Proceedings of Congress,* Secret Journals of the Congress of the Confederation, Foreign Affairs, Vol. IV, Boston 1820. URL: https://archive.org/details/secretjournalsof4unit (zuletzt eingesehen 02.02.2016)

CONGRESS, *Journals of the Continental Congress* 1774–1789, Vol. V (1776, June 5–October 8), Washington 1909. URL: https://archive.org/details/journalsofcontin05unit (zuletzt eingesehen 02.02.2016)

CONGRESS, *Journals of the Continental Congress* 1774–1789, Vol. XIII (1779, January 1–April 22), Washington 1909. URL: https://archive.org/details/journalsofcontin13unit (zuletzt eingesehen 02.02.2016)

CONGRESS, *Journals of the Continental Congress* 1774–1789, Vol. XV (1799, September 2–December 31), Washington 1909. URL: https://archive.org/details/journalsofcontin15unit (zuletzt eingesehen 02.02.2016)

CONGRESS, *Journals of the Continental Congress* 1774–1789, Vol. XVII (1780, May 8–September 6), Washington 1910. URL: https://archive.org/details/journalsofcontin-17unit (zuletzt eingesehen 02.02.2016)

CONGRESS, *Journals of the Continental Congress* 1774–1789, Vol. XVIII (1780, September 7–December 29), Washington 1910. URL: https://archive.org/details/journalsofcontin18unit(zuletzt eingesehen 02.02.2016)

CONGRESS, *Journals of the Continental Congress* 1774–1789, Vol. XIX (1781, January 1–April 23), Washington 1912. URL: https://archive.org/details/journalsofcontin19unit (zuletzt eingesehen 02.02.2016)

CONGRESS, *Journals of the Continental Congress* 1774–1789, Vol. XX (1781, April 24–July 22), Washington 1912. URL: https://archive.org/details/journalsofcontin20unit (zuletzt eingesehen 02.02.2016)

CONGRESS, *Journals of the Continental Congress* 1774–1789, Vol. XXI (1781, July 23–December 31, Washington 1912. URL: https://archive.org/details/journalsofcontin-21unit (zuletzt eingesehen 02.02.2016)

CONGRESS, *Journals of the Continental Congress* 1774–1789, Vol. XXII (1782, January 1–August 9), Washington 1914. URL: https://archive.org/details/journalsofcontin-22unit (zuletzt eingesehen 02.02.2016)

CONGRESS, *Journals of the Continental Congress* 1774–1789, Vol. XXIII (1782, August 12–December 31), Washington 1914. URL: https://archive.org/details/journalsof-contin23unit (zuletzt eingesehen 02.02.2016)

CONGRESS, *Journals of the Continental Congress* 1774–1789, Vol. XXIV (1783, January 1–August 29), Washington 1922. URL: https://archive.org/details/journalsofcontin-24unit (zuletzt eingesehen 02.02.2016)

CONGRESS, *Journals of the Continental Congress* 1774–1789, Vol. XXXIII (1787, July 21–December 19), Washington 1936. URL: https://archive.org/details/journalsof-contin33unit (zuletzt eingesehen 02.02.2016)

KRÄMER, F.J.L. (Ed.), *Archives ou Correspondance inédite de la Maison D'Orange-Nassau: recueil publié avec autorisation de S.M. Le Roi,* Serie 5, Tome I 1766–1779, Leyde 1910. URL: http://resources.huygens.knaw.nl/retroboeken/archives/#page=1&accessor=toc1&source=25&view=imagePane&size=1010 (zuletzt eingesehen 02.02.2016)

KRÄMER, F.J.L. (Ed.), *Archives ou Correspondance inédite de la Maison D'Orange-Nassau: recueil publié avec autorisation de S.M. Le Roi,* Serie 5, Tome II 1779–1782, Leyde 1913. URL: http://resources.huygens.knaw.nl/retroboeken/archives/#page=2&accessor=toc1&source=26&view=imagePane&size=1010 (zuletzt eingesehen 02.02.2016)

KRÄMER, F.J.L. (Ed.), *Archives ou Correspondance inédite de la Maison D'Orange-Nassau: recueil publié avec autorisation de S.M. Le Roi,* Serie 5, Tome III 1782–1789, Leyde 1915. URL: http://resources.huygens.knaw.nl/retroboeken/archives/#page=2&accessor=toc1&source=26&view=imagePane&size=1010 (zuletzt eingesehen 02.02.2016)

LINT, G.L., u. a. (Ed.), *Papers of John Adams,* Vol. 7, (September 1778–February 1779) Cambridge (Mass.), LONDON 1989.

LINT, G.L., u. a. (Ed.), *Papers of John Adams,* Vol. 9, (March 1780–July 1780) Cambridge (MA), London 1996.

LINT, G.L., u. a. (Ed.), *Papers of John Adams,* Vol. 10, (July 1780–December 1780) Cambridge (MA), London 1996.

LINT, G.L., u. a. (Ed.), *Papers of John Adams,* Vol. 11, (January–September 1781) Cambridge (MA), London 2003.

LINT, G.L., u.a (Ed.), *Papers of John Adams,* Vol. 12, (October 1781–April 1782) Cambridge (MA), London 2004.

LINT, G.L., u.a. (Ed.), *Papers of John Adams,* Vol. 13, (May–October 1782) Cambridge (MA), London 2006.
LINT, G.L., u.a. (Ed.), *Papers of John Adams,* Vol. 14, (October 1782–May 1783) Cambridge (MA), London 2008.
LINT, G.L., u.a. (Ed.), *Papers of John Adams,* Vol. 15, (June 1783–January 1784) Cambridge (MA), London 2010.
NEW YORK HISTORICAL SOCIETY (Ed.), *The Deane Papers, 1777–1778,* Vol. II, Collections of the New York Historical Society, Vol. XX, New York 1888. URL: https://archive.org/stream/collectionsforye20newyuoft#page/n15/mode/2up (zuletzt eingesehen 02.02.2016)
RANDOLPH, TH.J. (Ed.), *Thomas Jefferson, Memoirs, Correspondence and Private Papers,* Vol. II, London 1829. URL: http://babel.hathitrust.org/cgi/pt?id=mdp.39015027016 396;view=1up;seq=282(zuletzt eingesehen 02.02.2016)
RESOLUTIEN VAN DE HEEREN STAATEN VAN HOLLAND EN WESTVRIESLAND, Eerste Deel, o.O., 1780.
RESOLUTIEN VAN DE HEEREN STAATEN VAN HOLLAND EN WESTVRIESLAND, Tweede Deel, o.O. 1780.
SENATE AND HOUSE OF REPRESENTAITVES OF THE UNITED STATES OF AMERICA IN CONGRESS ASSEMBLED: *Public Law 107–62, An Act to authorize the Adams Memorial Foundation to establish a commemorative work ...,* 107th Congress, Nov. 5. 2001, S. 115 STAT. 411–413. URL: http://www.nps.gov/legal/parklaws/Supp_IX/10_National_Memorials_and_Memorial_Parks.pdf (zuletzt eingesehen 02.02.2016)
SPARKS, J. (Ed.), *The Works of Benjamin Franklin,* Vol. VIII, Boston 1856. URL: http://babel.hathitrust.org/cgi/pt?id=uc1.aa0014737431;view=1up;seq=13 (zuletzt eingesehen 02.02.2016)
SPARKS, J. (Ed.), *The Works of Benjamin Franklin,* Vol. IX, Boston 1856. URL: http://babel.hathitrust.org/cgi/pt?id=uc2.ark:/13960/t1dj5937n;view=1up;seq=412 (zuletzt eingesehen 02.02.2016)
SPARKS, J. (Ed.), *The Diplomatic Correspondence of the American Revolution,* Vol. I (Silas Deane, Arthur Lee, William Lee, Henry Laurens) Washington 1857. URL: https://archive.org/details/diplomaticco01unit (zuletzt eingesehen 02.02.2016)
SPARKS, J. (Ed.), *The Diplomatic Correspondence of the American Revolution,* Vol. II (Benjamin Franklin, John Adams) Washington 1857. URL: https://archive.org/details/diplomaticco02unit (zuletzt eingesehen 02.02.2016)
SPARKS, J. (Ed.), *The Diplomatic Correspondence of the American Revolution,* Vol. III (John Adams) Washington 1857. URL: https://archive.org/details/diplomaticco03unit (zuletzt eingesehen 02.02.2016)
SPARKS, J. (Ed.), *The Diplomatic Correspondence of the American Revolution,* Vol. IV (John Adams, John Jay, Francis Dana), Washington 1857. URL: https://archive.org/details/diplomaticco04unit (zuletzt eingesehen 02.02.2016)
SPARKS, J. (Ed.), *The Diplomatic Correspondence of the American Revolution,* Vol. V (William Carmichael, John Laurens, C.W.F. Dumas, General La Fayette, de la Luzerne), Washington 1857. URL: https://archive.org/details/diplomaticco05unit (zuletzt eingesehen 02.02.2016)
SPARKS, J. (Ed.), *The Diplomatic Correspondence of the American Revolution,* Vol. VI (de la Luzerne, Robert R. Livingston, Robert Morris), Washington 1857. URL: https://archive.org/details/diplomaticco06unit (zuletzt eingesehen 02.02.2016)

SPARKS, J. (Ed.), *The Diplomatic Correspondence of the American Revolution*, Vol. X, Boston 1830. (General La Fayette, Gerard, de la Luzerne) URL: https://archive.org/details/diplomaticco10unit (zuletzt eingesehen 02.02.2016)

WHARTON, F. (Ed.), *Revolutionary Diplomatic Correspondence of the United States*. Edited under direction of Congress, Vol. IV, (July 1780–November 1781), Washington 1889. URL:https://ia600400.us.archive.org/16/items/revolutionarydip04unit/revolutionarydip04unit.pdf (zuletzt eingesehen 02.02.2016)

WHARTON, F. (Ed.), *Revolutionary Diplomatic Correspondence of the United States*. Edited under direction of Congress, Vol. V, (November 1781–November 1782), Washington 1889. URL: https://ia600402.us.archive.org/3/items/revolutionarydip05unit/revolutionarydip05unit.pdf (zuletzt eingesehen 02.02.2016)

7.3 Literatur

[ADAMS, J.]: *A Collection of State-Papers, Relative to the first Acknowledgement of the Sovereignty of the United States of America, and the reception of their Minister Plenipotentiary, by their High Mightinesses the States-General of the United Netherlands*, The Hague, 1782. URL: https://archive.org/details/acollectionstat00adamgoog (zuletzt eingesehen 17.05.2015)

ANDERSON, M.S., *Europe in the Eighteenth Century 1713–1783*, London 1976.

ARNDT, K.J.R. (Hrsg.), *Der Freundschafts- und Handelsvertrag von 1785 zwischen Seiner Majestät dem König von Preußen und den Vereinigten Staaten von Amerika – The Treaty ot Amity and Commerce of 1785 between His Majesty the King of Prussia and the United States of America*, München 1977.

ASBACH, O., *Politik, Handel und internationale Ordnung im Denken der Aufklärung*, in: ASBACH, O. (Hrsg.), *Der moderne Staat und 'le doux commerce'. Politik, Ökonomie und internationale Beziehungen im politischen Denken der Aufklärung*, Baden-Baden 2014, S. 13–36.

THE ANNUAL REGISTER *or a View of the History, Politics, and Literature for the Year 1780*, London 1788. URL: https://archive.org/stream/annualregisteror1780londuoft#page/n7/mode/2up (zuletzt eingesehen 17.06.2015)

THE ANNUAL REGISTER *or a View of the History, Politics, and Literature for the Year 1781*, London 1791. URL: https://archive.org/stream/annualregisteror1781londuoft#page/n5/mode/2up (zuletzt eingesehen 17.06.2015)

BAASCH, E, *Holländische Wirtschaftsgeschichte*, Jena 1927.

BAS, F. DE (uitg.), *Brieven van Prins Willem V aan Baron van Lijnden van Blitterswijk*, 's-Gravenhage, 1893.

BAUMGART, W., *Der Ausbruch des Siebenjährigen Krieges: zum gegenwärtigen Forschungsstand*, in: *Militärgeschichtliche Mitteilungen* Bd. 11 1972, S. 157–165.

BAYLEY, R.A., *The National Loans of the United States from July 4, 1776, to June 30, 1880*, Washington 1888. URL: https://archive.org/details/cu31924030228245 (zuletzt eingesehen 17.12.2015)

BEAUFORT, W.H. DE (uitg.), *Brieven van en aan Joan Derck van der Capellen van de Pol*, Utrecht 1879. URL: http://www.archive.org/stream/werken51nethgoog#page/n9/mode/2up (zuletzt eingesehen 17.01.2016)

BELISSA, M., *Diplomatie der Könige, Diplomatie der Völker 1770–1800*, Köln, Weimar, Wien 2010, S. 403–426.

BÉLY, L., *Les relations internationales en Europe (XVIIe–XVIIIe)*, Paris 1992.

BEMIS, S.F., *A Diplomatic History of the United States*, New York ⁵1965.

BRAKE, W. TE, *Popular Politics as and the Dutch Patriot revolution*, in: Theory and Society 14/2 (1985) S. 99–222. URL: http://www.jstor.org/stable/pdf/657090. pdf?acceptTC=true (zuletzt eingesehen 17.11.2015)

BRAKE, W. TE, *Provincial Histories and the National Revolution in the Dutch Republic*, in: JACOB, M./MIJNHARDT, W.W., *The Dutch Republic in the Eighteenth Century. Decline, Enlightenment, and Revolution*, Ithaca 1992, S. 60–90.

BRAKE, W. TE, *The Dutch republic and the Creation of the United States*, in: KRABBENDAM, H./MINNEN, C.A. VAN/SCOTT-SMITH, G. (Ed.), *Four centuries of Dutch-American relations 1609–2009*, Amsterdam, 2009, S. 204–215.

BURNETT, E.C., *Note on American Negotiations for Commercial Treaties, 1776–1786*, in: The American Historical Review 16/3 (April 1911), S. 579–587. URL: http://ahr.oxfordjournals.org/content/16/3/579.full.pdf+html (zuletzt eingesehen 17.12.2015)

BUTTERFIELD, L.H. (Ed.), *John Adams and the Beginnings of Netherlands-American Friendship, 1780–1788*, Boston 1959.

[CALKOEN, H.], *Systeme politique de la Regence d'Amsterdam*, Amsterdam, 1781; niederländische Übersetzung: *Het Politiek Systema van de Regeering van Amsterdam*, Amsterdam 1781. URL: https://archive.org/details/hetpolitieksyste00john (zuletzt eingesehen 17.01.2016)

CAPELLEN, J.D. VAN DER, *Aan het Volk van Nederland, het democratisch manifest, 1781*, ingeleid door Wertheim, W.F./Wertheim-Gijse Weenink, A.H., Weesp 1981.

CARLOS, A.M./NEAL, L., *Amsterdam and London as financial centers in the eighteenth century*, in: Financial History Review 18/1 (2011), S. 21–46. URL: http://eprints.lse.ac.uk/38799/1/Amsterdam%20and%20London%20as%20financial%20centres%20in%20the%2018th%20century%28lsero%29.pdf (zuletzt eingesehen 097.10.2015)

CARPENTER, W.S., *The United States and the League of Neutrals of 1780*, in: The American Journal of International Law 15/4 (1921), S. 511–522. URL: http://www.jstor.org/stable/pdf/2188285.pdf?acceptTC=true (zuletzt eingesehen 17.12.2015)

CARTER, A.C., *Neutrality or Commitment: The Evolution of Dutch foreign Policy, 1667–1795*, London 1975.

CHINARD, G., *Honest John Adams*, Boston 1964.

COLENBRANDER, H.T., *De patriottentijd. Hoofdzakelijk naar buitenlandse bescheiden*. Deel 1: 1776–1784, Den Haag 1897. URL: http://www.dbnl.org/auteurs/auteur.php?id=cole002 (zuletzt eingesehen 08.10.2015)

COLENBRANDER, H.T., *Aanteekeningen Betreffende de Vergadering van Vaderlandsche Regenten te Amsterdam. 1783–1787*, in: Bijdragen en Mededelingen van het Historisch Genootschap 1899, S. 77–192.

CONGLETON, R.D., *America's Neglected Debt to the Dutch, An Institutional Perspective*, in: Constitutional Political Economy 19/1 (2008), S. 35–59. URL: http://rdc1.net/forthcoming/DUTCH6_final_.pdf (zuletzt eingesehen 17.08.2015)

CREMERS, J., *Lessons learned: American diplomats in the Netherlands, 1780–1801*, [Master thesis] Leiden 2012. URL: https://openaccess.leidenuniv.nl/bitstream/handle/1887/20354/Jurrien%20Cremers%20-%20Lessons%20Learned,%20American%20Diplomats%20in%20the%20Netherlands,%201780-1801%20-%20 26.11.2012.pdf?sequence=1 (zuletzt eingesehen 10.01.2016)

DÉMEUNIER, J.-N., *Encyclopédie Méthodique. Économie politique et diplomatique*, Tome Premier, Paris, Liège, 1784.

DÉMEUNIER, J.-N., *Encyclopédie Méthodique. Économie politique et diplomatique*, Tome Troisième, Paris, Liège, 1788.

DEWEY, D.R., *Financial History of the United States*, New York 1903. URL: https://archive.org/details/financialhistory033129mbp (zuletzt eingesehen 10.01.2015)

DONIOL, H., *Histoire de la participation de la France à l'établissement des Etats-Unis d'Amérique*, Tome Quatrième, Paris 1890. URL: http://gallica.bnf.fr/ark:/12148/bpt6k2135594/f442.image.r=Histoire%20de%20la%20participation%20de%20la%20France%20%C3%A0%20l'%C3%A9tablissement%20tome%20quatrieme (zuletzt eingesehen 17.01.2016)

DONIOL, H., *Histoire de la participation de la France à l'établissement des Etats-Unis d'Amérique*, Tome cinquième, Paris 1890. URL: http://gallica.bnf.fr/ark:/12148/bpt6k2135602/f59.image.r=Histoire%20de%20la%20participation%20de%20la%20France%20%C3%A0%20l'%20%C3%A9tablissement%20T (zuletzt eingesehen 17.01.2016)

DUBY, G., *Histoire de la France de 1348 à 1852*, Paris 1987.

DUCHHARDT, H., *Balance of Power und Pentarchie. Internationale Beziehungen 1700–1785*, Paderborn 1997.

DULL, J.R., *Franklin the Diplomat: The French Mission*, in: *Transactions of the American Philosophical Society*, New Series 72/1 (1982), S. 1–76. URL: http://www.jstor.org/stable/pdf/1006441.pdf (zuletzt eingesehen 10.02.2016)

EDLER, F., *The Dutch Republic and the American Revolution*, Baltimore 1911. URL: https://archive.org/details/dutchrepublic00edlerich (zuletzt eingesehen 17.02.2016)

EDMUNDSON, D. G., *History of Holland*, Cambridge 1922.

ELLIS & GEBHARDT, A.G. (Hrsg.), *Geschichte der vereinigten Niederlande in dem Zeitraume von 1777 bis 1787. Erste Theil welcher die Einleitung enthält, aus dem Englischen*, Leipzig 1792. URL: http://reader.digitale-sammlungen.de/de/fs1/object/display/bsb10273189_00012.html (zuletzt eingesehen 17.02.2016)

ENTHOVEN, V., *That Abominable Nest of Pirates: St Eustatius and the North Americans, 1680–1780*, in: *Early American Studies: An Interdisciplinary Journal* 2 (2012), S. 239–301.

FAIRCHILD, H.L., *Francis Adrian van der Kemp 1752–1829. An autobiography*, New York, London 1903. URL: https://archive.org/details/francisadrianvan00vand (zuletzt eingesehen 17.02.2016)

FATAH-BLACK, K., *White Lies and Black Markets. Evading Metropolitan Authority in Colonial Suriname, 1650–1800*, Leiden 2015.

FERLING, J., *John Adams, Diplomat*, in: *The William and Mary Quarterly* 2 (1994), S. 227–252. URL: HTTP://WWW.JSTOR.ORG/STABLE/PDF/2946861.PDF (zuletzt eingesehen 10.01.2015)

FISH, C.R., *American Diplomacy*, New York 1915. URL: https://archive.org/details/americandiplomac00fishrich (zuletzt eingesehen 10.01.2016)

FRANKLIN, B., *Remarks on a Loan for the United States* (1777), in: SPARKS, J (Ed.): *The Diplomatic Correspondence of the American Revolution*, Vol. II, Washington 1857,

S. 12–18. URL: https://archive.org/details/diplomaticco02unit (zuletzt eingesehen 02.02.2016)
FREHEN, R., ROUWENHORST, K.G., GOETZMANN, W.N., *Financial Innovation in Late-Eighteenth Century Netherlands: Case of American Land Securities*, Draft: June 5, 2012. URL: http://citeseerx.ist.psu.edu/viewdoc/download?doi=10.1.1.269.6032&rep=rep 1&type=pdf (zuletzt eingesehen 10.05.2015)
FÜSSEL, M., *Der Siebenjährige Krieg. Ein Weltkrieg im 18. Jahrhundert*. München 2010.
GAZETTE DE FRANCE No. 30 Du Vendredi 12 Avril 1782, S. 145 ff. URL: http://gallica.bnf.fr/ark:/12148/bpt6k64415180/f149.image (zuletzt eingesehen 17.02.2016)
GAZETTE DE FRANCE No. 46 Du Vendredi 7 Juni 1782, S. 219 ff. URL: http://gallica.bnf.fr/ark:/12148/bpt6k64415180/f223.image (zuletzt eingesehen 17.02.2016)
[GAZETTE DE LEYDE], Nouvelles Extraordinaires de divers endroits, Numero XCIV, Livraison No 94, de Leyde, du Novembre 24, 1780. URL: http://www.gazettes18e.fr/gazette-leyde/annee/1780/page/4925 (zuletzt eingesehen 17.02.2016)
[GAZETTE DE LEYDE], Nouvelles Extraordinaires de divers endroits, Numero XXII, Livraison No 22 du 16 Mars 1781. http://www.gazettes18e.fr/gazette-leyde/annee/1781/page/5177(zuletzt eingesehen 17.02.2016)
[GAZETTE DE LEYDE], Nouvelles Extraordinaires de divers endroits, Numero XXXIX, Livraison No 39 du 15 Mai 1781. URL: http://www.gazettes18e.fr/gazette-leyde/annee/1781/page/5313(zuletzt eingesehen 17.02.2016)
[GAZETTE DE LEYDE], Nouvelles Extraordinaires de divers endroits, Numero XX, Livraison No 20 du 8 Mars 1782, S. 4 und S. 8. URL: http://www.gazettes18e.fr/gazette-leyde/annee/1782/page/5997 (zuletzt eingesehen 17.02.2016)
[GAZETTE DE LEYDE], Nouvelles Extraordinaires de divers endroits, Numero XXV, Livraison No 25 du 26 Mars 1782, S. 4. URL: http://www.gazettes18e.fr/gazette-leyde/annee/1782/page/6037 (zuletzt eingesehen 17.02.2016)
[GAZETTE DE LEYDE], Supplément aux Nouvelles Extraordinaires de divers endroits, Numero XXIV, Livraison No 24 de Leyde, le 21 Mars 1788. URL: http://www.gazettes18e.fr/gazette-leyde/annee/1788/page/11037 (zuletzt eingesehen 17.02.2016)
[GAZETTE DE LEYDE], Supplément aux Nouvelles Extraordinaires de divers endroits, Numero LXVIII, Livraison No 68 de Leyde le 22 Aout 1788. URL: http://www.gazettes18e.fr/gazette-leyde/annee/1788/page/11389 (zuletzt eingesehen 17.02.2016)
GEYSBEEK, P.G.W./GERRITS, G.E., *Schoonheden en merkwaardige Tafereelen uit de Nederlandse Geschiedenis* Vol. VIII, Amsterdam 1829. URL: http://babel.hathitrust.org/cgi/pt?id=nnc1.0035548053;view=1up;seq=7 (zuletzt eingesehen 10.03.2014)
GILBERT, F., *To the Farewell Address. Ideas of Early American Foreign Policy*, Princeton 1961.
GORDON, W., *The History of the Rise, Progress, and Establishment of the Independence of the Unites States of America* Vol. II, New York 1801. URL: https://archive.org/details/historyriseprog02gordgoog (zuletzt eingesehen 17.02.2016)
GRIFFIS, W.E., *Brother Jonathan and his Home*, in: *The New England Magazine*, Sept. 1897, S. 3–25. URL: https://archive.org/details/newenglandmagaziv17bost (zuletzt eingesehen 10.01.2016)
[GOEN, R. VAN], *L'esprit du sisteme politique de la Régence d'Amsterdam ...*, Londres 1781.
HAASSE, H.S., *Schaduwbeeld of Het geheim van Appeltern. Kroniek van een leven*, Amsterdam 1989.

HARTMANN, TH., *What would Jefferson Do? A Return to Democracy*, New York 2004.
HATTENDORF, J.B., „*To Aid and Assist the Other*". *Anglo-Dutch Naval Cooperation in Coalition Warfare an Sea, 1689–1714*, in: DERS., *Talking about Naval History. A Collection of Essays*, Newport (R.I.) 2010, S. 65–81.
HELLEMA, D., *Buitenlandse Politiek van Nederland. De Nederlandse rol in de Wereldpolitiek*, Utrecht ³2016.
HEPBURN, A.B., *A History of Currency in the United States*, New York 1915. URL: https://archive.org/details/historyofcurrenc00hepb (zuletzt eingesehen 22.02.2016)
HOLLANDSCHE HISTORISCHE COURANT No. 129, 27 October 1778. URL: http://www.europeana.eu/portal/record/9200359/BibliographicResource_3000115410991.html (zuletzt eingesehen 17.02.2016)
HOLLANDSCHE HISTORISCHE COURANT No. 124, 14 October 1780. URL: http://www.europeana.eu/portal/record/9200359/BibliographicResource_3000115507925.html (zuletzt eingesehen 17.02.2016)
HOLLANDSCHE HISTORISCHE COURANT No. 55, 08 Mey 1781. URL: http://www.europeana.eu/portal/record/9200359/BibliographicResource_3000115522166.html (zuletzt eingesehen 17.02.2016)
HOLLANDSCHE HISTORISCHE COURANT No. 57, 12 Mey 1781. URL: http://www.europeana.eu/portal/record/9200359/BibliographicResource_3000115522189.html (zuletzt eingesehen 17.02.2016)
HOLLANDSCHE HISTORISCHE COURANT No. 60, 19 Mey1781. URL: http://www.europeana.eu/portal/record/9200359/BibliographicResource_3000115522186.html (zuletzt eingesehen 17.02.2016)
HOLLANDSCHE HISTORISCHE COURANT, No. 30, 9 Maart 1782. URL: http://www.europeana.eu/portal/record/9200359/BibliographicResource_3000115399960.html (zuletzt eingesehen 17.02.2016)
HOUTTE, J.A. VAN, *An Economic History of the Low Countries 800–1800*, London 1977.
HOWARD, D., *Die Grundlegung der amerikanischen Demokratie*, Frankfurt 2001.
HUTSON, J.H., *John Adams and the Birth of Dutch-American Friendship, 1780–82*, in: SCHULTE NORDHOLT J.W./SWIERENGA, R.P., *A Bilateral Bicentennial. A History of Dutch-American Relations, 1782–1982*, Amsterdam 1982, S. 409–422.
IRWIN, D.A., *Revenue or Reciprocity? Founding Feuds over Early U.S. Trade Policy*, in: IRWIN, D./SYLLA, R. (Ed.), *Founding Choices: American Economic Policy in the 1790s*, Cambridge (MA) 2010, S. 89–120. URL: http://www.nber.org/chapters/c11738.pdf (zuletzt eingesehen 10.02.2016)
ISRAEL, J., *The Dutch Republic*, Oxford 1995.
JOHNSON, W.F., *America's Foreign Relations*, Vol. I, New York 1921. URL: https://archive.org/details/americasforeign01johnrich (zuletzt eingesehen 10.02.2016)
JONG, GERALD F. DE, *The Dutch in America*, Boston 1975.
KANNEGIETER, J.Z., *De Affaire van Berckel*, in: *Bijdragen voor Vaderlandsche Geschiedenis en Oudheidskunde* 10 (1930), S. 245–289.
KAPLAN, L.S., *The Founding Fathers and the Two Confederations. The United States of America and the United Provinces of the Netherlands, 1783–89*, in: SCHULTE NORDHOLT J.W./SWIERENGA, R.P., *A Bilateral Bicentennial. A History of Dutch-American Relations, 1782–1982*, Amsterdam 1982, S. 33–49.

KIEHL, E.J., *Ons verdrag met Amerika: Tractaat van vriendschap en Commercie thusschen Haar Hoog mogende, de Staten-Generaal der Vereenigde Nederlanden en de Vereenigde Staten van Amerika*, d. 8. October 1782, Den Haag 1863.

KLEIN, P.W., *Dutch capitalism and the European world-economy*, in: AYMARD, M., *Dutch capitalism and world capitalism. Capitalisme hollandaise et capitalisme mondial*, Paris 1982, S. 75–91.

KLEIN, S.R.E., *Patriots Republikanisme. Politieke cultuur in Nederland (1766–1787)*, Amsterdam 1995.

KLINGBERG, F.L., *The Historical Alternation of Moods in American Foreign Policy*, in: *World Politics* 4/2 (1952), S. 239–273. URL: https://www.jstor.org/stable/2009047?seq=1#page_scan_tab_contents (zuletzt eingesehen 10.07.2015)

KOPPIUS, W.J., *Omtrent de papieren van Henry Laurens Gordon*, in: *Tijdschrift voor Geschiedenis* 54 (1939), S. 42–47.

KOSSMANN, E.H., *De Lage Landen 1780/1980. Twee Eeuwen Nederland en België*, Deel I, 1780–1914, Amsterdam 1976/1986.

KRAMER, D.R., *Das Söldnerwesen. Militärisches Unternehmertum in der Genese des internationalen Systems*, Wiesbaden 2010.

KRISCHER, A., *Souveränität als sozialer Status: Zur Funktion des diplomatischen Zeremoniells in der Frühen Neuzeit*, in: KAUZ, RALF, KAUZ, ROTA, GIORIO; NIEDERKORN, JAN-PAUL (Hrsg.), *Diplomatische Praxis und Zeremoniell in Europa und dem Mittleren Osten in der Frühen Neuzeit*, Wien 2009, S. 1–32.

KUNISCH, J., Friedrich der Große. Der König und seine Zeit, München 2004.

KUNZE, R.-U., *Niederländer in Nordamerika seit 1609: Ein Aufriss*, in: *Jahrbuch* 21 (2010), hrsg. v. Zentrum für Niederlande-Studien, Münster 2011, S. 87–99.

LADEMACHER, H., *Geschiedenis van Nederland*, Utrecht 1993.

LEE, R. H., *Life of Arthur Lee*, Boston 1829. URL: https://archive.org/details/lifeofarthur-00leerrich (zuletzt eingesehen 17.02.2016)

LEGUTKE, D., *Diplomatie als soziale Institution: brandenburgische, sächsische und kaiserliche Gesandte in Den Haag, 1648–1720*, Münster 2010.

LENDERS, P., *De zuidelijke Nederlanden en de Amerikaanse Onafhankelijkheidsoorlog. Enkele feiten en getuignissen*, in: *Tijdschrift voor Geschiedenis* 103 (1990), S. 28–42.

LINDEMANN, M., *The Merchant Republics. Amsterdam, Antwerp, and Hamburg, 1648–1790*, New York 2015.

LINT, G.L., *John Adams on the Drafting of the Treaty Plan of 1776*, in: *Diplomatic History* 2 (1978), S. 313–320. URL: http://onlinelibrary.wiley.com/doi/10.1111/j.1467-7709.1978.tb00439.x/epdf (zuletzt eingesehen 10.07.2014)

LOMAZOFF, E., *Symetry and Repetition. Patterns in the history of the Bank of the United States*, in: PARKER, R.E./WHAPLES, R., *Routledge Handbook of the Major Events in Economic History*, New York 2013, S. 3–14.

[LUZAC, E.], *Rechtsgeleerde memorie: waar in onzydig onderzogt word de gegrondheid der klagten van den Koning van Groot-Brittannien, over de geheime correspondentie tusschen Amsterdam en de Americaansche colonien: en wyders wederlegt word de zaakelyke inhoud van zeker tractaaje, geintituleert, Het politicq [i.e. politiek] systema van de regeering van Amsterdam*, o.O. 1781. URL: https://archive.org/details/rechtsgeleerdeme00luli (zuletzt eingesehen 17.02.2016)

LUZAC, E., *Hollands Rijkdom*, Deerde Deel, Leyden 1782. URL: https://archive.org/details/hollandsrijkdomb03luzauoft (zuletzt eingesehen 12.02.2016)

MALETTKE, K., *Frankreich, Deutschland und Europa im 17. und 18. Jahrhundert. Beiträge zum Einfluß französischer politischer Theorie, Verfassung und Außenpolitik in der Frühen Neuzeit*, Marburg 1994.
MALONE, D., *Jefferson and the Rights of Man, Jefferson and His Time*, Vol. 2, Boston 1951.
MANGER, J.B., *Recherches sur les Relations Economiques entre la France et la Hollande pendant la Révolution Française (1785–1795)*, Amsterdam 1923. URL: https://archive.org/details/recherchessurles00manguoft (zuletzt eingesehen 17.02.2016)
MAUVILLON, F.W. VON, *Auswahl niederländischer Gedichte*, Bd. II, Essen, Rotterdam 1839.
MEIBOOM, W.E., *Nationaal Archief, Collectie Pieter van Bleiswijk, 1772–1787*, nummer toegang 3.01.25, Den Haag 1982, S. 9–21.
MERCIER-FAIVRE, A.-M., *Le travail du gazetier*, in: *El Argonauta espanol* 6 (2009), S. 2–7.
MEYER, J., *Frankreich im Zeitalter des Absolutismus, 1515–1789*, Stuttgart 1990.
MITTAL, S./RAKOVE, J. N./WEINGAST, B. R., *The Constitutional Choices of 1787 and Their Consequences*, in: IRWIN, D./SYLLA, R. (Ed.), *Founding Choices: American Economic Policy in the 1790s*, Cambridge MA, 2011, S. 25–56. URL: http://www.nber.org/chapters/c11736.pdf (zuletzt eingesehen 12.02.2016)
MÖSER, B.A., *Politische Autobiographien in der frühen amerikanischen Republik. Benjamin Franklin, John Adams, Thomas Jefferson und James Monroe*, Frankfurt a. M., Berlin 1997.
MORTON, B.N., *"Roderige Hortalez" to the Secret Committee: An Unpublished French Policy Statement of 1777*, in: *The French Review* 50/6 (1977), S. 875–890. URL: http://www.jstor.org/stable/pdf/389445.pdf (zuletzt eingesehen 20.11.2015)
MURPHY, O.T., *Charles Gravier de Vergennes: Profile of an Old Regime Diplomat*, in: *Political Science Quarterly* 83/3 (1968), S. 400–418. URL: http://www.psqonline.org/article.cfm?IDArticle=8443 (zuletzt eingesehen 10.09.2015)
NICOLAISEN, P., *John Adams, Thomas Jefferson, and the Dutch Patriots*, in: SADOSKY, L.S./NICOLAISEN, P./ONUF, P.S./O'SHAUGHNESSY, A.J. (Ed.), *Old World, new World. America and Europe in the Age of Jefferson*, Charlottesville (VA) 2010, S. 105–130.
NIEUWE NEDERLANDSCHE JAARBOEKEN of Vervolg der merkwaerdigste Geschiedenissen, Zestiende Deels Tweede Stuk, Amsterdam/Leiden 1781.
NIEUWE NEDERLANDSCHE JAARBOEKEN of Vervolg der merkwaerdigste Geschiedenissen, Zeventiende Deels Tweede Stuk, Amsterdam/Leiden 1782. URL: http://www.europeana.eu/portal/record/92076/BibliographicResource_1000056168082.html (zuletzt eingesehen 17.02.2016)
ONNEKINK, D./BRUIN DE, R., *De Vrede van Utrecht (1713)*, Hilversum 2013.
OPRECHTE HAARLEMSE COURANT No. 124, 14 October 1780. URL: http://www.delpher.nl/nl/kranten/view?coll=ddd&cql[]=%28date%3D%2214–10-1780%22%29&resultscoll=dddtitel&identifier=ddd%3A010800717%3Ampeg21%3Ap001 (zuletzt eingesehen 15.03.2016)
OPRECHTE HAARLEMSE COURANT No. 137, 14 November 1780. URL: http://www.delpher.nl/nl/kranten/view?coll=ddd&cql[]=%28date%3D%2214–11-1780%22%29&resultscoll=dddtitel&identifier=ddd%3A010800730%3Ampeg21%3Ap001 (zuletzt eingesehen 15.03.2016)
OPRECHTE HAARLEMSE COURANT No. 38, 28 Maart 1782. URL: http://www.delpher.nl/nl/kranten/view?coll=ddd&cql[]=%28date%3D%2228–03-1782%22%29&resultscol

l=dddtitel&identifier=ddd%3A010800776%3Ampeg21%3Ap001 (zuletzt eingesehen 15.03.2016)

OPRECHTE HAARLEMSE COURANT, No. 49, 23 April 1782. URL: http://www.delpher.nl/nl/kranten/view?coll=ddd&cql[]=%28date%3D%2223-04-1782%22%29&resultscol l=dddtitel&identifier=ddd%3A010800787%3Ampeg21%3Ap001 (zuletzt eingesehen 15.03.2016)

OOSTINDIE, G./ROITMAN, J.V., *Repositioning the Dutch in the Atlantic, 1680–1800*, in: *Itinerario* 36 (2012), S. 129–160. URL: http://journals.cambridge.org/action/displa yFulltext?type=1&fid=8728444&jid=ITI&volumeId=36&issueId=02&aid=87284 43&bodyId=&membershipNumber=&societyETOCSession= (zuletzt eingesehen 16.11.2015)

OOSTINDIE, G., *'British capital, industry and Perseverance' versus Dutch 'Old School'? The Dutch Atlantic and the Takeover of Berbice, Demerara and Essequibo, 1750–1815*, in: *BMGM–Low Countries Historical Review* 4 (2012), S. 28–55.

OOSTINDIE, G., *Die Niederlande und ihr koloniales Erbe: eine unvollendete Geschichte*, in: WIELENGA, F./WILP, M. (Hrsg.), *Die Niederlande. Ein Länderbericht*, Bonn 2015, S. 75–112.

PALMER, R.R., *Two Americans in Two Dutch Republics. The Adamses, Father and Son*, in: SCHULTE NORDHOLT, J.W./SWIERENGA, R.P., *A Bilateral Bicentennial. A History of Dutch-American Relations, 1782–1982*, Amsterdam 1982, S. 393–408.

PETERSE, J.M., *Publicist voor Oranje. R. M. van Goens en De ouderwetse Nederlandsche patriot (1781–1783)* in: *BMGN–Low Countries Historical Review* 103/2 (1988), S. 182–208.

PETERSON, M.D. (Ed.), *Thomas Jefferson Writings*, York, N.Y., 1984, S. 1–101.

PEYSTER, H. DE, *Les troubles de Hollande. A la Veille de la Révolution Française (1780–1795)*, Paris 1905. URL: https://archive.org/details/lestroublesdeho00peysgoog (zuletzt eingesehen 20.01.2016)

DE POST VAN DEN NEDER-RHIJN, 1. Deel, No. 1, Utrecht 1781. URL: https://archive.org/details/depostvandenned02unkngoog (zuletzt eingesehen 12.02.2016)

DE POST VAN DEN NEDER-RHIJN, 1. Deel, No. 16, Utrecht 1781. URL: https://archive.org/details/depostvandenned02unkngoog (zuletzt eingesehen 12.02.2016)

DE POST VAN HET NEDER-RHIJN, 2. Deel, No. 78, Utrecht 1782.

POSTMA, J./ENTHOVEN, V. (Ed.), *Riches from Atlantic Commerce: Dutch Transatlantic Trade and Shipping, 1585–1817,* Leiden 2003.

LE POLITIQUE HOLLANDAIS, Amsterdam, Tome I, Chap. I, No. 1, 12 Février 1781. URL: https://archive.org/details/lepolitiqueholla01john (zuletzt eingesehen 12.02.2016)

LE POLITIQUE HOLLANDAIS, Amsterdam, Tome I, Chap. XVI, No. XIV, ce 14 Mai 1781. URL: https://archive.org/details/lepolitiqueholla01john (zuletzt eingesehen 12.02.2016)

LE POLITIQUE HOLLANDAIS, Amsterdam Tome II, Chapitre XXXIV, No. LX, ce 12 Novembre 1781. URL: https://archive.org/details/lepolitiqueholla02john (zuletzt eingesehen 12.02.2016)

LE POLITIQUE HOLLANDAIS, Amsterdam, Tome III, Chapitre XXXXI, No. LXII, ce 22 Avril 1782. URL: https://archive.org/details/lepolitiqueholla03ajohn (zuletzt eingesehen 12.02.2016)

LE POLITIQUE HOLLANDAIS, Amsterdam, Tome III, Chapitre XLVII, No LXXVIII, ce 5 Aout, 1782. URL: https://archive.org/details/lepolitiqueholla03ajohn (zuletzt eingesehen 12.02.2016)

PRAK, M, *Die Niederlande als Beispiel für eine „moderne" Gesellschaft im Goldenen Zeitalter*, in: *Jahrbuch* 20 (2009), hrsg. v. Zentrum für Niederlande-Studien, Münster 2010, S. 129–145.

PRUD'HOMME VAN REINE, R.B., *Jan Hendrik van Kinsbergen 1735–1819, admiraal en filantroop*, Amsterdam 1990.

REBOK, S., *Humboldt and Jefferson. A Transatlantic Friendship of the Enlightenment*, Charlottesville (VA), London, 2014.

RENAUT, F.P., *C.W.F. Dumas et les Provinces-Unies (1776–1780), La Politique de Propagande des Américains durant la Guerre d'Indépendance*, Paris 1925.

RILEY, J. C., *Foreign Credit and Fiscal Stability: Dutch Investment in the United States, 1781–1794*, in: *The Journal of American History* 3 (1978), S. 654–678.

RILEY, J.C., *International Government Finance and the Amsterdam Capital Market 1740–1815*, Cambridge 1980.

RILEY, J.C., *Financial and Economic Ties. The First Century*, in: SCHULTE NORDHOLT, J.W./ SWIERENGA, R.P., *A Bilateral Bicentennial. A History of Dutch-American Relations, 1782–1982*, Amsterdam 1982, S. 49–65.

ROUSSEAU, P.L., *Monitary Policy and the Dollar*, in: IRWIN, D./SYLLA, R. (Ed.), *Founding Choices: American Economic Policy in the 1790s*, Cambridge (MA) 2010, S. 121–149. URL: http://www.nber.org/chapters/c11739.pdf

ROUWENHORST, K.G., *The Origins of Mutual Funds*, Yale ICF Working Paper No. 04–48, December 12, 2004, S. 1–31. URL: http://www.akatcr.cz/download/349–225-the_ origins_of_mutual_funds.pdf (zuletzt eingesehen 19.02.2016)

SAS, N.C.F. van, The Patriot Revolution: New Perspectives, in: JACOB, M./MIJNHARDT, W.W., *The Dutch Republic in the Eighteenth Century. Decline, Enlightenment, and Revolution*, Ithaca 1992, S. 91–120.

SAS, N.C.F. VAN, *De metamorfose van Nederland. Van oude orde naar moderniteit, 1750–1900*, Amsterdam 2004.

SCHAMA, S. *Patriotten en bevrijders. Revolutie in de Noordelijke Nederlanden 1780–1813*, Amsterdam 1986.

SCHNABEL, I./SHIN, H.S., *Lessons from the Seven Years War*, CentrePiece, Centre for Economic Performance, London School of Economics, 8/3 (2003), S. 20–29. URL: http://cep.lse.ac.uk/pubs/download/CP150.pdf (zuletzt eingesehen 20.02.2016)

SCHÖFFER, I., *Die Republik der Vereinigten Niederalnde von 1648 bis 1795*, in: PETRI, F./ SCHÖFFER, I/WOLTJER, J.J., *Geschichte der Niederlande*, S. 49–87.

SCHULTE NORDHOLT, J.W., *Voorbeeld in de verte. De invloed van de Amerikaanse revolutie in Nederland*, Baarn 1979.

SCHULTE NORDHOLT, J.W., *The Dutch Republic and American Independence*, Chapel Hill (NC) 1982.

SCHULTE NORDHOLT, J.W./SWIERENGA, R.P., *A Bilateral Bicentennial. A History of Dutch-American Relations, 1782–1982*, Amsterdam 1982.

SCHULTE NORDHOLT, J.W, *Van der Capellen en Amerika*, in: Dijk, van E.A., u. a. (red.), *De Werker van de Nederlandse Natie, Joan Derk van der Capellen 1741–1784*, Zwolle 1984, S. 99–103.

SCHULTE NORDHOLT, J.W., *Le troisième terme de la comparaison: la Révolution néerlandaise entre l'américaine et la française*, in: *Annales historiques de la Révolution française* 277 (1989), S. 171–184. URL: http://www.persee.fr/doc/ahrf_0003–4436_1989_num_277_1_1256 (zuletzt eingesehen 29.01.2016)

SCHULTE NORDHOLT, J.W., *John Adams is still with us*, in: The New England Quarterly 2 (1993), S. 269–274. URL: http://www.jstor.org/stable/pdf/365847.pdf?accept TC=true (zuletzt eingesehen 29.01.2016)

SCHULTE NORDHOLT, J.W./KLOOSTER, W., *The influence of the American Revolution in the Netherlands*, in: GREENE, J.P./POLE, J.R., *A companion to the American Revolution*, Malden (MA), Oxford 2000, S. 545–549.

SCHULTE NORDHOLT, J.W., *Tot ik John Adams leerde kennen*, in: SCHULTE NORDHOLT, J.W./ HAASSE, H./NIEUWENHUIS, W., *John Adams in Holland 1780–2005*, Amsterdam 2005, S. 11–82.

SCOTT, H.M., *Sir Joseph Yorke. Dutch Politics and the Origins of the Fourth Anglo-Dutch War*, in: The Historical Journal 3 (1988), S. 571–589. URL: http://www.jstor.org/ stable/pdf/2639757.pdf (zuletzt eingesehen 13.01.2016)

SEAVOY, R.E., *An Economic History of the United States–From 1607 to the Present*, New York 2006.

SHACKELFORD, G.G., *Thomas Jefferson's Travels in Europe, 1784–1789*, Baltimore (MD), London 1995.

SHORT, L.M., *The Development of National Administrative Organization in the United States*, Balitmore (MA), 1923. URL: http://babel.hathitrust.org/cgi/pt?id=mdp.3901 5011344390;view=1up;seq=9 (zuletzt eingesehen 01.03.2016)

SLOTHOUWER, F.G., *De erkenning van den Noord-Amerikaanschen staat door de Republiek der Vereenigde Nederlanden*, in: Bijdragen voor vaderlandsche Geschiedenis en Oudheidskunde, Derde reeks, Zevende deel, 's-Gravenhage 1893, S. 146–182.

SMITH, A., *Untersuchung über Wesen und Ursachen des Reichtums der Völker* (2 Bde.), hrsg. und eingeleitet von E.W. Streissler, Düsseldorf 1999, 2. Bd.

SOMBART, W., *Der moderne Kapitalismus*, 2. Bd., 2. Halbband, München 1969.

SPALL, E., *Foreigners in the Highest Trust: American Perceptions of European Mercenary Officers in the Continental Army*, in: Early American Studies Spring 2014, S. 339–365.

SPIJKERMAN, H., THE *Amsterdam Municipal Archives as a Source for the History ot the United States of America*, in: The American Archivist 52/1 (1989), S. 88–93

SPUFFORD, P., *Toegang tot krediet en kapitaal in de commerciële centra van Europa*, in: DAVIDS, K./LUCASSEN, J. (red.), *Een wonder weerspiegeld. De Nederlandse Republiek in Europees perspectief*, Amsterdam 2005, S. 281–312.

STAPELBROEK, K., *The Dutch debate on commercial neutrality (1713–1830)*, University of Helsinki 2011. URL: http://hdl.handle.net/10138/25846 (zuletzt eingesehen 15.12.2015)

STARK URRESTARAZU, U., *Formwandel von Souveränität und Außenpolitik*, Normative Orders Working Paper 04 (2010), Cluster of Excellence at Goethe University Frankfurt/ Main, S. 1–34. URL: http://www.normativeorders.net/de/publikationen/workingpaper (zuletzt eingesehen 09.01.2016)

STEIN, K., *Geschichte der französisch-englischen Kriege vom elften bis in das neunzehnte Jahrhundert*, Berlin 1812.

SWANSON, D.F., *Thomas Jefferson on Establishing Public Credit: The Debt Plans of a Would-be Secretary of the Treasury?*, in: Presidential Studies Quarterly, 23/3 (1993) S. 499–508. URL: http://www.jstor.org/stable/pdf/27551109.pdf?acceptTC=true (zuletzt eingesehen 10.01.2016)

SYLLA, R., *Shaping the US financial system, 1690–1913: the dominant role of public finance*, in: SYLLA, R./TILLY, R./TORTELLA, G., *The State, the Financial System and Economic Modernization*, Cambridge 1999, S. 249–270

TAILBY, D. G., *Foreign Interest Remittances by the United States, 1785–1787. A Story of Malfeasance*, in: *The Business History Review* 2 (1967), S. 161–176. URL: http://www.jstor.org/stable/pdf/3112565.pdf (zuletzt eingesehen 05.02.2016)

TAYLOR, P. J., *Dutch Hegemony and Contemporary Globalization*. Paper presented at PEWS Conference, Riverside (CA), May 2002. URL: irows.ucr.edu/conferences/pews02/pprtaylor.doc (zuletzt eingesehen 16.02.2016)

THEEUWEN, P.J.H.M., *Pieter 't Hoen en De Post van den Neder-Rhijn (1781–1787). Een bijdrage tot kennis van de Nederlandse geschiedenis in het laatste kwart van de achttiende eeuw*, Hilversum 2002.

THORPE, F.N., *The Political Ideas of John Adams*, in: *The Pennsylvania Magazine of History and Biography* 44/1 (1920), S. 1–46. URL: http://babel.hathitrust.org/cgi/pt?id=mdp.39015036683319;view=1up;seq=11 (zuletzt eingesehen 10.11.2015)

THULEMEYER, F.W. VON, *Dépêches van Thulemeyer 1763–1788*, bearbeitet von Fruin, R. und eingeleitet und ergänzt von Colenbrander, H.T., Amsterdam 1912.

TYNE, C.H. VAN, *Influences which Determined the French Government to Make the Treaty with America, 1778*, in: *The American Historical Review* 3 (1916), S. 528–541. URL: http://ahr.oxfordjournals.org/content/21/3/528.full.pdf+html?sid=43435e15–5971-4371–85c7-bc85f9342496 (zuletzt eingesehen 16.02.2016)

TYNE C.H. VAN, *French Aid Before the Alliance of of 1778*, in: *The American Historical Review* 31/1 (1925) S. 20–40. URL: http://www.jstor.org/Stable/1904500 (zuletzt eingesehen 12.03.2015)

The UNITED STATES AND THE ARTICLES OF CONFEDERATION: *Drifting toward Anarchy or Inching toward Commonwealth?* In: *The Yale Law Journal* 88/1 (1978), S. 142–166. Vgl. auch ARTICLES OF CONFEDERATION AND PERPETUAL UNION BETWEEN THE STATES OF NEW HAMPSHIRE, etc.,Williamsburg (VA), o. J. URL: http://memory.loc.gov/cgi-bin/query/r?ammem/rbpebib:@field%28NUMBER+@band%28rbpe+17802600%29%29 (zuletzt eingesehen 12.02.2016)

Vaderlandsche Historie, vervattende de Geschiedenissen der Vereenigde Nederlanden, ten vervolge van Wagenaars Vaderlandsche Historie, Vierde Deel, Amsterdam 1790. URL: https://archive.org/details/vaderlandschehi06wagegoog (zuletzt eingesehen 12.02.2016)

Vaderlandsche Historie, vervattende de Geschiedenissen der Vereenigde Nederlanden, ten vervolge van Wagenaars Vaderlandsche Historie, Vyfde Deel, Amsterdam 1790. URL: https://archive.org/stream/vaderlandschehi06loosgoog#page/n6/mode/2up (zuletzt eingesehen 12.02.2016)

VARG, P.A., *Foreign Policies of the Founding Fathers*, Michigan 1963. URL: https://archive.org/details/foreignpolicieso00varg (zuletzt eingesehen 16.01.2016)

VEENENDAAL, A. J., *Dutch Investments in the United States*, in: KRABBENDAM, H./MINNEN, C.A. VAN/SCOTT-SMITH, G. (Eds.), *Four centuries of Dutch-American relations 1609–2009*, Amsterdam 2009, S. 283–294.

VRIES, J. DE, *The Dutch Atlantic Economies*, in: COCLANIS, P.A. (Ed.), *The Alantic Economy during the Seventeenth and Eighteenth Centuries. Organization, Operation, Practice, and Personnel*, Columbia (SC) 2005, S. 1–29.

Vries, J. De/Woude, A. van der, *Nederland 1500–1815. De eerste ronde van moderne economische groei*, Amsterdam ²1995.
Wagenaar, J., *Vaderlandsche Historie vervattende de Geschiedenissen der Vereenigde Nederlanden*, Tweede Deel, Amsterdam 1800.
Wallace, D.D., *The Life of Henry Laurens*, New York, London 1915. URL: https://archive.org/details/lifeofhenrylaure00wall (zuletzt eingesehen 10.02.2015)
Wallerstein, I., *Die große Expansion, Das moderne Weltsystem III. Die Konsolidierung der Weltwirtschaft im langen 18. Jahrhundert*, Wien 2004.
Wehler, H.-U., *Grundzüge der amerikanischen Außenpolitik, I. 1750–1900*, Frankfurt a. M. 1984.
Wielenga, F.W., *Geschichte der Niederlande*, Stuttgart 2012.
Wijk, F.W. van, *De Republiek en Amerika, 1776–1782*, Leiden 1921. URL: https://archive.org/details/derepubliekenOOwijkrich(zuletzt eingesehen 10.02.2015)
Wijdeven, I. van de, *Natuurlijke bondgenoten*, in: *Historisch Nieuwsblad* Oktober 2010, S. 40–47.
Wilson, C.H., *The economic Decline of the Netherlands*, in: *The Economic History Review* 2 (1939), S. 111–127. URL: http://www.readcube.com/articles/10.111 1%2Fj.1468–0289.1939.tb00001.x?r3_referer=wol&tracking_action=preview_ click&show_checkout=1&purchase_referrer=onlinelibrary.wiley.com&purchase_ site_license=LICENSE_DENIED_NO_CUSTOMER (zuletzt eingesehen 11.02.2015)
Wilson, CH., *Anglo-Dutch Commerce & Finance in the Eigtheenth Century*, Cambridge 1966.
Wilkins, M., *The History of Foreign Investment in the United States to 1914*, Cambridge (MS), London 1989.
Wilschut, A., *Goejanverwellesluis. De strijd tussen patriotten en prinsgezinden, 1780–1787*, Hilversum 2000.
Winter, P.J. van, *Het aandeel van den Amsterdamschen handel aan den opbouw van het Amerikaanse Gemeenebest*, Eerste Deel, 's-Gravenhage 1927.
Woeldebrink, B., *Inventaris van de archieven van de stadhouder Willem V 1745–1805*, Hilversum 2005.
Zaaken van Staat en Oorlog, betreffende de Vereenigde Nederlanden zedert het Begin van het Jaar 1780, Eerste Deel, Amsterdam 1788. URL: http://www.europeana.eu/ portal/record/92076/BibliographicResource_1000056177374.html (zuletzt eingesehen 12.02.2016)
Zaaken van Staat en Oorlog, betreffende de Vereenigde Nederlanden zedert het Begin van het Jaar 1780, Tweede Deel, Amsterdam 1789. URL: http://www.europeana.eu/ portal/record/92076/BibliographicResource_1000056177374.html (zuletzt eingesehen 12.02.2016)
Zanden, J.L. van, *The rise and decline of Holland's economy. Merchant capitalism and the Labour market*, Manchester 1993.
Zanden, J.L. van/Riel, A. van, *Nederland 1780–1914. Staat, Instituties en economische Ontwikkeling*, Amsterdam 2000.

7.4 Abbildungen

Abb. 1: Portrait des Diplomaten John Adams, von Reinier Vinkeles, 1790, mit freundlicher Genehmigung des Collectie Haags Gemeentearchief, URL: http://www.haagsebeeldbank. nl/beeldbank/indeling/detail/form/advanced/start/1?q_ searchfield=John+Adams (zuletzt eingesehen 25.01.2016). 27
Abb. 2: Portrait von Benjamin Franklin, von Jean-François Janinet und Joseph Siffred Duplessis, 1789, National Gallery of Art, Washington, URL: images.nga.gov (zuletzt eingesehen 25.01.2016) 32
Abb. 3: Portrait von C.W.F. Dumas, Geschäftsträger für den amerikanischen Kongress in Den Haag, von Isaak Schmidt, ca. 1783, mit freundlicher Genehmigung des Nederlands Instituut voor Kunstgeschiedenis, Den Haag, Foto: Rijksbureau voor Kunsthistorische Documentatie, (RKD) (zuletzt eingesehen 04.05.2016) 35
Abb. 4: Portrait von Pieter van Bleiswijk, Ratspensionär der Provinz Holland, von Jean-Etienne Liotard, 1750–89, mit freundlicher Genehmigung © *Rijksmuseum,* Den Haag, URL: http:// hdl.handle.net/10934/RM0001.COLLECT.10235 (zuletzt eingesehen 25.01.2016) 41
Abb. 5: Portrait von Egbert de Vrij Temminck, Bürgermeister von Amsterdam, von J. Houbraken, Jan Wandelaar, 1759, mit freundlicher Genehmigung © *Rijksmuseum,* Den Haag, URL: http://hdl.handle.net/10934/RM0001.COLLECT.126478 (zuletzt eingesehen 25.01.2016) 45
Abb. 6: Portrait von William Lee, amerikanischer Geschäftsträger am Hof von Wien und Berlin, URL: http://leefamilyarchive. org/images/images/wl.jpg, URL: http://leefamilyarchive.org/ press-room/lee-family-member-faqs non-proprietary (zuletzt eingesehen 25.01.2016) 49
Abb. 7: Portrait von Engelbert François van Berckel, Pensionär der Stadt Amsterdam, von Schmidt, Reinier Vinkeles, o.D. mit freundlicher Genehmigung des Stadsarchief Amsterdam, URL: http://www.beeldbank.amsterdam.nl/ afbeelding/010097008094 (zuletzt eingesehen 04.05.2016) 53
Abb. 8: Henry Laurens während seiner Gefangenschaft im Tower von London, von Lemuel Francis Abbott, 1781, Permission: PD-USGOV-CONGRESS; PD-USGOV-SENATE (zuletzt eingesehen 25.01.2016) 63

Abb. 9: Portrait von Charles Gravier, Comte de Vergennes, von Bligny, ca. 1780 mit freundlicher Genehmnigung der Bibliothèque National de France, URL: http://gallica.bnf.fr/ark:/12148/btv1b6942459k (zuletzt eingesehen 25.01.2016) 67

Abb. 10: Willem V. übergibt die Laurenspapiere, von Reinier Vinkeles, Jacobus Buys, 1787 mit freundlicher Genehmigung © *Rijksmuseum,* Den Haag, URL: http://hdl.handle.net/10934/RM0001.COLLECT.496182 (zuletzt eingesehen 25.01.2016) 69

Abb. 11: Handschriftliche Notizen über die Sitzung der Heeren Staaten van Hollandt en West-Vrieslandt am 3. November 1780 mit freundlicher Genehmigung des Nationaal Archief, Den Haag, Raadspensionaris Pieter van Bleiswijk, 3.01.25, inv.nr 481 (Foto: Roland Richter).................................. 71

Abb. 12: Friedrich Wilhelm Thulemeyer, preußischer Botschafter in Den Haag, von unbekanntem Künstler, Wikimedia commons, URL: https://upload.wikimedia.org/wikipedia/commons/5/53/Friedrich_Wilhelm-von_Thulemeyer.jpg (zuletzt eingesehen 25.01.2016) 75

Abb. 13: Portrait von Joan Derk van der Capellen tot den Pol, von Reinier Vinkeles, 1786 mit freundlicher Genehmigung des Nederlands Instituut voor Kunstgeschiedenis, Den Haag, Foto: Rijksbureau voor Kunsthistorische Documentatie, (RKD) (zuletzt eingesehen 04.05.2016) 76

Abb. 14: Portrait Willem V., Prinz von Oranien, von W. van Senus nach Tischbein, 1822–1826 mit freundlicher Genehmigung © Rijksmuseum, Den Haag, URL: http://hdl.handle.net/10934/RM0001.COLLECT.175042 (zuletzt eingesehen 25.01.2016) 79

Abb. 15: John Adams' Beauftragung für den Abschluss eines Freundschafts- und Handelsvertrages mit den Niederlanden, 29. Dezember 1780, mit freundlicher Genehmigung der Collection of the Massachusetts Historical Society, Boston, MA in: Lint, Papers of John Adams, Vol. 10, S. 450............. 94

Abb. 16: A Memorial to Their High Mightinesses the General States of the United Provinces of the Low Countries, Leyden April 19.1781, mit freundlicher Genehmigung des Nationaal Archief, Den Haag, Collectie C.W.F. Dumas, 1.10.26, inv. nr. 82 (Foto: Roland Richter)................................ 97

Abb. 17: Titelblätter der Publikation A Memorial to Their High Mightinesses the General States of the United Provinces of the Low Countries, Leyden April 19.1781, mit freundlicher Genehmigung des Nationaal Archief, Den Haag, Collectie C.W.F. Dumas, 1.10.26, inv.nr. 82 (Foto: Roland Richter) 100
Abb. 18: Portrait von Robert R. Livingston, Außenminister des Kongresses, USA, von Gilbert Stuart, 1793–1794, Wikimedia commons, URL: https://commons.wikimedia.org/wiki/File:Robert_R_Livingston,_attributed_to_Gilbert_Stuart_%281755–1828%29.jpg (zuletzt eingesehen 25.01.2016) 104
Abb. 19: Briefbuch von Dumas: Amst. à Son Exc. Mr. J. Adams, La Haie 6e. May 1781, mit freundlicher Genehmigung des Nationaal Archief, Den Haag, Collectie C.W.F. Dumas, 1.10.26, inv.nr. 1 (Foto: Roland Richter).................... 107
Abb. 20: Kapitulation von Lord Cornwallis bei Yorktown, John Trumbull, 1820, Wikimedia commons, URL: https://upload.wikimedia.org/wikipedia/commons/b/b8/Surrender_of_Lord_Cornwallis.jpg (zuletzt eingesehen 25.01.2016) 110
Abb. 21: Portrait von Jacob van Staphorst, Amsterdam Bankier von Edme Quenedey, 1790, mit freundlicher Genehmigung des Nederlands Instituut voor Kunstgeschiedenis, Den Haag, Foto: Rijksbureau voor Kunsthistorische Documentatie (RKD).. 136
Abb. 22: Portrait von Jan Willink, Amsterdamer Bankier von Pieter Frederik de la Croix, 1773, mit freundlicher Genehmigung des Nederlands Instituut voor Kunstgeschiedenis, Den Haag, Foto Rijksbureau voor Kunsthistorische Documentatie (RKD) .. 138
Abb. 23: Adams' Brief an die Generalstaaten vom 23. April 1782 zur Aufnahme von Verhandlungen über einen Freundschafts- und Wirtschaftsvertrag, mit freundlicher Genehmigung des Nationaal Archief, Den Haag, Collectie Fagel, 1.10.29, inv. nr 1465 (Foto: Roland Richter) 143
Abb. 24: Allegorie auf den ‚Freundschafts- und Handelsvertrag zwischen den Hochmächtigen, den Generalstaaten der Vereinigten Niederlande und den Vereinigten Staaten von Amerika, 1782, Anonym, mit freundlicher Genehmigung © *Rijksmuseum,* Den Haag, URL: http://hdl.handle.net/10934/RM0001.COLLECT.10554 (zuletzt eingesehen 25.01.2016) 150

Abb. 25: Brief des Statthalters an den Kongress der Vereinigten
Staaten von Amerika, afschrift 11 Maart 1788, mit
freundlicher Genehmigung des Nationaal Archief, Den Haag,
Stadhouderlijke Secretarie, 1.01.50, inv.nr. 337 (Foto: Roland
Richter) 157
Abb. 26: Portrait von Thomas Jefferson, von Gilbert Stuart 1821,
National Gallery of Art, Washington, URL: images.nga.gov
(zuletzt eingesehen 25.01.2016) 160
Abb. 27: Portrait von John Adams, von Gilbert Stuart 1800/1815,
National Gallery of Art, Washington, URL: images.nga.gov
(zuletzt eingesehen 25.01.2016) 162

Danksagung

Diese Abhandlung wäre sicherlich nicht entstanden, wenn ich nicht seit langem den Wunsch gehabt hätte, mit ihr dem Zentrum für Niederlande-Studien an der Westfälischen Wilhelms-Universität Münster, insbesondere dem Leiter Professor Dr. Friso Wielenga und meinen früheren Kolleginnen und Kollegen am Zentrum, Dr. Loek Geeraedts, Annegret Klinzmann, M.A., Drs. Carin Lony, Dr. Markus Wilp sowie Dr. Mechthild Beilmann-Schöner und Dr. Hans Peterse für die langjährige Zusammenarbeit und den freundschaftlichen Gedankenaustausch auch über die engeren Erfordernisse von Forschung und Lehre hinaus zu danken. Für mich wird die zurückliegende gemeinsame Arbeit bei der Gestaltung erfolgreicher Studienprogramme – nicht zuletzt auch mit den niederländischen Kollegen in Nimwegen und den Studierenden – auch für die Zukunft in sehr guter Erinnerung bleiben.

Die Fokussierung auf dieses, die niederländische und amerikanische Geschichte an dem hier gewählten Zeitpunkt zusammenführenden Thema ergab sich aus meiner Tätigkeit am Zentrum und meinem schon seit Jahren bestehenden privaten Interesse für die Anfänge der US-amerikanischen Geschichte und für deren bestimmende Persönlichkeiten. Dazu zählen insbesondere Thomas Jefferson, John Adams und Benjamin Franklin, deren Wirken in vielgestaltiger Weise auch auf die europäische Geistesgeschichte ausstrahlte. Die seit den 1990er Jahren bestehenden transatlantischen Kontakte und die kollegiale Freundschaft zu Dr. Michael Nugent und Dr. Marie-Françoise Baker Nugent, Washington, DC., sowie Bill Parker† und Prof. Dr. Dorothy Finnegan, William & Mary College, Williamsburg, VA, bildete ein weiteres movens für dieses Forschungsunternehmen.

Friso Wielenga danke ich vor allem für die Unterstützung meines niederländisch-amerikanischen Forschungsprojekts. Ihm und Markus Wilp bin ich überdies für die kritische Durchsicht des Manuskriptes und die vielen weiterführenden Anregungen sehr verbunden. Ilona Riek, M.A., Universitäts- und Landesbibliothek Münster, und Dr. Gisela Clajus†, Universitätsbibliothek Düsseldorf, danke ich für wertvolle Hinweise und die Unterstützung bei der Klärung von Bildrechten. Frau Beate Plugge, M.A. vom Waxmann Verlag sei für die gute Zusammenarbeit bei der Drucklegung gedankt.

Allergrößter Dank gilt meiner Frau, Karla Reinbacher-Richter, die nicht nur meine Tätigkeit am Zentrum für Niederlande-Studien mit großem Interesse begleitete, sondern auch meine Konzentration auf das gewählte Thema in den vergangenen drei Jahren meiner Altersteilzeit nicht nur mit großer Sympathie unterstützte und mir so den für die Recherche und das Schreiben notwendigen Spielraum in unserem Alltag offenhielt, sondern auch als Leserin meine erste Kritikerin war.